'기본'과 '원칙'의 힘, 그리고 『C』의 비밀

KB189986

기본과 원칙의 힘

〈그리고 「C」의 비밀〉

노희성 교수 지음

해피맵북스

The secret code "C"

사르트르는 인생을 "B-C-D"라 했다. 태어나서(Birth) 죽는(Death) 순간 까지 "C" 즉, 끊임없이 선택(Choice)하며 사는 것이 곧 인생이라는 것이다. 그러나 나는 많은 난관을 극복해야했던 직장생활 속에서 그 "C" 속에 감추어져 있는 다양한 성공의 비밀코드들을 하나씩 발견하는 기쁨을 누리며 성장해 올 수 있었다.

"C"의 비밀이란 Chance(기회)가 다가올 때 그것을 붙잡고(Catch), 늘 할 수 있다는 생각(Can do sprit)으로 도전(Challenge)하고, 열정을 다하여 헌신(Commitment)하고, 타인들과 협업(Collaboration)하면서 새로운 것을 만들어내고(Create), 어려운 상황들을 변화(Change)시켜온 것을 말한다. 그 "C"의 힘들은 죽음(Death)만 바라보던 삶을 꿈((Dream)의 삶으로 변화(Change)시키고 별 볼일 없는 흙수저(Common being)를 챔피온(Champion)으로 만들어 승리의 면류관(Crown)을 쓰게 하는 힘이었다.

"기본과 원칙의 힘"

그러나 아무리 "C"의 비밀들을 찾았다하더라도 그 것들을 꺼내어 쓰지 않았다면 아무 소용이 없었을 것이다. 그렇다면 그것들이 삶속에서 살아 움직이게 한 +α의 힘은 무엇이었을까? 그것은 바로 좌로나 우로나 치우쳐 그른 길로 가고 있거나, 변칙과 편법만이 통할 것 같아 주저하고 있는 상황이 있을 때 마다 브레이크를 걸어 "이것이 정로니 너희는 이리로 행하라"는 이사야서의 말씀 한줄 이었다.

습성과 타성과 관성을 거슬러 다시 처음으로 돌아가는 것은 말처럼 쉬운 것이 아니다. 그러나 때마다 일마다 그 말씀의 강한 채찍은 나를 '기본'의 원점으로 돌아가게 했고 '원칙'이라는 다른 길을 보게 하였다. 훨씬 더 멀어지고 뒤처지는 느낌 때문에 주저주저하면서도 그 길을 따라가다 보면 놀랍게도 그 길들은 어김없이 지름길이었다.

"정말 작은 등불"

내가 이 책을 쓰게 된 이유는 뭘까?

그것은 내가 삶 속에서 장애물을 만날 때 어떤 고민이 있었는지 그리고 어떻게 도움을 요청하고 어떻게 일어나 그것을 넘었는지, 수많은 '역경'들을 어떻게 '경력'으로 만들었는지 하나하나 생생한 현장의 경험들을 나누어 사랑하는 후배들이 잘못된 선택으로 치러야할 불필요한 기회비용과 매몰비용을 줄여주고 싶었기 때문이다.

내가 먼저 치른 경험의 아픈 대가들이 길을 잘 못 들어 실족하는 사람들과 감당하기 어려운 높은 장애물 앞에서 좌절하고 있는 사람들에게 정말 작은 등불이라도 될 수 있다면 얼마나 좋은 일인가?

"장애물 함께 넘기"

지금 그대 앞에 어떤 장애물이 놓여 있는가? 그 장애물 앞에서 주저하거나 회피하거나 도망가고 있지는 않는지? 그렇다면 지금부터 나와 함께 내가 그 것들을 넘어온 처음 시절 '응답하라 1983'으로 시간여행을 떠나 38개의 장애물들을 하나하나 함께 넘어가면서 그 안에 감추어진 비밀코드들을 발견하시기 바란다.

노희성 교수

목 차

제 **1** 막

THE STORY OF 『7C』

♣ 수많은 **역경**들을 **경력**으로 만든 실전 스토리

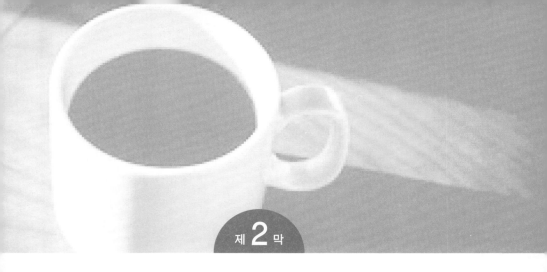

제 **2** 막

THE KEY SOLUTION 『3C』

♣ 취업, 승진, 은퇴의 잠겨진 문을 여는 열쇠

THE STORY OF 『7C』

수 많은 역경들을 경력으로 만든 실전 스토리

제1장

CHOICE

나를 빛나게 만드는 것은 바로 나다!

- 신입행원 시절에 배운 지혜 -

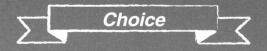

기회비용(opportunity cost)

우리는 매일 매순간 선택의 기로에 선다. 아침에 깨어나서 잠들 때 까지 크고 작은 수많은 선택의 결과가 현재의 나를 규정하고 나의 미래를 만든다. 우리가 구지 선택을 해야 하는 이유는 뭘까? 그 것은 희소성(稀少性- 무한한 욕망만큼 자원이 풍족하지 못한 것) 때문이다. 만일 내가 원하는 이상으로 모든 것이 풍족하다면 선택의 결과에 연연하면서 고민 할 필요가 없을 것이다. 우리에게는 원하는 모든 것을 할 수 있을 만큼의 시간적 여유가 주어지지 않을 뿐 더러 모든 것을 살 수 있을 만큼의 돈도 부족하고, 그 것을 다 할 만큼 체력이나 정보도 부족한 것이 사실이다. 그렇기 때문에 경제학에서는 희소한 자원 중에 어떤 것을 어떻게 선택하는 것이 합리적인 결정인지를 가르친다.

경제학 용어로 어떤 것을 선택 했을 때 포기해야 하는 다른 기회의 가치를 기회비용(機會費用)이라 하고, 어떤 선택이 잘 못되어 미래에 도움이 되지 못할 때 이미 투입되어 회수할 수 없게 된 비용을 매몰비용(埋沒費用, sunk cost) 이라고 한다. 결과적으로 나의 선택이 옳았을 때는 그 잘한 선택이 나를 빛나게 만들지만 잘못된 선택은 매몰비용이라는 대가를 지불해야한다. 두 갈래로 난 노란 숲속 길 앞에서 두 길을 다 가지 못하는 것을 안타깝게 생각하면서, 오랫동안 서서 한 길이 굽어 꺾여 내려간 데 까지 바라다보던「가지 않은 길」의 詩人 로버트 프로스트의 심정으로 나도 한 직업을 선택했고 그 길을 다 마치고 정년퇴직 을 하였다. 돌아보면 그 긴 세월 동안 수많은 선택들이 있었고 적지 않은 기회비용도 치렀다. 그러나 감사하게도 지금 나에게 아쉬움이나 거리낌이나 후회는 없다.

후회 없는 인생을 사는 사람은 프로스트의 "C" 즉 Choice의 의미를 한번쯤 깊게 음미해 본 사람일 것이다. 그리고 사르트르의 명언 "인생은 B-C-D" 중 "C" 즉 Choice라는 단어 속에 숨겨진 비밀을 아는 사람이라고 생각한다.

경기레인의 선택

'가장 잘한 결정'이란
다시 그 시점, 그 상황에 가서 결정하더라도
똑 같은 결정을 하게 되는 결정이다.

**은행원으로
출발하게 된 계기**

대학에 복학한 후 4학년 1학기를 마치면서 친구들은 취업문제로 다들 긴장해 있었다.

지금처럼 취업 장벽이 사회문제가 될 정도는 아니었지만 어디에 취업하느냐에 따라 인생이 달라지기 때문에 모두들 신경을 곤두세우지 않을 수 없었기 때문이었다.

나는 여름 방학이 시작되기 전 교수님의 추천으로 모 경제신문사의 추천장을 이미 받아놓은 상태로 다소 느긋하게 있었는데 우연히 들른 취업정보실에서 중소기업은행 추천장을 또 받게 되었다. 신문기자에 대한 확신이 없었던 터라 기자냐, 행원이냐를 놓고 고민에 빠지게 되었다

요즈음은 직업을 선택하는 기준이 안정적인 직장인가, 보수를 많이 주는가 외에도 내가 즐겁게 할 수 있는 일이냐, 잘 할 수 있는 일이냐 등을 꼭 따지지만 그때만 해도 적성과 능력 보다는 사회적 평판과 보수가 우선시되는 때였다. 그 기준으로 보면 종합상사가 최고

직장이었고 금융권이나 언론사 쪽은 그리 높지 않은 편이다. 그러나 추천 케이스는 까다로운 시험을 치지 않고 비교적 쉽게 입사 할 수 있었기 때문에 두 직업 외에 다른 선택은 고려하지 않았다.

다만, 신문기자가 된다면 사회 현상에 대한 명확한 분석과 비판의식을 가져야 하는데 나는 그런 측면에서는 좀 부족한 것 같았고, 은행원이라면 꼼꼼하고 수리 계산에 능해야하는데 계산능력이 많이 부족하다고 생각했기 때문에 쉽게 결정하기가 어려웠다.

때마침 모 은행에 다니던 친척분이 밤낮 없이 취재를 해야 하고 순발력 있게 글을 써야 하는 불규칙한 기자생활 보다는 안정적인 틀 안에서 계획적으로 일 할 수 있는 은행원이 나에게 적합할 것 같다고 하며 은행원은 사람들도 깨끗하고 남에게 도움을 줄 수 있는 직장이니 잘 생각해 보라는 조언을 해주셨다.

다른 말 보다 '도움'이란 말에 마음이 꽂혔다.

중소기업을 돕기 위해 설립된 국책은행이니 그런 업무라면 해볼 만한 가치가 있는 것 아닐까하는 생각에 마음을 은행 쪽으로 굳히게 되었다. 일단 방향을 정하니 안정된 속에서 신앙생활도 잘 할 수 있겠다는 생각에 8월 중 기업은행 면접을 먼저 보게 되었다.

면접은 간단했다.

그때는 계산기가 없던 시절이라 주판을 잘 쓸 수 있는가와 가정교육은 잘 받았나를 봤다고 기억된다. 아무튼 쉽게 면접을 통과하였고 다음 해 1월 8일부터 출근할 예정이니 2학기를 잘 마치라는 통보를 받았다.

지금 되돌아보면 나의 결정은 옳았던 것 같다.

'가장 잘한 결정'이란 것은 무엇일까?

그것은 다시 그 시점, 그 상황에 가서 결정하더라도 똑같은 결정을 하게 되는 결정이다. 가끔 '만일 내가 기자를 선택했더라면 잘 할 수 있었을까?' 물어보면 다시 그 때로 돌아가더라도 나는 같은 선택을 했을 것이다.

경력 닻(career anchor)

개인들이 진로를 결정 할 때 자신의 성장과정에서 갖게 된 능력, 기본가치, 동기나 욕구를 반영하는 하나의 흔들리지 않는 지침에 따르게 되는데 MIT 교수 Edgar Schein 박사는 이를 '경력 닻'이라 불렀다. 내가 은행원이라는 직업에 닻을 내리게 된 것 역시 나의 성장 과정에서 갖게 된 가치관 때문이었을 것이다.

가난한 군인의 가족으로 자란 어린 시절에 우리 5남매는 나눠 먹는 법과 자신의 순서를 기다리는 인내를 배웠고 형제들과 부대끼며 몸으로 익힌 절제와 인내, 배려의 습관이 어른이 된 후에도 그대로 남아 많은 유혹을 물리칠 수 있는 힘이 된 것 같다.

나는 3남 2녀의 둘째였는데 둘째 아들은 대부분 독립적이고 개성이 강하다고들 한다. 게다가 B형 혈액형에 곱슬머리니 매우 독특할 만도 할 터인데 나는 정반대로 목소리 한번 크게 내지 않는 소심한 아이였다. 별명은 눈이 커서 '딱부리'였고 7살에 학교에 들어갔기 때문에 친구들보다 키가 작아 늘 맨 앞줄에 앉았는데도 선생님과 눈 한번 제대로 마주친 적이 없을 정도로 내성적이었다.

그렇게 자라던 중 고교시절에 우물 안 개구리가 세상 밖을 살짝

엿본 것 같은 강렬한 충격으로 내 삶을 바꾼 계기가 찾아왔다.

고등학교 때 광화문 앞에 있는 모 교회에 친구를 따라갔다가 남녀 학생들이 둘러앉아 기타를 치며 가스펠송을 부르고 있는 모습을 처음으로 보게 된 것이다. 당시에는 통기타 문화가 시작되던 때였는데 화음을 넣어 부르는 복음성가는 단순했지만 새로움 그 자체였다. 지금도 그 아이들이 불렀던 "I've Got Peace Like A River"가 귀에 쟁쟁하고 그때의 부러움과 열등감이 교차하는 묘한 감정도 손에 잡힐 듯 생생하다. 처음 가 본 교회에서 나는 막연하게나마 교회는 행복하고 즐거운 곳이라는 생각을 갖게 되었고 미션계 학교인 숭실대학교로 가게 된 계기가 된 것이다.

우여곡절로 3수 끝에 들어가게 된 숭실대학교는 미국 선교사 배위량(William Baird) 박사가 설립한 깨끗한 학풍을 가진 대학이었다. 세칭 일류대학은 아니었지만 거기서 이한빈 박사, 한경직 목사, 안병욱 교수라는 인생의 큰 스승들을 만났고 안병욱 교수가 권해준 플라톤의 '대화(Dialog)'와 마틴 루터의 '크리스챤의 자유(On Christian Liberty)'라는 책은 나의 가치관을 확립하게 하는 결정적인 역할을 하였다.

대학 2학년 때 부터는 교회에 나가게 되었고 청년부 활동을 하면서 내게 부족했던 대인관계와 발표력을 키울 수 있게 되었다.

그런가하면 학교에서 스스로 '독우회(讀友會)'라는 독서서클을 만들어 셍텍쥐 페리, 니이체 등을 논하기도 했고, 한편으로는 술친구들과 어울리는 '수주회'라는 모임을 만들어 술로 낭만을 즐기며 대학시절을 보냈다.

군 생활은 논산 훈련소에서 하사관학교로 차출되어 이른바 '단풍

하사'라고 불리는 혹독한 훈련을 받는 것으로 시작되었다. 추운 겨울 내내 6개월간 받는 훈련은 고통 그 자체였지만 잘 짜여진 규율과 질서정연한 군에서의 조직생활이 나의 성향에 잘 맞았다. 하사관 학교에서는 학생장을 맡아 성격도 어느 정도 외향적으로 바꿀 수 있었고, 발칸포대의 분초장 역할을 수행하면서 장교와 병간의 가교로서 상사를 모시는 법과 부하를 이끄는 방법을 터득 할 수 있었다.

부유 하지는 않지만 우애가 넘치는 가족, 행복한 삶의 눈을 뜨게 한 교회, 좋은 스승과 친구들을 만나게 한 학교, 규율과 리더십을 가르쳐준 군대 이런 것들이 '경력의 닻'이 되어 내 삶의 출발선을 은행으로 향하게 하였던 것이었다. 그렇게 시작 된 은행원의 앞길에는 내가 모르던 수많은 장애물들이 기다리고 있었다.

#01
신입사원 연수

"낮은 자존감은 브레이크를 계속 밟으며 운전하는 것과 같다."
– 맥스웰 마츠

메뚜기 콤플렉스

면접을 무난하게 통과했기 때문에 행원이 된다는 것에 대한 부담이 없었는데, 입사시기가 가까워 오자 왠지 자신감이 없어지고 잘 해낼 수 있을까? 하는 걱정이 생겨났다. 이 걱정은 신입사원 연수에 참가하면서 더욱 커졌다.

소위 '메뚜기 콤플렉스'에 빠진 것이다. '메뚜기 콤플렉스'는 상대방을 과대평가하여 자기 능력을 비하하거나, 살면서 경험한 거듭된 실패 때문에 부정적인 자아상을 갖는 심리라고 말할 수 있다.

참석한 인원을 보니 250명이 넘었는데 하나같이 나보다 잘나고 똑똑해 보였다. 그들과 비교해보니 나는 참 하잘것 없게 생각됐다. 합격 통보를 받았을 때는 스스로 대견하다 생각하며 뿌듯했었는데 막상 연수에 와보니 날고뛰는 사람들은 다 모인 속에 혼자만 왜소한 사람인 것 같았다. 지금 생각해보면 '과연 내가 잘 해낼 수 있을까?'하는 생각은 다른 친구들도 다들 했을 텐데 그땐 그런 생각을 못하고 나만 스스로 메뚜기 같이 위축되어 있었던 것이다.

그렇게 위축되어 있던 중에 뜻밖의 사람을 만났다.

연수 프로그램 중 하나인 점포탐방을 하는 중에 군대 선임을 만난 것이다. 당시 군에는 논산훈련소에서 신체 등이 좋은 장정들을 차출하여 6개월 동안 강도 높은 훈련을 시켜 바로 병장위의 분대장으로 배치하는 「단기하사」라는 제도가 있었는데 놀랍게도 내가 훈련받던 하사관학교의 그 내무반장이 신입사원들에게 지점에 대해 설명해주는 서무담당 대리로 앞에 서있는 것이 아닌가!

군 교육을 받던 당시 나는 학생장을 했었기 때문에 그 내무반장과 가까운 사이였다. 그런데 생각지도 않았던 곳에서 만나니 그렇게 반갑고 든든 할 수가 없었다. 마침 점포설명을 마친 그는 힘든 하사관학교 훈련 중에도 단연 돋보인 사람이라고 나를 소개해주었다. 괜히 으쓱해지는 마음도 생기고 덕분에 배짱도 생겼다.

사실, 논산 훈련소에서 하사 후보생으로 차출 되어 캄캄한 밤차로 새로운 임지로 갈 때도 미지의 세계에 대한 막연한 두려움에 떨며 메뚜기 같이 작아졌던 기억이 난다. 그렇게 떨던 내가 우연히 내무반장 앞에서 잘한 것 몇 가지 때문에 4개 소대를 총괄하는 학생장에 뽑혔다. 도저히 해낼 수 없을 것 같던 두려움을 이기고 그 힘든 훈련과 내무사열을 잘 이끌어 갈 수 있었던 그때 경험을 되살리니 지금 와서 공연히 남과 비교하며 주눅 들 이유도, 위축될 필요도 없다는 생각이 든 것이다. 마음에 여유가 생기니 동기들의 면면이 조금씩 눈에 들어오기 시작했다.

연수 마지막 날 연수원장이 훈시를 한 후 질문을 받는데 한 친구가 일어나서 지방에서 오는 사람들에게 숙박비를 주지 않는다며 항의하는 것이 아닌가. 그 당돌한 모습에 나는 적지 않게 놀랐다. 군인인 아버지 밑에서 엄하게 자라 선생님과 눈도 못 마주치고, 윗사람께 의견을 말씀드리는 것조차 어려워했던 나는 그 친구의 당당한 태도가 부럽기까지 했다.

하지만 오랜 세월 많은 경험을 하다 보니 자신의 생각을 거침없이 말하는 것이 무조건 좋은 것만은 아니라는 것을 알았다. 조직 융화력이 떨어진다는 평가를 받을 수 있기 때문이다. 상사들에게는 신입사원들의 적극적인 태도가 버릇없음으로, 거침없는 자기주장이 상사에 대한 말대꾸로 비추어 질 수 있기 때문이다.

동기 중에는 외향적이고 정치적인 성향이 강한 친구들도 있었다. 이들은 첫 인상에서는 눈에 잘 띄고 합격점을 받을 수 있지만 나중에 부메랑을 맞을 확률이 높다. 자신의 능력보다 고평가되는 경우가 많기 때문에 기대에 못 미치면 '허장성세'였다는 평가를 받기 쉽기 때문이다. 작은 실수가 더 크게 비춰지기 때문에 막상 업무에 돌입했을 때 힘겨워지는 경우가 많다.

신입사원들이 인정받으려면 무조건 눈에 띄어야 한다고 생각하는 경우가 많다. 하지만 '튀는 것'과 '열정'은 다르다. 일을 적극적으로 한다는 것은 자신의 역량을 뛰어넘는 일일지라도 '할 수 있다'는 긍정적인 마음으로 임하는 자세라고 생각한다.

신입사원 연수에서 좋은 인상을 준 부류는 역시 마음자세 (attitude)가 성실하고 대인관계가 원만한 친구들이었다. 다른 기업도 그렇겠지만 은행 업무 역시 팀워크를 가장 으뜸으로 친다. 개인의 탁월함만으로 성사되는 일은 없기 때문이다. 그래서 좋은 의견을 내는 것만큼이나 상대와 의견을 조율하는 능력을 중요하게 여긴다. 업무 능력은 노력하면 좋아질 수 있지만 사람을 대하는 방식이나 일하는 태도는 쉽게 바뀌지 않기 때문이다.

리더의 역할이 중요한 것 못지않게 리더가 조직을 잘 끌어갈 수 있도록 뒤에서 뒷받침해주는 역할 - followership -도 중요하다. 동기들의 눈에는 그런 사람들이 잘 보이지 않지만, 상사들은 그런 사원들이 더 눈에 띄기 마련이다. 패기와 열정은 목소리에만 나타나는 게 아니다. 그 일을 잘하기 위해 남을 먼저 배려하고, 챙기는 사소한 행동에도 진하게 묻어나는 법이다.

02

신입사원
3개월의 덫

"사람들은 '자신이 좋아하는 일'을 해야
행복하고 성공한다고 하지만
'지금 하고 있는 일'을 사랑하고 몰두하는 것이
성공의 비결이다."
– 이나모리 가즈오

적성에 맞는 일?

입사 후 첫 근무지가 직장생활을 좌우한다는 말이 있다.

그만큼 처음 배치 받은 부서가 중요하다는 얘기다. 은행의 경우 대부분 본점이나 집에서 가까운 곳을 지원한다. 나도 남들처럼 둘 중 하나는 될 거라는 기대를 갖고 두 군데를 지원했다. 그런데 배정받은 곳은 예상치 않던 남대문시장 지점(당시 남산지점)이었다. 전국 수백 개의 지점 중에서 하필이면 남대문시장 지점이라니!

남대문시장 지점은 시장 입구에 있어 점포환경이 안 좋기로 손꼽히는 곳이다. 일단 고객이 다른 지점과 비교할 수 없을 정도로 많았고, 점포 건물은 3층으로 나뉘어 있는데다가 층마다 비좁은데 직원은 70명도 넘었다.

그러다보니 1층은 창구수납, 2층은 대출업무, 3층은 외국환 업무로 층마다 업무가 나눠져 있었다. 무슨 업무가 있는가도 제대로 모르던 때였지만 대부분의 신입행원들과 같이 나도 대출이나 외국환 업무 보기를 바랐다. 최악의 지점에 발령받았지만 업무만큼은 원하는 데로 갔으면 하는 마음이 간절했다. 하지만 내가 발령받은 곳은 '별단계'라는 곳이었다.

'별단'은 은행에 계좌 없이, 은행이 거래처로부터 의뢰받은 일시적인 자금을 처리하기 위해 장부상으로 설치한 일종의 잡종예금을 말한다. 보통 자기앞수표 발행자금, 사채원리금, 전기 및 전화 요금, 부도대금 등을 별단예금이라고 한다. 이 '별단예금'을 처리하는 '별단계'는 잡일이 많기로 유명하다. 하루에 수천 장의 수표를 처리해야 하기 때문이다.

출근하자마자 수표에 직인을 찍은 후 남대문시장 내에 있는 마을금고에 원하는 만큼을 가져다준다. 수표를 주고 은행으로 돌아오면 이번에는 창구 손님용 수표에 직인을 찍어 발행해야 한다. 이렇게 온종일 수표와 씨름을 하고 나면 어느덧 은행 셔터는 내려간다. 퇴근 시간, 하지만 전쟁은 그때부터 시작이다.

발행했던 수표들이 고스란히 되돌아오기 때문이다.

일단 지급 처리된 수표는 재사용 되면 안 될 뿐 아니라 그 자체가 전표가 되기 때문에 은행에서는 중요 용지로 보관한다. 혹시 수표가 유출될 우려가 있기 때문에 사고의 위험을 줄이기 위해 수표를 보관할 때는 구멍을 뚫는데 이것을 '페이드(천공)'라고 한다. 지금이야 수표 유통량 많이 줄고 페이드 기계가 있지만 그 당시에는 수표량도 많고 전부 수작업을 해야 했기 때문에 여간 번거로운 게 아니었다. 일일이 수표를 세서 구멍을 뚫고 무효도장을 찍어 철을 하는 데만 여러 단계를 거쳐야 했다.

수표 세는 것도 버거워 한 손에 제대로 쥐지도 못할 때라 '별단' 작업을 제대로 하는 데에만 신경이 쓰여 다른 생각은 하지도 못했다. 그런데 그 일이 손에 익어 달인의 경지에 이르자 슬슬 다른 생각이 들기 시작했다.

청운의 꿈을 품고 은행에 들어 왔는데 허구한 날 '잡일'만 하고 있으니 기막힐 노릇이었다. '겨우 이까짓 일을 하려고 대학까지 졸업했나?'라는 생각이 들면서 출근하는 게 점점 싫어졌다. 한마디로 내가 그렸던 직장 생활의 모습과 달라도 너무 달랐던 것이다. 이런 생각은 나만 하고 있었던 게 아니었다. 출납에서 일하는 동기도 대부계에 있는 신입도 정도에 차이가 있을 뿐 거의 다 직장생활에 회의를 느끼고 있었다.

'3개월의 덫'이라 불리는 직장에서의 첫 번째 위기를 맞은 것이다. 3개월 동안 열심히 발등에 떨어진 불을 끄다보면 어느 새 '발등의 불'은 별 것 아닌 것처럼 느껴진다. 그리고 자신은 화재진압을 위한 특수부대로 지원했는데 고작 성냥 한 개비 정도의 파괴력 밖에 안되는 불만 끄게 하는 회사에 불만을 갖거나 불 끄는 일 자체가 자신과 맞지 않는다고 생각한다. 그런 생각에 휩싸이는 때가 바로 직장 3개월 차, 질풍노도의 시기다.

실제로 사춘기 때 아이들이 집을 나가는 것처럼 이때 직장을 그만두는 사람들도 종종 있다. 남대문시장지점에서 함께 근무했던 동기 한 명도 그때 그만두었다. 좋은 대학을 나와 성적도 뛰어났지만 업무에 적응하지 못해 결국 사직서를 제출한 것이다. 3개월 정도 지나면 업무 파악이 되어야 하는데 숫자는 여전히 헷갈려서 거꾸로 쓰기 일쑤고, 주판 놓는 건 어설프기 짝이 없으니 '이 일은 내 길이 아닌가보다'라고 생각하는 것도 무리는 아니다.

나 역시 마찬가지였다.

실수는 잦았고 실력은 늘지 않았다. 그러다보니 숫자를 기재하는 업무를 할 때마다 손바닥에 땀이 번질 정도로 긴장하곤 했다. '용기 있어 보이는 그 동기'처럼 회사를 쉽게 그만둘 수는 없었기 때문에 끝까지 견뎌보기로 결심했지만 그 견디는 힘만으로 회사 생활을 하기엔 역부족이었다.

도대체 행복하지가 않은 것이다. 업무 능력이 부족한 게 가장 큰 원인이었지만, 내가 속한 점포나 하는 일에 대한 애정이 없었던 게 더 큰 이유였다. '여기만은'절대 안 갔으면 하는 점포에 가서 '이것만은' 절대 하지 말았으면 하는 일들을 하고 있으니 행복할 리가 없었다.

그러나 일을 그만두지 않는 한 행복하기 위해서는 지금 '하고 있는 일'을 좋아하는 수밖에 없었다. 하찮은 일이라고 실망했던 마음을 다독이고, 실수할 때마다 스스로를 격려하며 업무를 긍정적으로 바라보자고 마음먹었다.

물론 그렇다고 해서 실력이 금세 늘거나 일이 좋아진 건 아니다.

여전히 실수가 잦았고, 동료들의 도움을 받아야만 끝내는 일이 꼭 생기곤 했다. 하지만 점차 '이까짓 일'이란 생각이 사라지면서 은행 전체를 볼 수 있는 마음의 여유가 생기기 시작했다. 수표에만 코를 박고 있을 땐 몰랐는데 은행의 전반적인 업무를 살펴보니 은행

업무야말로 내 적성에 딱 맞는 다는 것을 알게 되었다. 나는 숫자에 약하지만 사람을 대하는 데는 강하다. 성격이 활달하지는 않지만 차분하게 설명할 수 있고, 다른 사람의 필요가 무엇인지 잘 파악할 수 있다는 것이다. 이런 내 성격은 실제로 이후에 은행 업무를 하는데 있어 크게 도움이 되었다.

직업을 선택하기 전에는 충분히 자신의 적성이나 능력을 따져보는 게 중요하지만 직업을 선택한 후에는 일단 자신이 선택한 일에 최선을 다하는 것이 중요하다고 생각한다. 그래야 그 일이 자신에게 맞는지 맞지 않는지 제대로 알 수 있기 때문이다. 이때 최선이란 그 시스템을 온전히 파악할 수 있는 수준까지 이르는 걸 말한다.

일식 요리의 명장 중에 '미스터 초밥왕'으로 불리는 분이 있다.

안효주 명장이 바로 그분인데, 초밥을 만들 때마다 350개의 밥알을 한번에 오차 없이 쥐는 것으로 유명하다. 하지만 어릴 적 그의 꿈은 권투 챔피언이었다. 오직 그 꿈을 위해 노력하다가 건강 문제로 프로 데뷔전을 치르지 못한 채 먹고 살기 위해 식당 일을 시작했다고 한다.

지역대표로 발탁될 만큼 능력이 있었으니 그의 달란트는 분명히 권투였고, 그가 좋아하는 것도 권투였다. 하지만 그가 할 수 있는 일은 식당 허드렛일이었다. 그때 그는 주방이 링이고 칼을 글러브 삼는다는 각오로 최선을 다해 주방 일을 했다고 한다.

마음가짐이 바뀌면 안 보이던 것이 보인다. 쌀을 씻어도 어떻게 씻어야 쌀이 그 형태를 잘 유지할 수 있는지, 어떤 냄비가 밥을 더 맛있게 만드는지 알게 된다. 자신이 일하고 있는 현장에서 그런 '눈'을 가질 수 있을 정도가 돼야 '최선'이란 단어를 말할 자격이 있다.

'하고 싶은 일'을 찾는 이들이 많다.

하지만 그 일을 찾기 전에 '지금 하고 있는 일'을 열심히 하는 게 먼저라고 생각한다. 그러기 위해서는 그 일을 좋아해야 한다. 물론 적성에 맞지도 않는 일을 하루아침에 좋아하긴 어렵다.

나는 매일 '오늘 제가 이 일에서 즐거움을 느낄 수 있게 해 주십시오'라고 기도하며 하루를 시작했다. 기도가 익숙지 않은 사람은 '나는 이 일을 좋아한다'라고 마음을 가다듬는 것도 좋다. 혹은 자신이 하는 일이 회사 혹은 업계, 사회에 미치는 영향을 상상해 보는 것도 효과적일 것이다.

누구나 완벽히 내 적성에 맞는 직업을 미리 알고 찾는다는 것은 어려운 일이다. 그래서 일단 선택한 직업이 나와 너무 맞지 않는 분야만 아니라면 그 안에서 의미를 찾고 보람을 만들어내는 것이 인생을 낭비하지 않는 길이라고 생각한다.

#03
처음 맞닥뜨리는
새로운 업무들

제자 자공이 위(衛)나라 사람 공문자(孔文子)가
존경받는 이유를 묻자 대답했다.
"부지런히 배우기를 좋아하며 아랫사람에게 묻기를
부끄러워하지 않기 때문이다."
- 공자

불치하문(不恥下問)

'불치하문'- 논어(論語)에 나오는 말이다.
나보다 나이가 적거나 지위가 낮은 사람에
게 모르는 것을 물어보면서도 부끄러워하지
않는 태도를 말한다. 사람들은 모르는 것을 남에게 물어보는 걸 망
설이는 경향이 있다. 물어볼 사람이 나이가 어리거나 지위가 낮으면
더욱 그렇다. 아마도 자신의 무지가 드러나는 것이 부끄러워서일 것
이다.

은행에 처음 들어오니 대학에서는 전혀 배우지 않는 모르는 업무
투성이인 데다가 모든 업무가 숫자로 이루어진다 해도 과언이 아닌
데 주판을 쓸 줄 몰랐고 전자계산기를 쓰는 것을 수치로 여기는 때
라 계산기를 만지작거리기도 어려웠다.

숫자 개념이 부족한 나로서는 한 번에 계산을 맞추기가 어려워
매번 여직원들의 신세를 질 수 밖에 없었고 나중에 대부계 업무를

맡고 나서는 품의서 하나 쓰는 것이 쉽지 않아 매 순간이 고역이었다. 초기에는 신입사원이라는 평계가 있었지만 시간이 흐를 수록 이상태로 가서는 안 되겠다는 생각이 들었다.

전국시대의 법가 사상가 순자(荀子)도 '미자 불문로(迷者 不問路)'라고 한탄했다.

"천하에는 나라마다 뛰어난 선비가 있고 시대마다 어진 사람이 있다. 그러나 길을 잃는 사람은 길을 묻지 않고, 물에 빠져 죽는 사람은 얕은 곳을 묻지 않으며 망하는 사람은 혼자 하기를 좋아하기 때문이다."

스스로 답을 찾으려는 노력도 필요하지만, 남에게 물어 손해 볼 것은 없다. 기껏해야 핀잔을 듣거나 무시를 당할 뿐이다. 묻지 않고 하다가 낭패를 보는 것에 비하면 아무 것도 아니다. 그래서 나는 그때부터 혼자서 규정집과 실무교본도 보지만 실무적으로 이해되지 않는 것들을 상사든 동료든 나이어린 창구여직원이든 누구에게나 묻기 시작했다.

기억하건대 내가 모른다고 했을 때 그 누구도 귀찮아하거나 타박하지 않았다. 오히려 혼자 해결해보겠다고 오랫동안 붙들고 있다가 시간만 허비하는 걸 문제 삼았다. 그래서 그때 세운 철칙이 「똑같은 질문은 하지 않겠다」는 것이었다.

오스트리아의 작가 「칼 하인리히 바거를」은 이렇게 말했다.

"똑똑한 사람과 바보를 구분하는 가장 확실하게 구분하는 것이 무엇일까? 바보는 늘 같은 실수를 되풀이하지만 똑똑한 사람은 늘 다른 실수를 한다는 것이다."

#04
종 (Servant)이냐
청지기 (Steward)냐?·

'선한 청지기'는 끊임없이 주인의 뜻을 묻고,
맡겨진 것을 주인과 그 주인이 기뻐하는 목적을 위해
사용해야 한다."
— 이동원

　영어로 직업을 Calling이라고 한다. 하늘의 부름 곧 천직을 말한다. 일을 하는 데는 종처럼 할 수도 있고 부름 받은 청지기처럼 할 수도 있다. 종은 팔려온 자요 주인의 뜻에 복종할 뿐임으로 책임이 없고 자유도 없다. 그러나 청지기는 주인에게 신임을 받아 그의 일을 위임 받은 대리자로서 맡은 일을 자기 고집대로 하지 않아야하고 신실하게 하여야 한다. 또한 청지기는 봉사하는 자로 삶을 위해서가 아니라 자신을 믿고 써준 주인을 위해 충성하는 자다.

　종처럼 시키는 일만하고 책임 지지 않고 가급적 편하게 살려하는 것이 사람의 본성이다. 그러나 나는 종이 아닌 선한 청지기라 여기고 마지못해 일하는 머슴의 근성을 버리고 늘 자신에 대해, 다른 사람에 대해 그리고 하나님에 대해 성실하게 임하려고 노력했다. 일에 대해서는 남들보다 일찍 출근해서 일하기 시작 했고, 업무는 누가 보던 안 보던 최선을 다해 수행하려고 힘썼다.

사람을 대할 때도 좋은 면을 보려고 노력했다.

항상 밝은 표정으로 대하고, 가급적 다른 사람에 대해 부정적인 이야기를 하지 않았다. 내가 사람에 대해 성실할 수 있었던 것은 나와 성격이나 취향이 맞지 않는 사람이건, 무능한 사람이건, 나를 싫어하는 사람이건 모두 '하나님의 자녀'라는 생각을 했기 때문이다. 하나님께서 사랑의 파트너로 지은 사람을 나와 다르고 내 맘에 맞지 않는다고 어떻게 미워할 수 있겠는가?

"Attitude is everything"이란 말이 있다.

직원이 갖추어야 할 기초능력 3요소를 ASK(Attitude, Skill, Knowledge)라 하는데 그 중 신입사원이 갖추어야 할 가 장 중요한 요소는 업무나 직원들을 대하는 태도 즉, Attitude다. 상사들이 신입사원을 평가할 때 인성이나 일하는 태도를 가장 중요하게 생각하기 때문이다.

유능한 직원의 요건을 꼽을 때 열정과 창의성을 이야기하는 경우가 많다. 물론 맞는 말이다. 하지만 신입사원 때는 그보다 성실성이 중요하다. 업무 지식이 탄탄히 갖추어지지 않았는데 어긋난 열정과 구체성 없는 창의성을 발휘하면 오히려 주변 사람들에게 민폐를 끼칠 확률이 높기 때문이다. 내공을 쌓을 시간과 경험이 부족한 상태에서는 창의적인 목표를 세우고 도전하는 것보다 자신에게 부여된 업무를 성실하고 책임감 있게 수행하는 것이 더 중요하다. 작은 것이라도 임무를 완수하고 결과물을 차근히 쌓아나갈 때 나에 대한 믿음도 줄 수 있고 주위 사람들에게도 인정받을 수 있다.

어영부영 상사와 워크홀릭 상사

신입사원 때 만나는 상사는 직장생활 전체에 큰 영향을 미친다. 그래서 초임지에서 대부 업무를 처음 맡게 되었을 때 담당 대리와, 그분이 인사이동으로 다른 곳으로 갔을 때 새로 담당 대리가 되신 두 분에게 가장 큰 영향을 받았다. 스타일이 너무나 달랐던 두 분의 업무하는 모습이 하얀 도화지 같았던 나에게는 특히 인상에 남아 진하게 그려졌기 때문이다.

W 대리는 필드에서 잔뼈가 굵어 경험이 많은 분이었는데 일보다는 놀기를 좋아하는 분이었다. 대출이 특혜로 여겨졌던 그때만 해도 은행 대리가 기업들의 갑인 시절이었는데 이분은 기업체 사장들 또는 자금 담당 직원들과 특히 잘 어울렸다. 문제는 그분들과 어제저녁 먹은 술 때문에 낮에도 적당히 눈치를 보다가 자리를 비우는 적이 많았다. 2~3시간 후 얼굴이 벌겋게 상기되어 들어오는 모습을 보면 틀림없이 사우나에 갔다 왔다는 것을 알 수 있었다.

Y 대리는 그와 반대였다. 치밀한 성격에 모든 것을 다 바쳐 일에 몰입하는 스타일이었다. 누가 시키지 않았는데도 일주일에 2~3번은 밤을 새우며 야근을 하였고, 월요일에 출근할 때는 아예 갈아입을 옷가지까지 가방에 싸왔다. 부하직원들이 올리는 품의서는 완전히 해체하여 한 장 한 장 검토가 끝난 후에야 매장마다 점검 필 도장을 날인하였고 군대식으로 각을 잡아 철을 하였다. 상사들은 Y 대리가 올린 서류는 보지도 않고 사인할 정도로 틀림이 없는 분이었다.

오랜 세월을 지난 어느 날 문득 그분들이 떠올라 생각해보니 그 당시에는 황당하게 생각하면서도 조금은 부러운 눈으로 바라봤던 W 대리는 존재감 없는 직원이 되어 지점장 승진도 못하고 퇴직하였고, 뭘 저렇게까지 열심히 하나? 집안에는 일도 없나? 생각했던 Y 대리는 후일 검사부장까지 승진하며 쓰임 받는 모습을 보았다. 두 분 다 좀 과한 면이 있긴 하였지만 여하간 좋던 나쁘던 나에게는 큰 영향을 준 고마운 분들이다.

#05
직장문화와
직업가치관의 충돌

"살아남는 것은 가장 강한 종이나 가장 똑똑한 종이 아니라
변화에 가장 잘 적응한 종들이다."
- Charles Darwin

술 잘 마시고 잘 노는 놈이
일도 잘한다?

직업가치관은 인생의 특정 시기
에 결정된다고 생각하기 쉽지만
사실 그렇지 않다.

나는 엄격하고도 청빈한 부모님으로부터 성품을 물려받았고, 군
대에서 장교와 병의 가교 역할을 하는 하사관으로 지내면서 리더십
과 규율을 중시하는 마음을 키울 수 있으며 또한 미션스쿨 대학에
다니면서 기독교적 가치관을 갖게 되었다. 그렇게 형성된 나의 가치
관이 입행하는 순간부터 다가오는 기업문화와 충돌하게 된 것이다.

그 첫 번째가 바로 술이었다.

내가 신입사원이었던 1980년대 초반은 조직 문화가 지금보다 훨
씬 엄격했다. 위계질서를 중시했기 때문에 한 기수 선배도 하늘같이
모셨다. 그 조직 문화가 극명하게 드러나는 곳이 회식자리였다. 선
임자가 따라주는 첫 술을 마셔야 '신고식'을 제대로 치렀다고 생각

할 정도였다.

　오가는 술잔 속에 인맥이 형성되고, 관계가 돈독해진다고 믿었던 그 때, 선임자가 권하는 술을 마다한다는 것은 하극상과 같았다. 하물며 신입사원이 술을 마시지 않는다는 것은 조직 문화에 정면으로 반대한다는 인상을 줄 수 있다. 그런 문제로 인해 선임자에게 찍히지는 않을까, 동료에게 왕따 당하지는 않을까… 그냥 타협해야지… 이런 생각들을 떨쳐버리기가 어려웠다.

　신입사원인데도 술을 마다하다보니 개중에는 나를 두고 술 마실 줄도 모르는 답답한 꽁생원이라고 여겼다. '술 잘 마시고 잘 노는 사람이 일도 잘한다'는게 지금까지 이어지는 직장인들의 일반론이기 때문이다.

　언젠가는 나에 대한 이 생각들을 깨줄 필요가 있다고 생각하고 있었던 차에 행원 전체가 회식 후 나이트클럽에 갔을 때 나의 다른 면을 보여주게 되었다. 술자리에서는 큰소리치던 사람들이 클럽에 와서는 구석자리에서 쭈뼛거리고 있을 때 나 혼자 여성을 초청하여 플로어에 나가 부르스 타임을 보여주고 자리로 들어왔다. 당시 유행어에 "100고가 불여 1부"라는 말이 있었는데 고고춤 100번 보다 부르스 한번 추는 게 더 낫다는 말이다.

　그 일이 있은 후 직원들이 나를 바라보는 눈이 180도 달라졌다.

　내가 놀 줄 모르거나 술을 마시지 못해서가 아니라 스스로 절제하고 있다는 것을 믿게 된 것이다. 이른바 '클럽 사건'이후에는 내게 술을 강권하는 선배도 없었을 뿐 아니라 나에 대한 이미지도 바뀌어서 그전에 걱정하던 왕따를 겪지 않으면서도 내가 지키고자 하는 것을 지킬 수 있었고 그 후 어느 부서로 발령이 나던지 인수인계되어 차지도 뜨겁지도 못하고 어정쩡하게 타협하며 살지 않아도 되게 된 것이다.

문제는 공식적인 회식자리였다.

후일 본부부서 행원으로 갔을 때 일인데 부서 전체가 모인 자리에서 산천초목도 벌벌 떤다는 호랑이 부장이 술을 권하기 시작했다. 위에서부터 한잔씩 권하면서 내려오는데 드디어 내 차례가 왔다. 그때 하룻강아지 범 무서운 줄 모르고 "저는 술을 못 마십니다"라고 당당하게 말했다. 그러자 회식 분위기가 한순간에 싸늘해지고 숨소리조차 들리지 않는 정적 속에 긴장감마저 감돌았다.

그때 갑자기 그 무섭던 부장이 껄껄 웃기 시작했다. 그러면서 "천국에 가려면 부인 치마끈 잡으면 되지. 술까지 마다할 필요가 있나?"며 다시 한 번 술을 권했다.

부장의 호의가 내게는 악재였다.

평소에 '술을 마실 줄 알아야 일도 잘 한다'는 말씀을 여러 번 하셨던 터에 한 번 더 거절하면 내 입장이 더 불리해질 수 있기 때문이다. 하지만 나는 내 삶은 사람에 의해 좌지우지되는 인생과는 다르다고 생각했다. 그래서 한번이 아니라 열 번이라도 내 입장을 확실하게 밝히는 것이 필요하다고 생각했다.

그래서 술을 받는 대신 "부장님께서는 약속을 지키는 사람이 좋습니까, 약속을 지키지 않는 사람이 좋습니까?"라고 물었다. 그러자 "그야 약속을 지키는 사람이 좋지"라고 부장이 대답했다. 그 말에 용기를 내어 "저는 한때 술에 빠져 산적도 있었지만 마음을 돌이켜 술을 마시지 않기로 제 자신과 약속을 했습니다. 그 약속을 지킬 수 있게 해 주십시오"라고 말했다.

내 말이 끝나자마자 부장은 "하하하! 그래, 약속은 지켜야지"라고 말하며 기분 좋게 다음 사람에게 술을 권했다. 분위기는 즉시 화기애애해졌고, 이후에는 회식자리가 있어도 오히려 상사들이 나를 배려해 주었다. 그 일로 인해 나는 오히려 얄팍한 이익 때문에 소신을 저버리지 않는 사람으로 인정받았고, 이후에 어느 부서에 가도 '술'로 딴죽 거는 사람은 없었다. 상사와 함께 고객들을 만나도 상사들이 오히려 나를 커버해 줄 정도였다.

'술'자체가 나쁘다고 생각하지는 않는다. 그러나 나는 대학시절 "수주회"라는 클럽을 만들 정도로 술을 많이 먹었고 그 폐해를 잘 알고 있다.

문제는 '술'이 아니라 평소에 직장에서 어떻게 행동하느냐이다.

그러한 여러 가지 모습들이 소문이 났는지 은행의 핵심부서인 여신기획부로 발령이 났다. 가장 점포환경이 좋지 않은 곳에서의 고생과 땀과 기도가 직장생활에서 도약하는 발판이 된 것일까?

#06

빛 좋은 개살구?

"길을 찾아라 아니면 만들어라."
- 현병택

**행운과 기회는
준비된 자에게 온다**

직장생활을 돌이켜 보며 세상적으로 표현하면 '빛 좋은 개살구'-남들 보기엔 그럴 듯하지만 실상은 실망스러운 것-인 경우가 많았다.

꿈의 부서 여신기획부로 발령받은 것도 마찬가지다. 당시 본부의 여신기획부는 은행의 인재사관학교라고 불렸다. 은행의 핵심 업무인 여신을 총괄 할 뿐만 아니라 당시 대부분의 임원들이 여신기획부 출신이어서 그야말로 황금인맥을 형성하기 때문이다. 후진 점포에서 그 핵심부서에 들어갔으니 다들 부러워할 밖에.

하지만 막상 들어가 보니 여신기획부도 여러 반으로 나뉘어 각파트의 업무를 담당하고 있었다. 은행 전체 대출업무 제도를 만드는 기획1, 2반과 은행에서 조성한 대출자금을 영업점에 배분해주는 자금반과 정부자금 및 기금을 영업점에 배분해주는 시책반은 이른바 '끗발 좋은'파트였고, 대출의 부실을 관리하는 사후관리반과 영업점에서 취급한 어음할인을 한국은행에 재할인 받는 재할반은 설거지 반이라고 다들 꺼리는 파트였다. 그런데 남대문시장지점에서 최고 한직이었던 별단계로 떨어졌던 것 같이 여기서도 하필이면 재할반으로 가게 됐다. 재할반은 '별단계'처럼 하는 업무가 다 잡무 수준이다.

역시 실망이 컸지만 마음가짐을 달리 가질 수 밖에 없었다. 그리고, 본부 부서는 지점과는 전혀 다른 분위기였다. 다들 일사분란하게 자신의 일을 척척 해내고 있었다. 그때까지 '성실'로 승부했지만 이제는 그것만으로는 부족했다. 3년차 직원은 '성실'뿐 아니라 '전문가'라는 무기도 장착해야 한다. 그러기 위해서는 3년 동안 자신의 적성에 맞는 길을 모색해야 하는데, 나는 그런 준비가 되지 못한 상태였다. 게다가 맡은 업무도 전문성을 쌓기에는 부족한 업무였다.

뭐든 다른 직원들하고 차별화될 수 있는 나만의 무기를 갖고 있어야 했다. 그래서 선택한 게 규정집이었다. 규정집은 워낙 내용이 방대하기 때문에 대부분 모를 때는 동기에게 묻거나 그때그때 찾아보는 식으로 일을 했다. 그러다보니 잘못된 정보를 그대로 적용하여 실수를 범하는 경우도 많았다.

나는 시간은 걸리더라도 정공법으로 승부하자고 생각하고, 유권해석과 사례들을 외우기 시작했다. 손바닥만 한 수첩에 적어 지하철에서도 화장실에서도 외웠다. 그리고 실무에서 경험하는 사례들을 규정에 맞게 하나하나 정리해두었다. 그러다 보니 사후관리반, 시책반을 거치면서 여러 업무를 섭렵하게 되었다. 자연히 규정을 외우고 문의해오는 사람마다 답변하고 사례를 많이 생각하게 되니 점차 '규정통'이라 불리게 되었다.

결국 전문가가 되느냐 마느냐는 그 분야에 대해 얼마나 투자했느냐에 따라 달라진다.

인기 요리사인 강레오 셰프 역시 단순무식한 방법으로 고든 램지의 수석 셰프를 꿰찼다. 그가 고든 램지 셰프 밑에서 일할 때 동양인이라는 이유로 고기 요리를 할 기회를 주지 않았다고 한다. 기껏 생선이나 채소 요리만 시켰는데, 강레오 셰프는 이에 만족하지 않고 남들보다 두 시간 더 일찍 나오고 두 시간 더 늦게 퇴근했다고 한다. 그러면서 고기 파트에서 디저트 파트까지 모든 섹션의 요리를 조금씩 도와주다보니 모든 요리를 다 할 수 있게 되었다.

노력하다 보면 반드시 기회가 오기 마련이다.

기회는 준비된 자에게 오기 때문이다.

어느 날 디저트 파트를 담당하는 요리사가 사라져 버려 주방에 비상이 걸렸고, 강레오 셰프는 대타로 디저트를 완벽하게 만들어내면서 세계적인 요리사인 고든 램지를 놀라게 했다. 기본기를 이미 갖추고 있는 강레오에게 인종차별은 더 이상 적용되지 않았고, 그는 수석 셰프로 명성을 떨치게 된 것이다.

내가 행원 시절에 규정집을 가까이 했다 해서 강레오 셰프처럼 인생역전이 펼쳐지진 않았다. 하지만 가장 중요한 것을 배웠다. 일하는 재미를 알게 된 것이다. 하면 된다는 것을 깨닫게 된 것이다. 일에 재미가 붙으면서 가속도가 붙어 능률이 생기기 시작했다. 규정을 외우는 게 길을 닦는 것처럼 지난한 작업이라면 실무를 익히는 건 운전을 배우는 것과 같다. 시간도 덜 걸릴 뿐 아니라 성과가 눈에 보이기 때문에 배우는 속도도 빠르고 재미있다. 길이 잘 닦여져 있으면 차는 운전자의 실력에 따라 얼마든지 달릴 수 있다.

일을 즐기고 싶다면 사소한 분야도 좋으니 자신 있게 내놓을 수 있는 무기를 만들어야 한다. 그게 무엇이든 다른 사람을 도울 수 있을 정도가 된다면 충분히 무기가 될 수 있다. 일단 그 무기만으로도 전쟁에 나갈 준비는 된 것이다. 거기에 총알을 얼마나 장전하느냐는 그 다음 문제다.

'금수저'보다 강한 '긍정의 힘'

태어날 때부터 금수저를 입에 물고 태어난 사람이 있는 것처럼 직장에도 황금 인맥을 자랑하는 사람들이 있다. 신입사원 때야 그다지 중요하지 않은 것 같지만 황금 인맥은 직급이 높아질수록 강력한 힘을 발휘한다. 그래서 일단 회사에 들어가면 스펙보다 인맥을 더 중요하게 여기는 사람들이 많다. **하지만 황금 인맥보다 더 중요한 게 있다. 바로 태도와 정신자세다. 아무리 황금 인맥에 속해있고, 스펙이 화려해도 매사에 부정적이고, 불안과 걱정 속에서 사는 직원은 선호하지 않는다.**

실제로 내가 신입행원일 때 자질도 좋고 성품도 훌륭한데 겸손이 지나치다 못해 모든 상황을 비관적으로 생각하는 직원이 있었다. 일종의 미운오리새끼 콤플렉스가 아닌가 생각된다. 가령, 한창 일하고 있을 때 상사가 다가와서 "요즘 바쁘지?"라고 말하면 "아, 나를 격려해 주는구나"라고 생각하면 되는데 그 직원은 "아, 요즘 내가 일을 안 한다는 걸 돌려 말하는구나!"라고 받아들였다. 아무도 뭐라고 한 적이 없는데도 스스로 위축되어 자신감까지 상실한 것이다.

더 나쁜 것은 아무도 그가 무능하거나 불성실하다고 생각하지 않는데 자신의 부정적인 이미지를 스스로 만들어 동네방네 퍼뜨리고 다닌 것이다. 본인이 자꾸 상사에게 찍혔다느니 자신은 능력이 부족하다느니 하면서 스스로를 낮춰 이야기하는 걸 듣다보면 '내가 모르는 다른 단점이 있는 사람인가?'라는 의문이 생기면서 그를 다시 보게 된다.

비록 고민 상담으로 시작된 이야기라고 해도 같은 상황이 반복되면 부정적인 이미지가 생겨나게 마련이다. 그러다보면 눈에 보이지 않던 결점도 드러나 점점 이미지만 나빠진다. 결국 그 친구는 본인이 마음만 먹으면 활용할 수 있는 인맥이 있었는데도 자기가 만든 부정적인 생각의 덫에 걸려 잘 나갈 수 있는 기회를 모두 놓치고 말았다.

이 친구의 사례에서 알게 된 것은 상사의 말을 발전적으로 받아들이는 습관을 들이는 것이 좋다는 것이다. 예를 들어 부장이 "요즘 바쁘지?"라고 말했을 때 그 말을 부정적으로 해석하면 상사에게 좋은 이미지를 각인시킬 기회를 잃게 된다.

하지만 "요즘 바쁘지?"라고 묻는 상사의 말을 '내게 뭔가 시킬 일이 있으신 게 아닐까?'라고 해석하고 "네, 지금 하고 있는 일은 몇 시간 후면 끝이 납니다. 혹시 제게 시킬 일이 있으시다면 알려주십시오"라고 대답한다면 상사는 어떻게 받아들일까? 일에 대해 적극적으로 임하고, 준비된 자세를 보이는 그를 긍정적으로 평가하지 않을까?

금수저를 물고 태어나는 것은 본인의 노력으로 할 수 있는 일이 아니다. 부러워해 봤자 해결될 일이 아닌 것이다. 그보다는 자신이 긍정적인 자세와 발전적 태도를 갖추고 있는지 돌아보는 것이 더 필요하다. 이 두 가지를 갖추고 있다면 황금 인맥은 얼마든지 만들 수 있다. **황금 인맥을 만들고 싶다면 지금 상사의 눈에 비치는 내 모습은 어떤지 스스로 점검해 볼 필요가 있다.**

중간보고만 잘해도 중간 이상은 간다!

행원 시절에 반드시 갖춰야 할 덕목 중 하나가 속도다.

속도가 곧 능력이기 때문이다. 일을 잘하는 것도 중요하지만 상사가 원하는 시간에 결과를 보여주는 것이 더 중요하다. 어찌 보면 내용보다 더 중요한 것이 타이밍이다. 버스가 지나간 후에 손을 흔든들 무슨 소용이 있겠는가?

원래 내 성격은 급하지 않은 편이라 만약 하사관학교에서 빨리 빨리 움직이는 걸 배우지 않았다면 직장에 적응하기가 쉽지 않았을 것이다. 하지만 하도 혹독하게 훈련을 받았기 때문에 신속하게 행동하는 게 몸에 뱄다. 그래서 밥도 빨리 먹고, 걸음도 빠른 편이다. 가만히 살펴보면 발걸음이 느릿느릿한 사람 치고 인정받는 사람을 본 적이 드물다.

물론 빠르다고 다 좋은 건 아니다. 그러나 일에 있어 속도는 우리가 아는 의미와 조금 다르다. 거기에는 상사의 관점이 포함된다. 만약 상사가 일주일 내에 기획서를 만들어 오라고 하면 대부분 기준을 일주일로 잡는다. 그래서 일주일 만에 완성시키면 기본, 하루라도 단축시키면 속도를 냈다고 생각할 것이다. 하지만 그렇게 생각했다면 큰 오산이다. 상사에게 일주일은 한달보다 길게 느껴질 수 있다. 상사는 지시를 내린 그 순간부터 그 일의 결과를 보고 싶어 하기 때문에 빨리 완수하면 할수록 좋다. 그래서 만약 일주일의 기한을 주었다면 늦어도 사흘 이내에 결과를 보여주어야 한다.

나도 처음에는 일주일 기한을 주겠다고 해서 일주일 동안 열심히 준비해서 완성시켰다. 그런데 그 일주일 내내 상사로부터 언제 다 되느냐는 질문을 들어야 했다. 처음에는 일주일도 되기 전에 왜 자꾸 물어보는지 이해되지 않았다. 그러다 상사의 재촉에 위축되어 완성도는 떨어지지만 그냥 제출하는 게 낫지 않을까 고민도 했다. 그래도 부족한 기획안을 보여주는 것보다는 약속한 날짜에 맞춰 제출하는 것이 낫겠다고 생각하며 기획안의 완성도를 높였다. 그리고 약속한 날짜에 제출했다.

그 기획안에 대한 평가는 어땠을까?
그다지 좋은 평가를 받지는 못했다. 만약 기획안이 상사의 생각을 뛰어넘을 정도로 탁월했다면 눈에 띄었을지 모르겠지만 잘 만들어진 기획안 정도라면 좋은 평가를 받기 어렵다. 이미 나는 상사를 일주일이나 기다리게 한 직원으로 인식된 상태였기 때문이다.
그렇다면 속도를 우선시해서 부실한 내용이라도 빨리 제출하는 것이 옳았을까?
그렇지는 않다. 내용보다 타이밍이 중요하다해서 전혀 방향이 다르고 함량미달인 기획안은 속도가 느린 것보다 더 최악이다. 그렇다면 어떻게 하는 게 좋을까? 답은 중간보고를 잘하는 것이다. "지금 여기까지 진행됐고, 나머지는 3일 만에 마무리할 수 있는데 혹시 추가로 지시하실 것이 있는지요?"라는 식으로만 이야기해도 충분하다.

상사는 직원이 자신의 말을 제대로 이해하고, 그 일을 진행하고 있는지 그리고 언제 끝맺을 수 있는지가 궁금한 것이기 때문에 다 마무리해서 보고하면 이미 늦다. 중간 중간 피드백 작업을 통해 상사의 궁금증을 해결해 주어야 한다. 타이밍을 잘 맞추는 게 속도보다 중요하다. '인생은 타이밍'이란 말처럼 '보고는 타이밍'이다.

문제가 생겼거나 발생할 가능성이 있다면 바로 보고하는 것이 좋다. 상사가 피하고 싶은 직원은 손 쓸 수 없을 정도로 상황이 악화된 후에 보고하는 사람이다. 따라서 업무를 잘하고 못하고를 떠나서 상사가 부여한 임무는 즉시 시작하는 것이 좋다. 그것만으로도 상사는 그를 빠릿빠릿하다고 보기 때문이다. 행원 단계에서 빠릿빠릿하다는 평가는 일처리가 뛰어나고 능력이 출중하다는 말과 동의어다. 지시한 업무에 관한 한 상사가 궁금해 할 틈을 주지 말아야 한다.

기획력은 '정보 민감성'에서 부터 시작된다

영어로 대사(大使) 앰배서더 (Ambassador)의 어원은 몽골어 '암방새동'이다. 몽골의 징기스칸은 세계최대의 방대한 영토를 다스리면서 역참제를 두어 수많은 대사들을 파견했다. 징기스칸이 대제국을 건설하는데 큰 역할을 한 것이 바로 역참의 '암방새동'이다. 그들은 다른 곳에서 사람들이 왔을 때 반드시 '그곳에서는 무슨 일이?'라 묻고 중앙에 보고했다고 한다. 속도도 중요하고 전투력도 중요하지만 가장 중요한 것은 정보력이다.

직장 생활도 크게 보면 인생과 다르지 않다.

'세 살 버릇 여든까지 간다'는 말이 있듯 직장에서도 행원 시절의
습관이나 능력이 끝까지 가는 경우가 많다. 그래서 행원 시절에 좋
은 습관을 들이는 것이 필요하다. 그 중 하나가 정보에 민감해져야
한다는 것이다. 정보에 민감하다는 것은 정보를 단순히 아는 것이
아니라 '내 것'으로 만드는 가공력, 즉 기획력을 말한다. 정보가 재
료라면 기획은 요리다. 행원 시절에는 재료를 제대로 볼 줄 아는 안
목을 키우고, 자신만의 요리법을 만들어 나가야 한다.

나는 여신기획부 기획1반에서 그 능력을 키웠다.

기획1반은 여신규정과 새로운 업무나 제도를 기획하는 핵심 파트
였는데, 일주일에 두 세 개씩 상사가 내준 과제를 완수하거나 스스
로 기획안을 작성해서 올려야 했다. 그 당시 기획1,2반에 행원이 8
명 정도가 있었는데 참신하고 좋은 기획안만 인정받았기 때문에 암
암리에 서로 불꽃 튀는 경쟁을 했었다.

그때 배운 것은 **'기획안은 간단하고 일목요연할수록 좋다'**는 것이
다. 일단 제목으로 눈길을 사로잡아야 하고, A4 용지 3장 이내에 배
경, 현황, 은행에 적용할 수 있는 방법과 시기, 그에 따른 파급 효과
와 경쟁은행의 동향 등이 기승전결 형태로 정리되어 의사결정자들
에게 중요한 정보를 줄 수 있어야 한다.

첫 과제를 받았을 때는 정말 막막했다.

주식의 담보취득방안에 관한 것이었는데 지금 보면 평이한 내용

이지만 그때는 정보를 어디서 수집해야 하는지조차 알 수 없어 몇 날 몇일 혼자서 속앓이를 했다. 그러다 증권금융회사에도 가보고 도서관에 가서 관련 책도 찾아보고, 다른 금융기관에 가서 규정집도 얻어 보면서 무엇보다 정보 수집력이 중요하다는 걸 깨달았다. 정확하고 풍부한 정보를 빨리 입수하면 그것 자체가 훌륭한 아이템이 되어 좋은 기획안을 만들 수 있다.

이처럼 기획력은 하루아침에 생기지 않는다. 행원 시절부터 꾸준히 정보에 민감해야만 기획력을 키울 수 있다. 하지만 모든 직원이 새로운 기획을 하는 파트에서 훈련받을 수 있는 건 아니다. 그렇다면 소위 '잡일'에 파묻혀 있는 사람들은 어떻게 해야 정보에 민감해질 수 있을까? 방법은 하나다. 주체적으로 일하라는 것이다. 성실하게 일했다면 전문적인 지식과 다양한 경험이 자신도 모르게 축적되어 있을 것이다. 그것은 스스로 요리할 수 있는 또 하나의 재료가 된다. 그리고 그 재료를 꺼낼 수 있는 도구가 바로 적극적인 태도다.

행원 시절에는 기획력 뿐 아니라 항상 다른 측면에서 생각해보는 것이 중요하다는 것도 알게 되었다. 한가지 예를 들어본다. 당시 기획반은 밥 먹듯 야근을 했다. 낮에는 지점에서 걸려오는 업무질의 전화를 받느라 다른 일을 할 수 없었기 때문이다. 매일 바쁘다고 짜증낼 것이 아니라 많이오는 질문들을 모아 'Q&A' 집을 만들면 어떨까 생각해 보았다.
다행히 기획반에 있는 다른 직원도 같은 생각이어서 의기투합해 안내서를 만들었다. 자금별, 분야별로 여신과 관련된 내용을 정리하여 20여 쪽짜리 컴팩트한 리플렛을 만들어 내가 손수 표지 모델을 했는데 반응이 상상외로 좋았다. 맡은 업무에 매몰되지 않고, 다른 측면에서 접근해 보니 조직의 업무에 도움이 된다는 것을 경험할 수 있게 된 것이다.

'기획력'은 기획안 작성에서 시작되는 게 아니라 내가 갖고 있는 정보를 내가 속해 있는 현장에 어떻게 적용하여 더 나은 상황을 만들어낼지를 고민할 때 생겨난다. 어느 직장 어느 부서에서나 문제는 발생한다. 그것을 해결하고자 하는 마음, 그리고 내가 속한 환경을 더 좋게 만들려는 마음이 바로 기획의 시작이다.

#07
대리 승진시험

"보라 내가 너를 연단하였으나 은처럼 하지 아니하고
너를 고난의 풀무 불에서 택하였노라."
- 이사야서 48:10

두 번의 낙방, 대리시험 3수

동기(同-같이하다 期-모이다)라는 말에는 '같이 모이고 만난다'는 뜻이 담겨 있다.

같은 시기에 학교생활을 같이 했거나 강습 등을 함께 받은 사람들을 말하는데 입사 동기는 그보다 더 특별한 의미를 갖고 있다. 입사에서부터 퇴직하기까지 엇비슷하게 승진하며 직장생활을 함께하는 동반자가 바로 입사 동기다. 그래서 그 동기들과 함께 발맞춰 나가는 게 필요하다. 그 첫 번째 관문이 바로 대리 승진시험이다. 입사한 지 일정기간이 지나면 승진시험을 치를 수 있는데 군대 경력을 따져서 자격을 부여한다.

그런데 나는 첫 번째 해에 시험을 치를 자격을 얻지 못했다.

대학 교련 이수 등으로 군 복무기간이 적었기 때문이다. 첫 해 시험은 250명 중 군 생활을 33개월 다 채운 12명이 치렀는데 모두 합격하여 선두 기수로 치고 나갔다. 아쉽지만 나는 다음 기회를 준비할 수 밖에 없었다. 시험을 4개월 앞두고 나는 실력도 좋고, 맘에 맞는 동기들과 팀을 구성해서 서강대 근처에 하숙집을 잡았다. 그리고 합숙하며 함께 공부하기 시작했다.

그 당시엔 대리시험을 고시라고 부를 정도로 난이도가 심해서 3-4개월을 밤을 새며 집중적으로 공부를 해도 합격하기가 어려웠다. 복잡한 여신 사례나 부도기업 경매사례 같은 까다로운 문제가 나오기 때문에 철저히 준비하지 않으면 합격은 물 건너가는 것이다. 오죽하면 시험을 앞둔 행원은 업무에서도 뺐다. 공부에만 집중할 수 있도록 선임자들이 배려를 해주는 것이다.

지금 생각해보면 그때처럼 열심히 공부를 해 본 적이 없었던 것 같다. 매일 새벽 2-3시까지 코피를 쏟으며 공부를 했는데, 얼마나 힘들었는지 새벽에 책상을 뒤엎으며 다 때려치우겠다고 고함치는 동기도 있었다. 그래도 4개월 동안 한눈팔지 않고 죽기 살기로 공부를 했다. 그런데 시험 결과는 처참한 낙방이었다. 그것도 4과목 전부 다 불합격이었다. 정말 충격이었다. 적어도 몇 과목은 붙을 줄 알았는데 여신기획부 행원이 여신시험에서도 떨어지다니! 부끄럽고 망신스러워 얼굴을 들 수가 없었다.

많은 동기들이 앞서간다고 생각하니 초조하고 불안한 마음도 커졌다. 그래서 심기일전하여 두 번째 시험은 더 철저하게 준비하기로 했다. 여러 명이 함께 공부하는 것보다 맘 맞는 한 두명과 집중적으로 하는 게 좋을 것 같아서 팀을 꾸려 숙대인근에 하숙집에서 일찌감치 시험을 준비했다. 열심히 공부했지만 두 번째도 역시 불합격이었다.

도대체 뭐가 문제인지 알 수가 없었다.

능력이 뛰어나지는 않아도 뒤처지지는 않았는데 계속 떨어지니 회사에서도 눈치가 보였다. 인재사관학교라 불리는 여신기획부에 대리시험 삼수라는 불명예를 안겼으니 윗분들의 심기도 불편하셨을 거다. 그것을 만회하기 위해선 시험에 합격하는 수밖에 없었다. 그런데 세 번째 시험을 준비할 때 말도 안 되는 실수를 저질렀다. 시험을 한 달 남짓 앞두고 정리노트들을 지하철에 두고 내린 것이다. 눈앞이 캄캄하고 세상을 다 잃은 것 같았다.

내가 믿었던 것이 이른바 두터운 '족보 노트'였다는 것이 뭔가 잘못된 것이라는 것을 깨닫고 다른 접근 방법을 생각했다.

처음부터 다 다시 시작하기는 시간이 부족하므로 각 과목별로 25개씩 예상문제를 뽑아서 문제와 답을 정리하기로 한 것이다. 기출문제만 수백 개가 되는데 그중에 25개만 추린다는 것은 '모 아니면 도'였다. 일종의 모험과도 같았다.

그러던 어느 날 부장님이 뜬금없이 자리 배치를 옮기라 하셨다. 그때 우리 팀의 자리는 부장님 방의 테이블과 바로 마주 보이는 자리였는데 시선이 불편하셨던 모양으로 벽 쪽 후미진 곳으로 자리를 옮기게 되었다. 그때부터 시간 중에도 주위 눈치 보지 않고 틈틈이 공부할 수 있는 여건이 조성되었다. 나는 족보 노트가 아니라 하나님께 지혜를 구하니 상황까지 바꿔주시나 해서 신기할 따름이었다.

그리고 시험 당일, 나는 놀랄 수밖에 없었다.

시험지를 받았는데 내가 정리해 놓은 문제에서 거의 빠짐없이 나온 것이다. 그 해 시험 감독으로 들어왔던 직원을 나중에 만났는데,

그 당시를 떠올리시며 "너처럼 평안하게 시험을 보는 사람은 없었다. 뭔가 뒤에 후광이 비취는 것 같았다"고 말 하는 것을 듣고 온몸에 전율이 왔다. 내 나름 열심히 한다고 할 때 매번 떨어졌던 내가 그 해에는 단번에 네 과목 모두 합격했다.

그리고 곧 이어 대리로 승진했다.
당연히 동기 중에는 늦은 편이었다.
어느 라디오프로를 들으니 MBC 개그맨 공채당시 개그맨 최양락씨가 대상, 엄용수씨가 2등, 이경규씨가 8명 중 8등으로 붙었는데 오랜 세월이 지나고 보니 엄용수씨는 좋은 일도 많이 했지만 결혼도 여러 번 했고, 꼴등이었던 이경규씨는 '몰래카메라'로 뜨기 시작하더니 가장 잘나가던 최양락씨 보다 크게 앞서 나갔다는 것이다.

전도서에 보면 "빠른 경주자라고 선착하는 것이 아니며 유력자라고 전쟁에 승리하는 것이 아니며 지혜자라고 식물을 얻는 것이 아니며 명철자라고 재물을 얻는 것이 아니며 기능자라고 은총을 입는 것이 아니니 이는 시기와 우연이 이 모든 자에게 임함이라"고 기록하고 있다. 토끼와 거북의 우화처럼 빠른 경주자는 자신의 빠른 것만 믿고, 유력자는 권력만을 믿고, 명철자는 자신의 똑똑함을 믿다가 뒤처지는 것이 인생이다.

인생은 장거리 장애물 경기와 같아서 허들을 잘 넘다가도 체력이 소진되어 뒤처질 수도 있고, 뒤쳐졌던 선수가 기회를 잡아 앞으로 나갈 수도 있고, 나는 가만히 있는데 상대선수가 넘어져 어부지리를 얻을 수도 있다. 조진조퇴(早進早退)라는 말이 있듯이 반드시 빨리 간다고 좋은 것만은 아니다. 혹시 동기들 보다 뒤쳐졌다고 낙담하고 있는 분이라면 낙담 할 시간에 허들을 잘 넘을 수 있도록 힘을 키우는 것이 좋을 것 같다.

제2장

CHANCE

기회는 준비된 자에게만 보인다!

-대리 시절에 체득한 지혜-

카이로스(kairos)

카이로스. 제우스의 아들인 그는 '기회의 신'이다. 앞머리는 무성한데 뒤는 대머리다. 등과 두 발에는 날개가 달려 있고 손에는 저울과 칼을 들고 있는 특이한 형상을 하고 있다.

그의 앞머리가 무성한 이유는 사람들이 그가 누군지 잘 알아보지 못하지만 혜안이 있어 알아본 자가 있다면 쉽게 붙잡을 수 있게 하고, 뒷머리가 대머리인 이유는 한번 지나가고 나면 붙잡을 수 없게 하기 위함이다.

저울을 들고 있는 이유는 그가 앞에 나타날 때 잡을 것인가를 오차 없이 판단하라는 것이고 날카로운 칼을 들고 있는 이유는 결단이 설 때 망설이지 말고 칼같이 결단하라는 의미다. 두 발에 까지 날개가 달린 이유는 주저하는 자들 앞에서는 신속히 사라지고 만다는 것을 뜻한다.

기회는 누구에게나 온다. 누구나 쉽게 잡을 수 있도록 머리카락을 늘어뜨리고 있다. 그러나 대부분의 사람들은 그것이 기회인지 알아보지 못한다. 우리가 공부를 하는 이유는 뭘까? 동일한 사안, 사건을 다른 측면에서, 보다 폭넓게 보고 바르게 해석하여 기회를 제 때에 잡을 수 있는 혜안을 키우기 위해서다.

대리 시절! 나도 보이지 않는 기회를 잡기위해 부단히 묻고 공부하고 노력했다. 기회는 준비된 자에게만 보이기 때문이다. 모두들 절망하는 어려운 환경에서도 오히려 기회의 머리카락을 잡아 부자가 되고 성공하는 사람들도 있다는 것을 상기하라. 그들은 기회를 알아보는 혜안, 정확한 판단, 그리고 칼 같은 결단을 요구하는 카이로스의 "C" 즉, Chance의 비밀을 아는 사람들이다.

#08
값 비싼 수업료들

"경험은 가장 훌륭한 스승이다
다만 학비가 비쌀 뿐이다."
- T.칼라일

좋은 배려 vs 나쁜 배려
-배려가 항상 좋은 것은 아니다

직장생활을 하면서 제일 기뻤던 때가 언제냐고 묻는다면 나는 주저 없이 '대리승진'이라고 대답한다. 행원생활 6년 만에 대리가 되었을 때의 기분은 셋방을 전전하다가 집을 사서 문패를 달았을 때와 비슷하다고 해도 과언이 아니다. 대리부터는 일에 대한 권한이 생기기 때문이다. '대리'는 은행장 대리로서 그 당시에는 수표에 대리 직인을 찍었기 때문에 내 이름이 찍힌 수표가 경제 흐름의 한 부분을 차지한다는 것이 자랑스러웠다.

책임자시험을 합격한 후 얼마 있다가 여신기획부 행원을 떠나 서소문지점 대리로 발령이 났다. 하지만 어제까지 행원이었던 사람이 갑자기 대리가 됐다고 해서 모든 걸 잘할 수는 없다. 말이 책임자지 수신창구 뒷자리에 책임자로 앉아 있는데 뭘 해야 할 지 막막하기만 했다. 본부에서 오래 근무하다보니 여직원들이 올리는 전표에서 뭘 봐야할지, 어디에 도장을 찍어야 할 지도 몰라 전전긍긍하고 있었다.

그때 내게 손을 내민 사람이 있었는데 바로 선임 여직원이다. 나이도 많고 업무경력이 많은 분이었는데 친절하게 업무에 대해 가르쳐주었다. 내 입행동기의 부인이었는데 깍듯하게 '대리님'이라고 부르면서 무안하지 않게 하나하나 설명해주었기 때문에 일을 잘 처리할 수 있었다.

그렇게 도움을 받아 업무에 익숙해지려고 하는데 은행전체의 전산시스템을 종합온라인 시스템으로 새롭게 구축하는 프로젝트가 시작되었다. 그 당시엔 컴퓨터가 아니라 단말기로 전표를 처리했었는데 처음으로 전산화가 시작된 것이다. 문제는 입출과 시재를 딱딱 맞춰야 한다는데 있었다. 은행은 저녁마다 그날 하루 들고 난 돈을 맞춰보는데 1원이라도 틀리면 퇴근도 못하고 액수가 맞을 때까지 맞춰야 한다.

그런데 종합온라인 작업이 정착이 안 되어 거래내역과 전산이 따로 놀다보니 시재가 틀리면 도저히 틀린 원인을 찾기가 어려웠다. 새벽까지 전표만 보고 있었던 적이 한두 번이 아니었다. 그때마다 상고출신의 베테랑 선임 대리가 구원투수로 나서주었다. 자기일이 아닌데도 밤까지 남아 아무 말 없이 신문을 보고 있다가 "내가 도와줄까?" 하면서 슬며시 다가와 어렵지 않게 찾아 줄 때가 많았다.

처음부터 그 친구가 문제를 해결해줬다면 아마 나는 끝까지 해결 방법을 몰랐을 수도 있다. 하지만 내가 그걸 붙들고 씨름하는 내내

기다려주고, 도움이 절실할 때 손을 내밀어 준 선임 대리 덕분에 종합온라인이라는 큰 파도를 넘길 수 있었다. 선임 여직원과 선임 대리의 좋은 배려 덕분에 첫 근무지에서 큰 어려움들을 무난히 넘을 수 있었다.

그런데 정작 나는 다른 직원에게 좋지 않은 배려를 하고 있었다.

그 당시 빈번히 시재를 틀리는 여직원이 있었다. 신입 여직원이었는데 매일 자신의 실수 때문에 울고불고, 사무실을 한바탕 뒤집어 놓았다. 그때 내가 실력이 있었다면 그 여직원에게 일을 제대로 가르쳐 주거나 내가 고쳤을 텐데 나 역시 헤매고 있었을 때라 어찌할 바를 몰랐다. 내가 할 수 있는 일은 여직원을 달래고, 가끔 내 돈을 봉투에 넣어 손해금을 처리 할 수 있도록 해 주는 것 뿐 이었다. 그것으로 저녁시간의 평화를 되찾을 수 있었고, 여직원의 마음을 얻을 수 있었다.

그런데 그 일이 계속 반복되자 항상 나를 도와줬던 선임 대리가 따로 불러내어 "시재가 틀렸다는 것은 어디선가 사고가 났다는 건데 그걸 미봉책으로 그냥 덮고 지나치면 나중에 큰일 날 수 있다"고 따끔하게 일러 주었다. 머쓱하고 민망했지만 내가 잘못했다는 걸 인정하지 않을 수가 없었다.

나는 그 문제를 정확히 해결할 생각을 하지 않고, 정서적으로 대처한 것이다. 그 여직원은 내게 고마워했지만 결과적으로 그 여직원이 일을 제대로 배울 수 있는 기회를 박탈한 것이라 할 수 있다. 진정한 배려는 그 사람이 당면한 문제에 대해 머리를 맞대고 고민하고, 분석하여 해결방안을 만들어내는 것이다. 그래야 서로 도움이 될 수 있다.

캘리포니아 레드우드 국립공원에 최고 112m나 되는 거대한 나무들이 끝없이 펼쳐진 숲이 있다. 여름 가뭄이 심한 캘리포니아에서 울창한 숲을 이룬 비결이 궁금해 식물학자들이 그 나무들의 뿌리를 파헤쳐보니 놀랍게도 홀로 깊게 뿌리박힌 것이 아니라 옆의 나무들과 서로 연결되어 있었다. 서로 부족한 것을 주고받았기 때문에 여름 가뭄에도 든든하게 버틸 수 있었던 것이다.

회사라는 조직도 마찬가지다. 서로 끌어주고, 도와줌으로써 함께 성장할 수 있는 관계를 얼마나 잘 형성하느냐에 따라 그 조직의 성패가 달려있다.

영업의 달인 옆에서
영업에 눈을 뜨다

당시 지점장은 은행 내에서 영업 통이라고 소문이 난 분이었다.

그런 분을 대리 초임 때 가까이서 모실 수 있었다는 것은 나에게 큰 행운이었다. 여신기획부에서 기획을 배웠다면 서소문 지점에서 영업에 눈을 뜨게 되었다.

당시 지점예금의 절대적인 비중을 차지하는 곳이 있었는데 하루는 나를 차에 배석시켜 잘 보라고 하셨다. 여러 은행이 경쟁하는 터라 각 은행에서 선물공세가 있다는 것은 알았는데 도착해서 트렁크를 열게 하시더니 골프채 한세트를 꺼내시는 것이 아닌가?

1980년대에 골프채 한 세트라는 것은 대단히 큰 금액이었는데, 결국 그 곳을 방문한 이후 200억 원이라는 엄청난 예금이 한꺼번에 들어오고 계속 거래가 확대되는 것을 보고 놀라지 않을 수 없었다.

　지금에는 그런 방식의 영업이 있을 수 없는 것이지만 여하간 무엇을 따 내려면 남들이 하는 정도를 넘어서서 담당자들이 이론을 제기 할 수 없을 정도의 어떤 유익을 주어야한다는 것을 알게 되었고 그 후로 영업방식에 대해서 다양한 각도로 생각하는 계기가 되었다.

　영업과 관련해서 기억에 남는 또 한 가지는 후일 기업금융부장 시절 담당부행장과 모 공기업을 방문했을 때이다. 그분은 네트워크 론이라는 불후의 명작을 만들어 보급하였고, 은퇴 후에는 보험 자회사를 만들어 단기간의 흑자보험사의 반열에 올려놓은 분인데 사장을 만나 "기업은행의 CMS시스템을 깔아 드릴테니 다른 요구사항을 들어 달라"는 식으로 협상을 하는게 아닌가! 우리가 부탁해야하는 입장인데도 그것을 시혜로 인식시키는 놀라움! 고수들은 뭐가 달라도 달랐다.

　어느 신문에서 보고 메모해 놓았던 **'영업 10계명'** 중 몇 가지를 적어본다.
　- 거래를 시작 할 때에는 기대 수준을 조금 낮춰 주고 오히려 실행할 때는 예상치 못한 고객 감동 서비스를 펼쳐 만족 수준을 높여 준다.
　- 기대가 높으면 아무리 잘해도 실망이 크게 된다. 적게 줄 것처럼 말하고, 실제로는 많게 주는 행동을 하라. 정성껏, 그리고 깜짝 놀랄 만큼 많이 준다...
　- 마티즈를 살 고객에겐 마티즈를 타고 나가고, 에쿠스를 사려는

고객에겐 에쿠스를 타고 나가서 영업해야 한다.

- 고객에 대한 라이프스타일과 라이프사이클을 연구해서 고객과 코드가 맞는 영업을 한다. 그래야 고객 맞춤형 서비스가 나온다. 눈높이가 다르면 내가 최선을 다하는 것도 경우에 따라, 고객에게는 최악이 될 수도 있음을 유념한다.

- 특별한 날, 기억이 오래가는 선물을 한다. 누구나 선물을 보내는 명절 때 보내면 기억하기 어렵다. 고객은 특별한 기념일에 생각지도 못한 뜻 깊은 선물을 오래 기억 한다.

인적 네트워크의 중요성 - '폐' 끼치는 것을 나쁘게 생각하지 말자

6개월 동안 수신창구에서 지지고 볶다가 MBC 출장소로 발령을 받았다. MBC가 정동에 있을 때 서소문지점이 거래를 텃기 때문에 MBC가 여의도로 이사를 갔어도 서소문지점의 출장소 형태로 따라 들어간 것이다. 대리 한명에 직원 4명의 단출한 구성이었지만 일은 굉장히 많은 곳이라 MBC 직원들의 월급날이 있는 월 말에는 우리 직원들이 화장실도 제때 가지 못할 정도로 바빴다. 게다가 MBC가 주택조합을 추진하면서 수백 건의 대출을 일으키게 되자 말할 수 없이 바쁜 나날이 계속되었다. 그런가운데서도 방송국 국장들을 비롯해 탤런트 개그맨들도 대리님 대리님하며 우대해주니 힘든 줄 몰랐다.

대리는 업무 책임자이기 때문에 그 업무와 관련해 다양한 사고를 종합적으로 할 수 있어야 한다. 그 중 하나가 인적 네트워크다. 마감을 빨리 하는 것이 중요한 게 아니라 업무를 통해 만나는 사람들과 긴밀한 관계를 유지하여 서로 필요할 때 도움을 주고받을 수 있어야 한다. '대리'이후부터는 인적 네트워크의 중요성이 커지기 때문이다.

은행과 방송국은 다양한 사람들이 드나든다는 공통점을 갖고 있다. 그래서 사업상으로나 인간적으로나 좋은 관계를 맺는데 더할 나위 없이 좋은 곳이다.

MBC 출장소 근무당시 고객 중에는 유명연예인 뿐 아니라 지금은 정치인이나 전문가로 유명해진 분들도 많이 만났는데 그 당시에 내겐 인적 네트워크란 개념이 전혀 없었기 때문에 빨리 마감하고 모점에 가서 빨리 일을 처리할 생각 밖에 없었다. 그러다보니 사람들과 사무적인 만남 이상을 갖지 못했다.

어떤 일도 혼자서 할 수 있는 건 없다. 반드시 협력이 필요하다. 그와 마찬가지로 내부조직만으로 해결되는 일은 없다. 조직은 항상 외부환경에 영향을 받고, 외부와의 공조가 반드시 필요하다. 그래서 내가 속해 있는 분야가 아닌 다양한 사람들과의 관계가 중요한 것이다. **탄탄한 인적 네트워크는 개인과 조직에게 활력소가 될 뿐 아니라 새로운 기회를 제공하기도 한다.**

그래서 대리로 진급하면 나만의 '인적 네트워크 대차대조표'를 만들고 주기적으로 점검하는 것이 필요하다. 대차대조표가 기업의 재정상태를 보여주듯 '인적 네트워크 대차대조표'는 나 자신과 사람들과의 관계를 명확하게 보여준다. 인적 네트워크 대차대조표 역시 자산, 부채, 자본으로 구성된다. 자기자본은 태어나면서 저절로 맺어진 관계인 부모와 친척 등이 해당되고 결혼은 증자와 같다. 타인자본인 부채는 말 그대로 내가 신세지고 빚진 사람들이 여기에 속한다. 이 자본과 부채를 투자한 것이 자산이니 내게 도움을 준 사람들 뿐 아니라 내가 빚진 사람들 까지 모두 나의 인적 자산이 되는 것이다.

대부분 부채는 제로에 가까울수록 좋다고 생각하고 무차입 경영을 자랑하는 기업도 많지만, 실상은 이 부채를 어떻게 운용하느냐에 따라 기업의 성패가 좌우된다. 기업도 성장하기 위해 적당한 레버리지를 활용하는 것이 좋다. 부채를 지렛대로 투자 수익률을 극대화하면 기업이 더 크게 성장 할 수 있는 것이다.

인적 네트워크도 마찬가지다. 부당한 청탁이 아니라면 **적당히 신세를 지는 것이 좋다. 신세를 질 수 있다는 것은 '관심'과 '호의'가 바탕이 된 관계이기 때문에 신세(빚)가 오히려 관계를 지속시킬 수 있는 매개체가 될 수 있다.** 그래서 인간관계에서도 적당히 폐를 끼쳐 부채를 만드는 것이 사람이라는 나의 레버리지 자산을 확대해 나가는 것이 된다. 신세 진 것을 내가 잊지 않는 한 상대는 나를 계속 기억하고 잘되기를 바라기 때문이다.

━━━
협업의 중요성
– 우수 QC서클

지점 앞 구두닦이들은 찍새(닦을 구두를 모아오는 사람), 딱새(닦고 광내는 사람) 등 역할을 나누어 효율적으로 일하고 있다. 이른바 '협업'의 기본적 형태라 할 수 있다.

1980년 중후반부터 QC(Quality Control 품질관리)운동이 우리나라에서 크게 각광을 받기 시작했는데 이 품질관리 운동은 「에드워즈 데밍」박사가 창시하여 전후 일본 산업을 세계적인 수준으로까지 끌어올리는데 결정적인 공헌을 하였고 그의 이름을 딴 「데밍」상은 일본에서 품질관리부문에 수여되는 가장 권위 있는 상이라 한다.

기업은행에서도 본부에 QC서클 담당 조직을 두고 전 부점 마다 QC활동을 독려하고 있었다. 서소문 지점에서도 내가 리더가 되어 신용카드업무 개선 방안을 추진 하였는 데 그때는 너무 힘들었고 무엇을 개선하였는지 기억이 희미하지만 결과는 우수 써클로 선정되어 그 포상으로 일본 도요다, 기린맥주 등의 공장을 견학하고 아끼하바라 전자시장을 방문하는 등 선진 문물을 접할 기회를 가질 수 있었다.

일본의 QC서클 사례들을 보고 지속적이고 꾸준한 카이젠(개선, 改善)의 힘과 철저하고 디테일에 강한 일본을 배울 수 있는 좋은 계기가 되었다. 게다가 QC서클 활동을 하면서 안건을 도출하고 토론하고 아이디어를 내고, 보고서를 작성하는 가운데 서로간의 의견 조율과 협조, 배려가 얼마나 중요하며 또 여러사람이 협동하여 하는 일이 어떠한 좋은 결과를 창출해 내는지를 알게 된 소중한 시간이었다.

내가 고객의 편이 되면 고객도 내 편이 된다

MBC 출장소에서 1년 정도 근무하고 다시 서소문 모점의 당좌계로 돌아왔다.

그때 예기치 않은 사고가 났다. 직원 한 명이 어음 돌아온 것을 책상 고무판 밑에 끼워놓고 있다가 연장을 안 걸은 상태에서 부도가 난 것이다. 보통 어음을 입금하면 다음날 2시경에 지급 제한이 풀려 출금할 수 있게 되는데 어음 발행 기업이 제시간 내에 결제자금을 입금하지 않으면 어음을 돌린 은행에 지급을 보류시켜 놓아야 한다. 그걸 '연장'이라고 한다. 만약 결제자금이 들어오지 않은 상태에서 연장을 안 걸면 상대방이 찾아가 버려 '연장'조치를 안 한 은행이 어음의 금액을 몽땅 물어내게 된다.

그런데 그 일이 하필이면 내가 책임지고 있을 때 벌어진 것이다.

그 당시 돈으로 5백만 원 정도 됐는데 적은 돈이 아니었다. 회사는 이미 부도가 났기 때문에 그 돈을 갚아줄 리가 없었다. 혹시나 하는 마음에 사장에게 전화를 걸었지만 받지 않았다.

여러날 동안 연결이 되지 않다가 혹시나 해서 전화를 했는데 다행히도 통화가 됐다. 지푸라기를 잡는 심정으로 돈을 갚아 달라고 얘기했지만 큰 기대는 하지 않았다. 회사가 부도난 판국에 누가 어음을 해결해 주겠는가. 그런데 사장의 대답이 의외였다. "그건 제가 해결해 드릴게요."라고 하는 게 아닌가! 그리고 다음날 5백만 원을 보내줬다. 비록 회사는 부도가 났지만 회사가 어려워 동분서주할 때 그의 손을 잡아주었던 내가 너무 고마웠기 때문에 모른 척 할 수 없었다는 것이다. 그 말을 듣자 가슴이 먹먹해졌다.

돈을 빌리러 은행에 올 때, 대부분의 고객들은 마음을 졸이고 불안해한다. 자신이 원하는 만큼 대출을 받기가 쉽지 않기 때문이다. 그래서 **상담을 할 때 고객의 입장이 되어 이야기하는 것이 무엇**

보다 중요하다. 그 사장과 상담할 때도 마찬가지였다. 그는 회사 상황이 좋지 않아 당좌수표를 많이 받아가려고 했고, 은행에서는 신용이 좋지 않아 매수를 줄이려고 했다. 그런 상황에서 어떻게든 자금이 돌게 하기 위해 그 사장과 머리를 맞대고 고민을 했었다. 결과적으로 큰 도움을 주지는 못했지만 어려울 때 자신의 편이 되어줬다는 게 두고두고 생각났다고 했다. 진심이 통한 것이다. **고객을 내 편으로 만들고 싶다면 먼저 내가 고객 편이 되어야 한다.**

#09
너무 하찮은 일?

"큰일은 작은 일을 함부로 하지 않는 것에서 시작된다."
（大事不放倒. 自做小事不放倒始）
- 정조 이산

인사부에서의 첫업무 '새마을'

서소문 지점 당좌계에서 6개월 정도 근무하고 있는데 그토록 가고 싶었던 외환계로 갈 수 있는 기회가 생겼다. 외환계는 은행에 입사하면서부터 전공을 살리려 꼭 가고 싶었던 파트였기 때문에 한껏 기대에 부풀었었다.

그런데 갑자기 인사부로 발령이 났다. 예상조차 못했고 인사부에 아는 사람도 없는데 왜 나를 뽑았을까? 이른바 '발탁'이 된 것이다. 회사에서 가장 힘 있는 부서로 꼽히는 인사부의 대리가 되니 주위에서 축하가 쏟아져 들어왔고 나도 모르게 어깨가 으쓱해졌다.

하지만 그 자부심은 인사부로 출근을 하자마자 깨져버렸다.

별단계 때와 같이, 재할반 때와 같이 나는 늘 연단을 받는 대상인가 보다. 첫 업무로 받은 게 새마을과 사정업무였기 때문이다. 그 당시는 80년대 군사정권 시절이었고, 새마을과 사정업무는 '칼자루'를 쥔 자리였다. 하지만 그런 게 내겐 아무 의미가 없었다. 도대체 아침에 직원들 동원해서 점포 주변을 청소하게 하고, 잘못한 직원 찾아내 벌주는 일 따위가 은행업무와 무슨 상관이 있단 말인가. 경력을 쌓는데 아무 도움이 안 되는 일에 시간만 허비하게 생겼다고 생각했다.

무엇보다 직원들에게 쓰레받기나 나눠주고 있는 내 모습이 너무 한심하고 창피했다. 행원으로서의 자부심에도 상처를 입었다. 허접한 일을 하고 있다는 생각과 함께 인사부로 발령받았다고 부러워했던 사람들이 지금의 나를 보면 어떤 생각을 할 지 울화통이 터졌다. 그리고 평생 청소나 할 것 같은 조바심에 마음이 불편해서 견딜 수가 없었다.

결국 나는 은행의 빈 골방을 찾아들어가 하나님을 원망하기 시작했다.

이왕이면 번듯한 일을 주셔야지 도대체 인사이동 때마다 이게 뭐냐고, 은행에서 일하려면 경력을 잘 쌓아야하는데 이게 경력에 무슨 도움이 되냐고 따져 물었다. 그렇게 한 시간 가량 지났는데 내 마음속에 세미한 음성이 들리기 시작했다.

"지극히 작은 일에 충성된 자는 큰 것에도 충성되고(누가복음 16장 10절)"라는 성경 말씀이었다. 그리고 "착하고 충성된 종아 네가 적은 일에 충성하였으매 내가 많은 것을 네게 맡기리니 네 주인의 즐거움에 참예 할지어다"(마태복음 25장 23절)라는 말씀도 생각났다.

그러자 거짓말처럼 마음이 평안해졌다. 주인의 일을 맡은 선한 청지기에게 큰일은 무엇이고 작은 일은 무엇이겠는가. **중요한 것은 맡은 일의 '크기'가 아니고 일을 대하는 '태도'다.** 주어진 달란트대로 충성되게 일하는 것이 내가 할 일이다. 내게 그 일이 맡겨졌다면 불평이나 불만 대신 내가 그곳에 쓰이게 된 이유를 먼저 물었어야 할 것이다. 빈 방에서의 응답은 내게 사람을 통해, 일을 통해 역사하시는 분을 다시 바라보게 된 것이다. 내 자리로 돌아온 즉시 책상머리에 "누가 해도 할 일이면 내가 하자!", "언제 해도 할 일이면 지금 하자!", "내가 지금 할 일이면 더 잘하자!"라는 표어를 써 붙이고 마음을 다잡았다.

그러자 일을 하는 마음가짐도 달라졌다.

적극적으로 일을 하다 보니 새마을 업무만큼 좋은 일이 없었다. 대놓고 다른 사람들에게 도움을 주는 일인데 이보다 더 보람된 일이 어덨겠는가. 일에 대한 근본적인 생각이 바뀌니 아이디어가 샘솟았다.

새벽마다 저절로 눈이 떠지면서 뭘 해야 할 지 구상이 떠올랐다. 그래서 은행에서 한 번도 안 해본 일들을 많이 시도했다. 벽지학교의 어린이들을 서울로 초청하여 구경을 시켜주는 일에서부터 직원들에게 집에서 안 쓰는 물건들을 갖고 오라고 해서 알뜰장터를 마련하여 소년복지시설을 돕기도 했다. 그리고 1사1산(一社一山) 보호라고 해서 북한산 구기동 코스를 맡아 관리하는 환경 캠페인을 벌이기도 했고, 일사일촌(一社一村)이라고 해서 이천 설성면과 협약을 맺어 쌀 사주기 운동도 추진했다. 지금은 보편적인 일이지만 그 당시에는 꽤 주목을 받았다.

그중에서도 가장 기억에 남는 것은 대한적십자사와 함께 추진했던 헌혈 캠페인이다. 헌혈 캠페인은 우리 팀원 중 하나가 백혈병으로 입원을 했었는데 전 직원들이 나서서 수술에 필요한 혈소판을 제공하여 무사히 수술을 끝냈고 모두의 기도 속에 기적적으로 살아난 일이 계기가 되었다. 그때 깨닫게 된 헌혈의 소중함을 모두에게 알리자는 의미에서 헌혈 캠페인을 벌이게 되었고 매년 400~500명의 임직원들이 헌혈에 동참하였다.

동참자가 늘어나면서 그들에게 뭔가 혜택을 주자고 건의한 끝에 '헌혈증서'라는 것이 처음 탄생하였다. 헌혈증서는 헌혈자 본인이 급하게 수혈을 해야 하는 일이 발생했을 때 쓸 수 있도록 하는 증서인데 자랑스럽게도 국내 최초로 기업은행 직원들에게 적용하게 되었던 것이다. 안 믿을지도 모르겠지만 혈액형이 바뀐 것으로 유명한 그때 그 팀원은 나와 마음을 나누는 둘도 없는 사이가 되었고 지금도 인정받는 최고의 지점장으로 일하고 있다.

그리고 은행연합회 주관으로 각 은행 새마을 업무 담당자들과 동남아 연수를 함께 갔던 것도 좋은 추억이다. 말이 연수지 그냥 포상여행이었다. 해외여행이 보편화 되지 않았던 시절 여행만으로도 시야를 넓힐 수 있었던 좋은 기회였다.

워낙 여러 일을 벌이다 보니 우리가 무슨 행사만 하면 신문에 나고, 언론의 주목을 받았다. 한마디로 뉴스메이커가 된 것이다. 홍보실도 우리와 연계해서 아이템을 진행시키고, 회사에서도 전폭적으로 지원해줬다. 그 당시 한 이사님은 수시로 우리 업무개선과에 오셔서 우리가 가장 보람되고 좋은 일을 하고 있다며 격려해주시고, 진행하는 프로젝트마다 관심을 갖고 도와주셨다. 지금 생각해도 그

때처럼 재미있게 일한 적이 없었던 것 같다. 담당 과장님도 생각이 유연한데다가 팀원들 간의 호흡도 잘 맞고, 사람들의 반응도 좋았다. 그 덕분에 직장새마을 운동 유공자로 내무부장관상 까지 받았다. 지금은 '새마을'이란 용어가 정치적으로 해석되지만 그 업적과 정신은 세계 역사상 어느 나라에 내놓아도 자랑스런 일이라고 생각한다. 처음 그 일을 맡았을 때는 상상도 못했던 일이다.

누구나 자신이 평가절하 당하고 있다고 생각될 때가 있다. 하지만 그때야말로 자신을 드러낼 수 있는 절호의 기회다. 열정만 갖고 있다면 얼마든지 일상적인 업무에 생명력을 불어넣을 수 있기 때문이다. 밀려났다고 생각하는 그 자리가 바로 블루오션이다.

10

마땅히 해야하는 일

"지금 마땅히 「해야 할 일」을 해야
「하고 싶은 일」을 할 수 있다."
- BHEIN

꼭 '해야 할 일이라면'
할 수 없어보여도 해야한다

또 한 번의 파격 인사가 있었다. 새마을 업무를 볼 때 나를 눈여겨보셨던 상사께서 정식 인사철도 아닌데 인사과로 부르신 것이다. 인사과는 회사의 핵심보직 중 하나다. 그러나 은행의 인재들을 발탁해 앉히다 보니 구성원들의 성향도 강하고 센 편이라 의견조율도 잘 안 되는 편이었다. 그리고 지역을 중심으로 인맥이 형성되었는데 나는 서울 본토박이니 어디에도 속하지 않은 그야말로 '끈 없는 인물'인 반면에 누구에게도 치우치지 않고 공평하게 인사를 할 수 있다는 점에서 그런 약점들이 내게는 오히려 강점이 되었다.

인사과에 가서 가장 놀란 것은 인사업무가 사람의 기억과 판단에 의존한다는 것이었다. 정확한 데이터 없이 그 사람에 대해 잘 알고 있는 사람의 의견에 따라 인사가 결정되는 것을 보고 깜짝 놀랐다.

그런 식의 인사는 편파적일 수 있다는 것 외에 더 큰 문제가 있다. 사람이 바뀔 경우 후임자는 조직원에 대한 정보가 없기 때문에 인사에 어려움을 겪을 수밖에 없다.

그래서 인사정보 모니터링 제도라는 것을 만들었다.

인사부 직원들이 일 년에 두 번씩 전 점포를 돌면서 직원을 상담하고 각 사람에 대한 윗사람과 동료들의 평가를 기록하는 것이다. 한 사람에 대한 품성과 능력, 인간관계 등을 다 적어서 정보를 등록하도록 하는 제도다. 이 제도를 통해 인사부 직원과 상사, 동료가 본 평가를 교차 검사할 수 있도록 했다. 하지만 반대의견이 만만치 않았다.

한 사람에 대한 평가를 기록으로 남긴다는 것은 잘 못 하면 조직을 와해시킬 수 있을뿐더러 그 자료가 객관적이라는 보장도 없다는 것이었다. 모함하기 위해 일부러 나쁘게 평가할 수도 있는데 그걸 어떻게 믿느냐는 것이었다. 그 말도 일리가 있지만 나는 이 제도가 자리 잡으면 반드시 인사에 도움이 될 거라는 확신이 있었기 때문에 물러서지 않았다. 그리고 이 제도의 목표가 공정하고 객관적인 인사에 있다는 것을 분명히 했다. 공정한 인사의 수혜자는 결국 직원들이다. 그들을 위한 시스템이라는 것을 재차 강조했다. 평가는 한번만 하는 게 아니라 매년 해 나갈 것이기 때문에 정보가 쌓일수록 극단치는 제거되고 검증된 정보만 남게 된다. 또 누군가를 계속 나쁘게 평가하는 것도 기록으로 남기 때문에 오히려 그 사람에게 불리하게 작용한다고 사람들을 설득했다.

물론 처음 정보를 수집할 때는 우려했던 일들이 곳곳에서 생겼다.

어떤 사람에 대해서는 '여자 화장실에 가서 엿봤다'라는 정보까지 있었다. 그런 정보가 기록된 사람은 아무리 실적이 좋아도 잘 될 수가 없다. 그래서 위험한 제도라는 인식이 처음에는 있었다. 하지만 정보를 계속 축적시키다보면 그 사람에 대한 평가의 극단치는 사라지고, 알짜배기만 남게 된다. 평가는 그렇게 검증된 정보를 기준으로 하는 것이다. 하지만 반대하는 분들의 의견을 받아들여 우려하는 문제를 해결할 수 있는 방안도 마련했다. 초기에는 정보 수집에 집중하고 어느 정도 검증이 끝나면 그 정보를 활용하자고 제안했다.

그때를 전후해서 '자기신고제도'와 '인력자원조사제도'도 함께 시행하였다. 자기신고제도는 본인이 희망하는 부서나 지점 그리고 결혼이나 이사 계획 등 인사할 때 고려해야 할 사항들을 6개월에 한 번씩 조사하도록 하여 직원들의 희망이 반영되도록 하였다. 그리고 인사고과가 서열 위주로만 평가되는 점을 보완하기 위해 인력자원조사제도를 실시하였다. 고과와 별개로 부하직원의 현황을 그대로 평가하는 인력자원조사제도를 통해 직원들의 실질적인 능력이나 태도를 참고할 수 있도록 하였다. 다른 은행이나 조직에서는 하지 않은 일이라 처음에는 반신반의했지만 시간이 지날수록 인사제도를 개선하고 혁신을 이뤘다는 평가를 받았다.

그리고 15년 후에 다시 인사부 부장으로 발령을 받았을 때 인사 작업을 하는데 정말 감회가 새로웠다. 큰 스크린을 띄워놓고 후보자들의 직원번호를 치니까 그 사람의 모든 스토리가 항목별로 나왔다. 15년 전 이 제도를 기획할 때만 해도 내가 이 제도를 활용해 인사작업을 할 거라고는 생각지도 못했다. 그런데 15년 전에 뿌린 씨가 잘 뿌리내려 큰 나무로 자란 것을 직접 확인할 수 있었다.

제3장

COLLABORATION

혼자 빛나는 별은 없다!

-과장 시절에 알게 된 지혜-

Collaboration

3천만 년 꿀벌 공동체의 비밀

2만의 개체가 20만 개의 알을 키우고 매일 2kg의 꿀을 생산하는 꿀벌 공동체! 그들의 역사는 무려 3천만 년이라 한다. 그들은 과연 어떻게 그 오랜 세월을 건재할 수 있었을까? 그것은 그들이 협업(協業)의 "C" 즉, Collaboration의 비밀을 알기 때문이다.

먼저 정찰 벌. 1cm 남짓한 작은 체구지만 30km/h의 속도로 10km 반경을 조사하여

가깝고 안전하고 동종의 꽃이 만발한 꽃밭을 발견하면 10회 이상 왕복하면서 최선의 비행 노선을 확보하고 태양, 벌집, 꽃밭을 연결한 삼각형의 각도를 꼬리로 추는 춤으로 수집 벌에게 전달한다.

정찰 벌의 활약으로 알게 된 최고의 꽃밭을 향해 일사불란하게 출격하는 수집 벌들은 나비, 풍뎅이 등 수많은 경쟁자들을 물리치기 위해 신속하게 일터로 떠난다. 그들은 각자가 최선을 다하여 꿀을 따지만 이미 방문한 꽃에 꿀 없음을 나타내는 표지 페르몬을 발라 서로 간의 시간 낭비를 막는다.

수집 벌의 귀환 소식이 전해지면 공동체에서 일어나는 작은 움직임! 현역에서 은퇴한 고참 벌들이 입구에 모인다. 그들은 배 끝에서 방향물질 게라니올을 발산한다. 그 물질은 비행 경험이 적은 수집 벌들이 무사히 복귀하는데 결정적인 도움을 준다.

공동체가 합심하여 하나의 목표를 지향하고 협업으로 최선의 성과를 이끌어 내며 서로 함께 힘이 되어주는 공동체! 이것이 바로 꿀벌 공동체가 주는 교훈이다.(삼성SERI)

혼자서 빛나는 별은 없다. 나의 곁에는 늘 동행하고 이끌어주고 함께 땀 흘린 훌륭한 선배들과 팀원들이 있었다. "한 사람이면 패하겠거니와 두 사람이면 능히 당하나니 삼겹줄은 쉽게 끊어지지 아니 하느니라"(전도서)

#11
진상 고객의 갑질

"근자열 원자래(近者悅 遠者來) 가까이 있는 사람을
기쁘게 해야 멀리 있는 사람도 찾아온다."
– 공자

최고의 서비스 비결은
직원의 행복

인사부 과장(4급)에서 3급으로 승진을
했다. 3급으로 승진 했으면 당연히 차
장이 되어야하나 차장TO가 부족하다
하여 특이하게도 반포지점 3급 과장으로 발령이 났다. 3급 과장은
차장급의 대우에 하는 일은 대리업무 즉 창구업무였다. 인사부 출신
이 우대 받는 것이 일반적인 상식일터지만 솔선을 명분으로 불이익
을 감수케 한 것이다.

그러나 나는 조금도 개의치 않고 즐겁게 일을 감당했다.

직원들과 한 마음이 되어 고객만족을 위해 최선을 다했다. 당시
온 나라는 고객만족 경영이 화두였다. "고객은 왕이다", "고객감동",
"고객졸도" 등의 구호가 유행하였다. 당시 지점장님도 회의 때마다
은행원의 존재 자체가 고객 때문에 있는 것이며 그분들이 우리 에
게 월급을 주시는 고마운 분으로 여기라는 것 그리고, 껍데기만 있
는 백 번의 인사 보다 진심 어린 행동 하나가 고객의 마음을 움직이

니 미처 드러나지 않은 고객의 마음까지 읽어 고객의 진정한 가치를 개발하자는 말씀이셨다.

고객은 각자의 마음속에 저울을 가지고 있어서 한쪽 저울에는 자신이 지불할 '비용'을 놓고, 다른 한쪽에는 기업이 자신에게 줄 수 있는 '가치'를 놓는다. 비용이 가치보다 무거우면 고객은 당연히 지갑을 열지 않기 때문에 은행이 생존하려면 고객을 왕으로 놓고 우리는 종이 되어야 한다는 것이 기본적인 배경이다.

그 말씀에 많은 감동을 하였고 우리 계원들도 어떻게 하면 최고의 창구 서비스를 할 수 있냐 하는 것에 집중하였다. 그중 하나가 부족한 일손을 쪼개어 파출수납 까지도 감수하였는데 그중에는 반포 꽃시장 안에 있는 모 선교회 헌금 수납을 새로 시작하기로 한 것이다. 한번 갈 때마다 늘 큰 쌀부대 자루로 한가득 이상의 엄청난 양이 수금되었다. 소액권과 동전들이 대부분이었는데 다른 직원들은 창구 업무를 해야 했기 때문에 내가 다른 업무를 다 접고 돈세는 일에 매달릴 수밖에 없었다.

그러던 중 은행 차원의 고객감동 경영을 한다고 하여 반포 지점이 이른바 "스피드뱅크" 시범점포로 지정이 되었다. 창구고객의 불만 중 가장 큰 요인은 오래 대기하는 것이므로 대기시간을 단축하여 고객을 감동시키자는 것이 그 취지였다. 모든 고객의 업무를 3분 이내에 처리해주되 3분을 초과하면 1,000원을 지급해드린다는 것이 골자였는데 언론기관으로부터 좋은 제도라는 호평이 잇따랐다.

직원들은 열심히 대기시간 단축을 위해 노력했고 심지어는 내가 자리를 비우면 다른 직원에게 피해가 올까봐 식사시간도 줄이고 화장실 가는 것도 참아내는 일이 다반사가 되었다.

스피드 뱅크는 직원들로 하여금 고객의 시간이 중요하다는 의식을 일깨우고 밀도있는 업무처리를 하게하는 좋은 영향을 주었다. 그러나 창구책임자의 입장에서 볼 때는 그 제도는 너무나 비인간적인 면이 많다고 느꼈다. 업무 마감 후에 1,000원 짜리가 얼마나 지급되었나가 평가의 척도 중에 하나인데 나쁜 평가를 받지 않기 위해 호주머니 돈이 나온 경우도 있었던 것 같고, 고객들의 만족이 향상되는 측면 보다는 그들의 기대치를 한껏 올려놔 창구마찰이 가중되는 경우가 더 많았다. 심지어 어떤 할아버지 고객은 예금을 인출 할 때마다 전액 세종대왕이 앞으로 나오게 해야 한다면서 시간을 끌게 해 보상금을 타가면서 호통을 치기까지 하였다.

그 당시에는 고객이 만족 못하면 무조건 직원이 잘 못한 것으로 인식되는 때였지만 지금 생각하면 그 것이 요즘 이슈가 되는 진상손님의 갑질 이었고 고객만족에 앞서 직원만족이 중요하다는 것을 놓친 반쪽짜리 제도였다. 결국 스피드 뱅크 시범은 잘 끝났지만 은행 전체로 확산되지는 못했다. 지금 생각하면 그것이 바로 감정노동(Emotional Labor)의 원조가 아니었나 생각된다. 감정노동은 직장인이 사람을 대하는 일을 수행할 때에 조직에서 바람직하다고 여기는 감정에 맞추어 자신의 감정과는 무관하게 행하는 노동을 의미한다.

내 생각에는 점원과 고객이기 이전에 둘 다 사람이라는 것이 중요하다. 단지 고객이라고 해서 점원을 하인처럼 부려도 된다는 뜻은 아니며, 점원이라는 이유로 그런 기계 같은 인간 이하의 취급을 당해야 할 이유도 없는 것이다. 서로의 스트레스를 쌓이게 하고 이 사회를 각박하게 하는 갑질은 어떤 경우에도 사라져야한다.

#12
위험한 좋은 생각

어려운 기업 지원이 우선이냐
잘나가는 기업 지원이 우선이냐

그 당시 한 가지 또 심각하게 문제를 던져 주었던 사례가 있다.

지점장님은 얼굴만 봐도 은혜스러운 신실한 크리스천으로서 매우 훌륭한 인격과 순수성으로 지금까지 존경하고 마음속에 롤 모델 삼고 있는 분이다.

중요한 일도 많이 하시고 직원들로부터도 존경을 받는 분이었는데 주로 본부에서 업무를 많이 하셨기 때문에 영업점 경력은 그다지 많지 않았다. 그런데 놀랍게도 그분의 생각은 "잘나가는 사람보다 어려운 사람에게 해주는 것이 진짜 대출이다"라고 인식하고 계신 것이었다.

내가 여신기획부 행원으로 배우고 기획했던 내용과 반대되는 이치라 적지 않게 당황스러웠다. 그런 식으로 대출이 나가 부실화 되면 어떻게 하며 그런 것이 쌓이면 결국 은행도 부실화 될 텐데 누가 책임지나 하는 생각이었는데, 다른 쪽으로 생각해 보면 지점장님의 말씀도 매우 지당하신 말씀이었다. 그 후 듣기로는 다행히 부실화된 대출이 많지는 않았다는 이야기를 들었다.

내 돈이라면 나의 가치관에 따라 누구에게라도 빌려줘도 되겠지만 고객에게 맡은 돈은 내 돈이 아니므로 가장 수익이 많이 나는 곳, 성장성이 높은 좋은 곳에 투자해 이익을 많이 남겨 돌려드리는 것이 은행업무 본연의 자세이다.

대출 대상을 선별하는 일도 중요하지만 은행이 금리를 운용하는 것도 중요한 일이라는 것을 말하고 싶다. 금리를 시장상황과 가격기구에 따라 자연스럽게 운용하지 않고 과다한 정치적 논리로 일괄 인하한다든지 연체금리를 일괄로 깎아 주는 일은 일시적으로는 정치권과 기업들에게 환영 받을 일이지만 그것은 마치 마약과 같아서 기업생태계를 교란시키는 측면이 있다.

또 그 때를 전후하여 선배 한 분이 부산지역 지점장으로 부임 했다. 매사에 적극적이고 긍정적인 분이셨는데 그분이 그 지역에 있는 단체에 참석하면서 건축 대출에 주력했다. 그런데, 그분의 스타일대로 너무 적극적이었다는 것이 문제가 되었다.

부족자금을 조달하는 아이디어로 회원 수십 명을 동원하여 1인당 500만원 식 대출을 일으켰는데 결국 그 대출들의 상당부분이 상환되지 못했고 감사에 지적되어 징계면직 당하고 말았다. 매사에 열심이던 분인데 그런 실수를 범한 것이다. 직장인은 이상과 현실간에 명확한 스탠스를 취하는 것이 무엇보다 중요하다. 아무튼 나의 짧은 과장 시절은 차장이 되어서 하지 말아야할 일과 해야 할 일들을 선명하게 알게 해준 의미 있는 징검다리였다.

#13
차별성
-not one of them

"퍼스널브랜드 포지셔닝은
나만이 가지는 고유한 위상을 구축함으로써
나의 핵심적인 가치에 대하여 호의적이며
강력한 연상을 가질 수 있도록 해준다."
- 피터 몬토야

내 이름 앞에 수식어를 붙이자!
- 퍼스널 브랜드의 힘

과장이 됐을 때의 기분은 중학교에 등교한 첫날과 비슷하다.

담임선생님 한분에게 모든 과목을 배웠던 초등학교 때와는 달리 과목마다 다른 선생님들이 들어오시고, 각각 다른 방식으로 가르치는 것에 익숙해져야 하는 중학교 과정은 생소하면서도 기분 좋은 긴장감을 갖게 한다. 배움의 기초인 초등학교 과정을 무사히 마쳤다는 안도감과 입시체제로 한 발 들어섰다는 부담감이 동시에 생긴다.

그렇다면 중학교 시절을 잘 보내기 위해 필요한 것은 무엇일까?

그것은 여러 과목과 선생님을 통해 자신의 능력과 특기를 발견하는 것이다. 물론 전 과목을 우수한 성적으로 졸업하면 금상첨화겠지만 모두가 우등생이 될 수는 없다.

자신의 능력을 제대로 보지 않고, 우등생만 쳐다보면서 그 사람과 같이 되려고 하면 절대로 자신만의 길을 찾을 수 없다. 팔방미인이 될 수 없다면 자신만의 길을 가려는 도전정신을 가져야 한다. 그것이 바로 차별성이고, 경쟁력이다.

자신만이 할 수 있는 일을 만드는 것이 바로 '스페셜리스트'즉 전문가가 되는 지름길이다. **과장이 되면 제일 자주 듣는 말이 '전문가'가 되라는 것이다.**

IT가 과장의 역할을 대신할 거라고 예측했던 「린다 그래턴」 런던 경영대학원 교수도 '과장으로 살아남기 위해서는 다방면에 걸쳐 두루 아는 사람(제너럴리스트)이 아닌 전문가(스페셜리스트)가 돼야 한다'며 '나만의 차별화된 역량을 보유해 몸값을 높이라'고 했다. 맞는 말이다. **업무에 있어서 자기만의 고유영역이 없다면 경쟁력을 잃게 된다.**

그렇다면 전문가는 어떤 요건을 갖춰야 할까?

대부분 직무지식과 자신이 속해 있는 산업분야의 지식 등을 떠올리기 쉽다. 여기에 더하여 마케팅 지식이나 문제해결 능력 등을 요구하는 사람도 있다. 모두 맞는 말이다. 하지만 나는 보다 현실적인 조언을 하고 싶다. 지금 열거한 능력을 골고루 갖춘 사람은 A급 전문가이다. 경쟁사회에서 바라는 인재는 A급 인재이기 때문에 모두 그 목표를 향해 달려가는 것이 옳다고 생각할 수 있다.

하지만 어떤 조직도 A급 인재로만 채워지는 곳은 없다. 다른 다양한 영역을 채워주는 특별한 인재들이 필요하다. 최고의 역량을 받쳐주는 능력 혹은 조직의 틈새를 메꿔주는 능력 갖춘 이들도 모두 전문가다. 자신이 어떤 분야를 잘 할 수 있는지 살펴보고 그 분야에 전문가가 되는 것이 필요하다. 자신의 현재 어떤 능력을 갖추고 있는지 점검해 보고, 높은 점수를 받은 부분을 집중하는 것도 방법이다.

이것조차 막연하다고 생각되는 사람은 자신의 이름 앞에 어떤 수식어가 붙는지 생각해보는 것부터 시작해도 좋다. 그 사람만의 전문성이라는 것이 그 사람 고유의 브랜드라고 한다면 결국 그 사람의 특징을 말해주는 수식어가 그 사람의 전문성을 말해주는 상징이 되는 것이다.

예를 들어, 논리정연하게 이야기하길 좋아하고, 사람의 마음을 잘 읽는다면 '협상의 달인'으로 불릴 수 있도록 해 보자. 그러면 복잡하게 이해관계가 얽혀있는 문제를 만나면 사람들이 자연스럽게 당신을 떠올리게 될 것이다. 업무와 관련해서도 마찬가지다. 과장은 대리 때와는 비교되지 않을 만큼 다양한 경험을 할 수 있다. 대외적 업무도 많아지고, 보다 전문적인 영역의 일을 할 수 있는 기회가 많아진다.

그런 모든 일은 과장이라는 직함을 가진 사람들에게 주어지는 숙제다. 그렇기 때문에 그것을 어떻게 받아들이느냐에 따라 직장생활의 미래가 달라진다고 해도 과언이 아니다.

모 전기회사의 엔지니어였던 과장이 우연히 해외 컨퍼런스에 참석했다가 해외에도 자신의 경쟁자가 있다는 것을 깨닫고, 중국어를 공부하고, 중국계 정보를 수집하면서 '중국 시장통'으로 거듭나 중국 주재원으로 파견될 수 있었다는 기사를 본 적이 있다. 그가 만약 해외 컨퍼런스에 참석하는 걸 의무적으로만 했다면 아마 '중국 시장통'이란 별명은 얻기 어려웠을 것이다. 주어진 업무를 자신이 부여받은 새로운 기회라 생각하고 적극적으로 받아들였기 때문에 가능한 일이었다.

IBK기업은행에서 '최고의 직원'이라 불리는 사람이 있다. 바로 청경 대장이다. 그는 함께 일하는 청경들 훈련도 잘 시켜, 외부 인사들이 IBK기업은행을 방문하면 그분들의 밝은 표정과 진심으로 대하는 친절한 안내를 벤치마킹해야겠다고 했다. 그는 일반 행원 직급은 아니나 그와 비슷한 시기에 입행한 모든 직원들이 은퇴한지 10년이 지난 지금까지도 특별 재임용되어 쓰임 받고 있을 정도로 탁월한 자기 브랜드를 가진 분이다

'산소탱크' 박지성은 역대 최고의 미드필더로 불린다.

그는 전방 공격수와 후방 수비수의 가운데 지점에 위치하여 볼을 연결해 주고 상대편과 부딪혀 수비를 하면서도 때론 과감한 드리블과 갑작스러운 슈팅으로 상대 골키퍼를 당황 시켰다. 그는 그가 잘할 수 있는 것에 특화하여 자신의 퍼스널 브랜드를 완성시켰다.

자신만의 브랜드를 만들고 싶다면 지금, 현재 자신이 가장 잘 할수 있는 일을 찾아서 그것을 개발하는 것부터 시작하라. 좋은 이미지를 만들고, 탄탄한 관계를 맺고, 사소한 일이라도 자신이 꼭 필요한 존재임을 인식시키다보면 자신도 모르게 목표치에 다다르는 작은 길을 내고 있다는 것을 알게 될 것이다.

책상을 지배하자!
- 정리 정돈의 힘

과장이 되면서 자주 들었던 말 중에 하나가 '일머리가 좋다'는 것이다.

아마 다른 사람보다 업무를 빨리 파악하고 어떻게 진행시켜야 할 지 방법이나 절차를 정하는데 능숙한 편이기 때문에 그런 말을 듣게 된 것 같다. 그리고 또 반드시 함께 하는 말이 그 비결을 알려달라는 것이다. 그래서 곰곰이 생각해보니 정리정돈 습관이 나의 '일머리'를 좋게 만들었다는 생각이 들었다. 바로 이 말 때문이다.

"책상을 지배하라, 그렇지 않으면 책상이 당신을 지배할 것이다."

아마 직장인이라면 한번쯤 들어봤을 이 말에 '일머리를 좋게 하는 비결'이 숨어 있다는 것이다. 정리는 불필요한 것을 버리는 것이고 정돈은 필요한 것을 쓰기 쉽게 배치하는 기술인데 직장에서의 책상 정리는 단순히 깔끔하게 보이기 위한 것이 아니라 결국 시간 싸움과 연관된다.

예를 들어 갑자기 상사가 무엇을 물을 때 PC폴더에 업무가 잘 정리된 사람과 너저분한 사람이 답변을 찾는데 걸리는 시간은 분명히 차이가 날 것이다. 그리고 그 차이는 점점 벌어질 것이다. 분초를 다투는 시급한 일이 벌어지는 직장에서 정돈 안 된 캐비넷이나, 책상 때문에 시간을 허비하게 된다면 그런 민폐도 없을 것이다.

하지만 그런 단순한 시간 차이 때문에 책상정리를 강조하는 건 아닐 것이다. **내 생각에는 정리정돈을 잘하라는 말 속에는 '선택과 집중'이라는 의미를 되새겨 업무에 활용하라는 뜻이 담겨 있다고 본다.** 그 의미를 깨달은 건 하사관 학교에서였다. 언제든 명령이 떨어지면 출동할 수 있도록 손을 뻗으면 잡을 수 있는 곳에 필요한 물건을 놓아야 했다.

그러기 위해서는 선택을 잘해야 한다.

정돈을 하기 위해서는 버리는 작업인 정리가 우선이기 때문이다. 그 다음엔 사용 빈도에 따라 배치를 하는데 용도별로 구분하여 한눈에 볼 수 있도록 정렬해 놓는 것이 좋다.

혹자는 이런 정리정돈의 습관이 일머리와 무슨 상관이냐고 하겠지만 내 경험으로 봐서는 아주 긴밀한 관계가 있다. 나는 일도 책상을 정리 정돈하듯 한다. 먼저 업무의 핵심내용을 파악하고, 그 업무에 필요한 정보나 기타 업무 등을 내가 보기 쉽게 그림이나 도표로 간단하게 표시한다. 상황 판단이 잘 안 될 때는 '2by2 Matrix'를 그려 4상한으로 분류해 보면 우선 순위가 한눈에 들어오는 경우가 많다. 마치 관물대를 열었을 때 나의 물품이 한눈에 들어오듯 업무가 쉽게 이해되고, 일의 순서가 자연스럽게 정해진다. 그 후에는 가장 효율적으로 일할 수 있는 방안을 모색하면 된다. 아무리 복잡하고 어려운 일도 이 과정을 거치면 쉽게 풀린다.

또 하나 정리정돈이 좋은 점은 모든 일에 시간차를 두고 집중할 수 있다는 것이다.

결국 책상정리를 잘한다는 것은 책상을 지배한다는 것이고, 책상을 지배한다는 것은 자신이 쓸 수 있는 유용정보를 파악하여 적재적소에 사용할 수 있는 능력을 갖추었다는 것을 의미한다. 즉, 명령이 떨어지면 언제든지 출동할 수 있는 준비성을 갖추었다는 말이다.

과장에게 정리정돈 능력을 강조하는 것은 과장의 관물대는 이제 개인의 관물대가 아니기 때문이다. 직원들은 그 관물대를 보고, 앞으로의 방향성이나 일의 내용 등을 파악하기 때문에 과장이 업무를 어떻게 정리 정돈하느냐에 따라 직원의 업무효율성이 달라진다. 과장이 되었다면 먼저 책상 정리정돈부터 시작해 보면 어떨까. 그리고 자신이 맡고 있는 업무도 같은 방식으로 정리 정돈해 본다면 복잡하게 얽혀 있는 업무도 뜻밖에 쉽게 풀릴 수도 있다.

관심의 대상을 넓히자!
- 폭넓은 '주변시야'를 갖는힘

과장은 어떤 존재일까? 직장인의 애환을 그렸던 TV 드라마 '미생'에서 주인공 못지않은 존재감으로 시청자의 마음을 사로잡았던 이가 바로 오과장이다. 그는 영업3팀을 꾸려가는 수장이자 신입사원은 물론 동료 직원들까지 챙기는 폭 넓은 오지랖으로 종횡무진 활약하여 시청자에게 강렬한 인상을 남겼다.

드라마라서 좀 과장되지 않았을까…라고 생각하는 분들도 계시겠지만 실제 직장에서 과장이 하는 일이 오과장과 크게 다르지 않다. 부하직원을 독려하여 성과를 내야하고, 그것이 잘 추진될 수 있도록 부·차장 혹은 간부들과도 설득해야 하는 이중의 역할을 해내야 한다. 밑에서 치받히고 위에서 눌리는 낀 세대로서의 고충을 온몸으로 느끼며 일해야 하는 시기가 바로 과장의 단계다.

티도 안 나는 일들이 많아지면서 업무 피로도가 쌓이는 시기이기도 하다. 하지만 무슨 일이든 동전의 양면은 있는 법이다. 똑같이 과중한 업무에 치이고 사람에 지쳐도 그 일을 긍정적으로 받아들이면 분명히 시너지가 생긴다. 신입사원부터 임원까지 전 세대를 아우르기 때문에 그 시기를 잘 활용하면 사내 인맥을 넓힐 수 있는 좋은 기회가 된다.

보통 사내 인맥을 만든다고 하면 상사하고의 관계를 생각하기 쉽다. 하지만 그에 못지않게 중요한 것이 부하직원, 동료들, 혹은 타 부서 직원들과의 관계다. 과장이 부·차장과 직원들 간의 다리가 되어 준다면 직원들은 손과 발이 되어 업무를 진행시키는 주요 동력이기 때문이다. 그들과의 협업이 잘 이루어져야 업무를 성공적으로 완성시킬 수 있다.

그렇기 과장이 되면 자신의 업무에만 충실한 '터널시야'에서 벗어나 폭넓게 주변을 살필 수 있는 '주변시야'를 가져야 한다. 아는 만큼 보인다고 하지만 인간관계에서는 보는 만큼 알게 된다. 봄으로써 알게 되고, 아는 것을 함께 고민하고 해결하려고 힘쓴다면 누구든 내편이 될 수 있다. 그렇게 맺어진 관계는 언제든 나에게 도움을 줄 수 있는 비장의 무기와도 같다.

그러기 위해서는 평소에 사람들에게 좋은 인상을 남겨야 한다.

항상 웃는 낯으로 사람을 대하고, 상대방의 요청에 적극적으로 대응하고, 사소한 약속도 지키는 등 작은 실천을 하다보면 주변의 평판이 좋아지고, 그것이 쌓여 자신의 이미지가 된다. 그 이미지야말로 돈으로도 살 수 없는 소중한 자산이다.

물론 조직의 '허리'가 되기 위해서는 어느 정도의 자기희생이 필요하다. 나보다는 남을 먼저 생각하는 배려가 우선이기 때문이다. 그래서 과장이 되면 자신에 대한 욕심은 어느 정도 내려놓아야 한다. 사생활의 일부분을 반납하거나 추가 업무를 해야 할 때 '내가 이렇게까지 해야 하나'하며 회피한다면 그 사람은 좋은 관계를 형성하기 어렵다.

모든 관계와 마찬가지로 직장에서도 역시 서로의 진심이 닿지 않으면 그 관계는 공식적인 단계에 그칠 수 있다. 그 사람을 내 편으로 만들겠다는 마음보다는 내가 그 사람의 편이 되겠다는 마음으로 힘껏 돕는다면, 언젠가는 그 사람이 '내 사람'이 되어있는 걸 확인할 수 있을 것이다. 수치로 계산되지 않고, 마음을 가늠할 수 없어서 가장 불확실해 보여도 사람에 대한 투자야말로 미래를 위한 가장 가치 있는 투자다. 그래서 투자의 귀재인 워런 버핏도 말하지 않았는가. '나는 사람에게 투자한다'고.

움켜쥔 손을 펴자! - 오픈과 공유의 힘

실무 책임자에게 가장 위협적인 말은 무엇일까?

'청출어람(靑出於藍)'이 아닐까? 실무능력으로 인정받는 과장의 입장에서 후배들이 치받고 올라오는 걸 보는 건 씁쓸한 일일 수도 있다. 그래서 차별화라는 이유로 자신만의 무기를 꽁꽁 숨기고 남들에게 공개하지 않는 사람들도 많이 있다. 마치 수학문제를 혼자만 풀고 절대 다른 친구들에게 가르쳐 주지 않는 우등생처럼.

하지만 그건 하나만 알고 둘은 모르는 얘기다. 예전부터 공부를 잘 할 수 있는 가장 좋은 비결은 다른 사람을 가르쳐 주는 것이다. 머릿속에 있는 내용을 설명하면서 한 번 더 정리하여 확실하게 이해할 수 있기 때문이다. 더 좋은 것은 가르치면서 생각지 못했던 아이디어를 얻을 수 있다는 것이다. 서로 이야기를 하다보면 자신은 보지 못했던 점을 궁금해 하거나 새로운 아이디어를 떠올리는 직원이 있다. 누군가를 가르쳐 본 경험이 있는 사람은 알겠지만 자기만 알고 있을 때보다 분명히 시너지 효과를 얻을 수 있다.

내가 나를 오픈해야지만 남들도 오픈한다. '조해리 창(Johari's window)'에서도 미지의 영역을 줄여 개방영역을 확대하는 것이 나와 이웃을 이해하는 지름길이라는 것을 보여주고 있다. 개방과 공유 이것은 시대정신과도 일치한다.

정보를 공유하는 방법도 중요하다. 뭔가를 가르친다고 해서 따로 시간을 내어 오랜 시간 강의하듯 노하우를 전수하는 것은 큰 효과가 없다. 내 경우는 업무를 하는 일상에서 계속 대화를 해 나가면서 잘못된 방향을 수정해 나갔다. 아무리 가르쳐도 못 알아듣는 후배는 없다. 정성을 들이고, 시간을 들여 '가랑비에 옷 젖듯' 꾸준히 대화하고, 업무를 점검하다보면 어느새 후배가 업무를 파악하는 것은 물론 나에게 도움이 되는 사람으로 성장해 있는 모습을 발견할 것이다.

과장은 혼자만의 실적으로 인정받는 자리가 아니다. 팀 전체를 이끌어가는 리더십으로 능력을 평가받는 자리다. 혼자 움켜쥐어서는 더 큰 것을 잡을 수 없다. 손을 펼쳐야 다른 사람들과 손을 맞잡을 수 있고, 그래야 협력하여 앞으로 나아갈 수 있다. 과장은 먼저 손을 내미는 사람이 되어야 한다.

입장은 전임자, 시각은 상사, 평가는 후임자로 부터

과장이 되면서 많이 듣는 말 중에 "몸은 후배들과 함께 하되 생각은 상사처럼 해라"라는 **게 있다.** 실무자의 사고에서 벗어나 상사들의 눈높이를 갖추라는 것인데 어떻게 해야 할지 모르는 경우가 많다. 보통 부장급 이상을 상사라고 생각하는데 그들과 마주칠 기회가 많지 않은 과장이 어떻게 그들의 생각과 눈높이에 자신의 수준을 맞춘단 말인가. 몇몇 유능한 직원을 제외하고는 거의 불가능한 일이라고 볼 수도 있다.

나는 이 말을 들었을 때 상사의 개념을 나보다 먼저 내 자리에 있었던 전임자와 나보다 바로 한 단계 위인 차장으로 국한시켰다. 그러자 내가 어떤 자세로 일해야 할 지 보다 명확해졌다. 부장급 이상은 어떻게 일을 하는 지 알 수 없지만 전임 과장이나 차장의 업무는 내가 파악할 수 있기 때문에 할 수 있는 일이 많아진다.

먼저, 전임 과장처럼 생각하면 뭐가 달라질까?

누구든 그 자리를 떠나면 공과(功過)가 남는다. 그것이 개인적인 일이라면 지나쳐도 되지만 업무와 관계있는 것이라면 반드시 짚고 넘어가야 하는 것이 전임자의 공과다.

어떤 일이든 완료형은 거의 없다. 그럴 때 유지하느냐 폐기하느냐, 개조하느냐 재건축하느냐는 후임자의 판단에 의해 결정된다. 기초가 튼튼하고 뼈대가 단단하다면 개조하는 게 좋다.

하지만 개조할 때는 그 기초를 닦을 때 생각했던 가장 중요한 것을 잊어서는 안된다. 원래의 기획의도와 개념을 잘 살리는 방향으로 개조하면 개선이지만 방향성을 잃고 무조건 바꿀 때는 개악이 될 수 있기 때문이다. 그래서 전임자의 공(功)을 이어받을 때는 전임자가 처음 그 업무를 추진할 때의 마음을 생각하면 실수가 적어진다.

전임자의 과(過)를 분석할 때가 더 중요하다.

대부분 전임자가 제대로 해 놓지 못한 부분에 대해 불평을 하는 데서 그치는 경우가 많은데 그러면 발전이 없다. 전임자가 이렇게 해 놓았으면 하는 부분을 자신이 해 놓으면 그것은 남을 위한 것이 아니라 나를 위한 것이 된다. 조직에서는 진급을 목표로 자신보다 위에 있는 사람들만 쳐다보는 경우가 많은데 과장 이상 되면 상사 못지않게 후배들이 중요해진다. 따라서 자신의 후임자를 만족시킬 수 있는 사람이 된다면 성공적인 과장 생활을 했다고 볼 수 있다.

후임자를 만족시킬 수 있는 가장 쉽고도 좋은 방법은 모든 업무를 기록으로 남기는 일이다. 나는 중요하건 중요하지 않건 모든 업무를 기록으로 남겼다. 특별한 양식도 없이 프로젝트 제목과 주요 내용만을 간단하게 정리했는데 그것이 후임자들에게는 크게 도움이 됐던 것 같다.

전임자의 입장에서 일을 하는 것보다 더 중요한 것은 자신보다 한 단계 위 직급의 상사의 눈으로 일을 진행해 나가는 것이다.

'만약 내가 차장이라면 이 일을 어떻게 볼 것인가?'를 항상 염두에 두고 일을 하는 것인데 일종의 선행학습이라고 보면 좋을 것이다. 선행학습의 좋은 점은 미리 그 내용을 익혀 수업을 들을 때 이해도가 높아진다는 것이다.

업무에 있어서도 선행학습을 하게 되면 상사를 만족시킬 뿐 아니라 그 직급에 대한 이미지가 있기 때문에 승진에도 도움이 된다. 차장 마인드로 일하는 과장을 누가 승진에서 누락시키겠는가. 코앞만 바라보지 말고, 한 단계 위를 바라보는 것이 필요하다.

중지를 모아 지혜를 찾자!
- 집단지성(Collective Intelligence)의 힘

조직의 업무처리능력을 높이기 위해 과장에게 필요한 능력은 무엇일까?

나는 업무장악력이라고 생각한다. 실무책임자인 과장은 직원보다 먼저 전체 업무를 파악하고, 잠재된 리스크까지 볼 수 있어야 한다. 그래야 팀을 올바른 방향으로 이끌 수 있다. 하지만 직장생활 10년 안팎의 과장이 그 혜안을 갖추기란 쉽지 않다.

나 역시 마찬가지였다. 그래서 생각한 것이 중지를 모으는 일이었다. **중요한 결정은 혼자 내리는 것이 좋지만 실무를 진행할 때는 다양한 의견을 듣고 수렴하는 게 필요하다.** 여기까지는 누구나 다 동의할 것이다. 문제는 방식과 시기다. 언제 어떤 방식으로 중지를 모으느냐에 따라 생각의 질과 의견의 내용이 완전히 달라진다. 내 경험상 중지를 모을 때는 업무를 시작할 때 현장에서 하는 것이 가장 좋다. 그래야 업무효율성도 높아지고, 현장 전문가로부터 적확한 정보를 얻을 수 있다. 보통 과장급이 되면 업무보고를 통해 실무를 파악하는데, 그것은 시간낭비, 인력 낭비라고 생각한다.

과장은 할당받은 업무를 책임지는 총괄자다.

누구보다 그 업무에 대해 꿰뚫고 있어야 하는 사람이 바로 실무책임자, 과장이다. 그런데 보고서를 통해 업무를 파악하면 정보의 사각지대가 생기기 때문에 총괄하는데 구멍이 생기기 쉽다. 아무리 유능한 직원이 사전답사를 꼼꼼하게 한다고 해도 한 두 사람이 보고 들은 것을 정리하다보면 놓치는 부분이 생기기 때문이다. 시간 낭비도 상당하다.

더 큰 문제는 번뜩이는 혜안으로 그 업무에 대한 문제점을 지적하거나 질문을 한다 해도 즉각 알지 못하는 경우가 많다는 것이다. 누가 그 해답을 알고 있는지 파악하고, 연결하여 정보를 구하기까지 시간이 또 필요하다. 책임자가 현장에 직접 가면 한 번에 해결할 수 있는 일을 몇 단계를 거쳐야 가능하기 때문에 중간에 시간과 노력이 줄줄 새는 경우가 많다.

내가 현장을 중시하는 이유는 시간과 노력을 줄일 수 있다는 것 외에도 생생한 고급 정보를 빨리 얻을 수 있다는 점 때문이다. 현장에 가면 그 현장을 가장 잘 아는 전문가가 주변에 있기 때문에 업무에 대한 궁금증이 즉각 풀릴 뿐 아니라 살아있는 정보를 얻을 수 있기 때문에 실제로 적용하는데 위험부담이 적어진다.

1,000명이상이 참가하는 본부 전 직원 자연보호 캠페인이라는 거대한 프로젝트를 할 때에도 직원들과 함께 행사 장소에 갔다. 그리고 주변을 둘러본 다음 한 장짜리 그림을 그린 후 직원들과 함께 이야기를 나눴다.

말이 토론이지 수다보다 조금 진지한 분위기에서 행사 당일에 일어날 수 있는 모든 가능성을 열어놓고 서로 이야기를 나눈 것이다. 과연 행사 시간은 적당한지, 장소는 알맞은지, 만약 비가 온다면 어떻게 대처해야 하는지 등등 발생할 수 있는 모든 변수들을 질문으로 던지면 자유롭게 각자의 의견을 말했다. 필요한 정보는 근처에 있는 현장 전문가들로부터 즉시 들을 수 있었기 때문에 의사결정도 빨리 할 수 있었다.

　일의 효율성을 생각해서 시작한 일인데 본의 아니게 업무를 수직
구조에서 수평구조로 바꾸는 계기가 됐다. 지금이야 수평구조가 일
반화됐지만 그때 당시에는 서열 위주의 수직구조가 기본이었기 때
문에 직원과 책임자가 같은 눈높이에서 대화를 나눈다는 것이 흔치
않은 일이었다. 권위적인 분위기에 젖어 있던 직원들은 자신을 존중
해 주는 업무 분위기속에서 훌륭한 아이디어를 쏟아냈다.
　혼자서는 도저히 생각해내기 어려운 아이디어를 들을 수 있다는
건 실무 책임자에게 더 없이 좋은 일이다. 사실, 과장이라고 해서 해
당 업무에 대한 모든 정보를 알고 있는 것도 아니고, 모든 문제에
대해 해답을 제시할 수 있는 건 더욱 아니다. 다만, 축적된 경험과
정보를 통해 어떤 부분이 문제가 될 것인지를 파악할 수 있는 능력
은 직원보다 출중하다.

　현장 토론의 장점은 여기서 끝나지 않는다.
　무엇보다 과장의 업무장악력을 높여준다는 데서 굉장히 유용하
다. 사전답사에 대한 보고를 받건 직접 현장에 가건 상사에게 보고
해야 하는 건 과장의 몫이다. 그런데 현장에서 충분한 토론과 시뮬
레이션을 통해 업무 파악은 물론 대비책까지 마련했다면 보고는 한
결 쉬워진다.
　나는 현장에 갔다 오면 그 결과를 간단하게 메모해서 상사에게
보고했다. 직원이 따로 보고서를 작성하는 시간을 줄이고 싶은 마음
도 있었지만 그보다는 더 효과적으로 보고하고 싶은 마음 때문이었
다. **대부분의 상사들은 보고서를 자세히 보지 않는다. 우리가 신문**

을 볼 때 헤드라인을 보는 것처럼 상사들도 핵심내용만 보길 원한다. **보고서 보다는 보고에 더 비중을 둔다.** 따라서 보고서는 보고내용을 뒷받침하거나 강조할 수 있는 핵심 내용을 간단명료하게 정리하는 게 좋다.

현장에서 직접 보고 듣고 문제점을 파악하여 충분히 대비책에 대해 공유했기 때문에 상사의 어떤 질문에도 막힘없이 대답할 수 있었다. 덕분에 업무장악력이 높은 책임실무자로 인정받을 수 있었다. 업무장악력은 책상에서 생기지 않는다. 현장을 장악하고 정확하게 이해할 때 생긴다. **백 개의 보고서를 분석하는 것보다 현장에서 직원들과 한판 토론을 벌이는 게 더 효과적이다.** 과장이 됐다면 업무보고를 잘 받을 생각보다 어떻게 현장을 더 잘 파악할 것인가를 고민하는 것이 우선이다.

제4장

CHALLENGE

가장 큰 위험은 위험 없는 삶이다!

-팀장 시절에 터득한 지혜-

Be the first penguin!!

펭귄이 먹잇감을 구 할 때는 바다로 뛰어들어야 한다. 먹이를 구하러 수 많은 무리들이 바다 가에 다다르지만 선뜻 바다로 뛰어들지는 못한다. 바 다 속에는 먹이도 있지만 거센 파도와 바다표범 같은 펭귄의 적들이 도사 리고 있기 때문이다.

그때 머뭇거리는 펭귄들 사이에서 용감한 한 마리가 먼저 바다에 뛰어 든다. 그가 무사히 먹이를 찾아 나서는 것을 보고서야 다른 펭귄들도 줄지 어 뛰어들기 시작한다.

처음 바다에 뛰어든 펭귄을 '퍼스트 펭귄(First Penguin)'이라 부른다. 이 말은 불확실성을 감수하고 용감하게 도전하여 세상을 바꾸는 선구자를 일컫는 말로 쓰인다. 그의 앞에는 미지의 위험이 도사리고 있지만 그가 그 것을 무릅쓴 대가로 가장 싱싱한 먹이를 원하는 대로 먹을 수 있다.

팀장이 되면서 부터 나도 첫 번째 펭귄처럼 과감하게 뛰어들기 시작했 다. 거기에는 땀이 있었고, 고통이 있었고 희생이 따랐다. 그러나 땀 없이 어찌 승리가 있으며(No sweat no victory), 고통 없이 어찌 소득이 있으 며(No pain no gain), 희생 없이 어찌 영광이 있었겠는가(No sacrifice no glory).

가장 큰 위험은 위험이 없는 삶이다. 아브라함처럼 본토, 친척 아비집을 떠나자! 지도 밖으로 행군하자! 모든 성공의 과실들은 안주하지 않고 도 전하는 The first penguin의 "C" 즉. Challenge의 비밀을 아는 사람들 의 몫이다.

#14
지쳐있는 조직

"어설픈 프로보다 진취적인 아마추어가 낫다."
- 탈무드

긍정적인 변화는
작은 변화에서 시작된다

인사부 출신이면 좋은 근무지를 골라서 간다고들 생각한다.

하지만 내 경우는 정반대였다. 차장을 달고 발령받은 근무지가 성남공단 지점이었다. 그 당시 성남공단 지점은 주 거래처의 부도로 거덜 난 상태였다. 가장 큰 거래처인 수영복 제조회사의 80억 부도를 맞은 데다 그 회사와 관련된 모든 거래는 물론 종업원 거래까지 끊겨 가망이 없는 지점으로 낙인찍혀 있었다. 나는 그 지점의 차장이 인사상담으로 빠지게 된 자리를 하는 수 없이 가게 되는 최악의 상황에 또 떨어진 것이다.

가장 큰 문제는 직원들이 모두 지쳐 있다는 것이었다.

낡고 오래된 건물이라 점포 환경도 안 좋은데다 구내식당이 없어서 점심시간만 되면 한바탕 북새통을 겪어야 했다.

공단 사람들은 점심시간을 이용해서 통장거래를 하러 오는데 직원들도 식사를 해야 했기 때문에 겨우 한 두 명이 업무를 처리해야 했다. 고객은 몰리는데 직원은 없으니 업무처리가 지연될 수 밖에 없었다. 그러다보니 고객들의 불만은 하늘을 찔렀다. 가뜩이나 지점의 상황이 좋지 않은데 찾아온 고객들도 다 뺏길 판이었다. 이 문제를 해결하지 않고는 지점의 상황이 좋아질 수가 없겠다는 생각이 들었다. 그래서 다른 문제는 제쳐두고 점심시간 영업을 잘 할 수 있는 방안을 강구하기로 했다.

몇 날 며칠을 고민해도 뾰족한 수가 나지 않아 답답한 마음에 밖을 쳐다보는데 맞은편에 있는 모 신문사 인쇄공장에서 한 무리의 사람들이 나와서 담배를 피우고 있는 게 보였다. 식사 후에 잠깐 담소를 나누는 것 같았다. 그때 그곳의 구내식당을 이용하면 되겠다는 아이디어가 떠올랐다. 언론기관이기 때문에 외부인 출입을 금하고 있지만 우리 직원에 대한 신분을 보증하고, 보안을 철저히 하면 큰 문제가 없을 거라고 판단됐다.

그 길로 공장의 최고 책임자를 만나 구내식당을 개방해 달라고 부탁했다. 예상대로 외부인 출입금지라는 원칙을 내세웠지만 국책은행이라는 점과 구내식당 외에 다른 시설에는 절대 접근하지 않겠다는 약속을 한 후 구내식당 이용을 허락받았다. 나중에 알고 보니 식사인원이 늘어나니 식당에서도 아주 반가워했다는 것이었다.

식당 문제가 해결되자 직원들의 점심시간이 두 시간에서 30분 이내로 줄어들었다. 길만 건너면 바로 식당인데다 값도 싸고 매일 메뉴도 정해져 있어 고민하지 않아도 되니 직원들이 너무 좋아했다. 그와 더불어 고객들의 불만도 사라지면서 지점의 분위기가 점차 살아나기 시작했다. 하나의 문제를 해결했을 뿐인데 첩첩산중인 지점의 문제를 해결할 수 있는 실마리를 찾은 것 같았다.

노하우(know-how)가 아니라 노웨어(know-where)

나의 차장시절은 IMF와 함께 시작됐다.

금융환경이 급변하면서 이전과는 전혀 다른 시대가 도래했다. IMF 전에는 '영업'하면 예금영업이었는데 IMF를 지나면서 구조조정을 하니까 대출받을 사람이 없는 시대가 된 것이다. 그래서 이른바 '론 세일 시대'로 접어들었다. 그런 변화의 시기에 인사이동 때도 아닌데 수신담당에서 대부담당으로 가게 됐다.

우량한 중소기업 유치에 은행 간 경쟁이 치열한 때라서 기존의 방법으로는 승세를 잡기는커녕 실적도 올리기 어려운 상황이었다. 그래서 발로 뛰면서 고객들의 수요를 찾아다니기로 했다. 그때만 해도 기업은행의 직원들이 업체를 찾아나서는 일은 거의 없었다. 예금 유치를 하러 나간 적은 있었지만 대출은 가만히 있어도 기업들이 찾아와 부탁을 했었기 때문이다. 하지만 시대는 달라졌고, 그 상황에 빨리 적응해야 살아남을 수 있었다.

먼저 공략대상을 공단 뒤 이배재 고개 넘어에 산재해있는 영세공장으로 삼고 하루에 서너 곳씩 방문하여 상담을 시작했다. 반응은 기대 이상이었다. 너무 반가워하고 좋아했다. 힘겹게 회사를 꾸려가고 있는데 은행에서 직접 찾아와서 어려운 점을 묻고, 요구하는 사항을 다 적어 가는데 그걸 싫어할 사람이 어딨겠는가.

이배재 고개를 시작으로 노트에 지도를 그려놓고 태전리, 경안 일대까지 구석구석 모든 업체를 찾아갔다. 그리고 일지를 만들어 업체명, 연락처, 사장의 요구사항을 간단하게 적고 진척사항을 표시해두었다. 틈 날 때 마다 부족한 점이 보완되었는지 전화로 반드시 확인을 하고, 어려운 점은 최대한 해결해 주었다. 업체들의 의견을 지속적으로 수렴하고 사후관리에 이르는 모든 작업을 꼼꼼히 챙기다보니 소문이 나서 대출이 꼬리에 꼬리를 물고 이어졌다.

첫 번째 목표는 달성한 것이다.

하지만 대출받은 업체가 대부분 영세하기 때문에 부실화될 것을 우려하는 시선도 있었다. 그러나 그것은 나에게 걱정거리는 아니었다. 첫 번째는 신용보증기금에서 소액 대출시 은행에 업무를 위임한 「수탁보증제」를 적극 활용하여 리스크를 줄였고, 두 번째로는 직감을 활용하였다. 업체를 직접 찾아갔을 때 현장 직원들의 눈빛과 표정을 보고 몇 마디 물어보면 그 회사가 부실업체인지 아닌지 금세 알 수 있다. 또 공과금 체납 기록과 등기서류를 확인하고, 현장 구석구석을 돌아본 후 사장과 이야기해보면 은행을 대상으로 사기를 칠 것인지 아닌지를 거의 확실하게 알 수 있었다.

사기꾼들은 지점으로 찾아와 사기를 치지 올 때 까지 기다리고 있을 리가 있겠는가? 결과적으로 수십 군데를 유치했지만 부실화는 한 건도 나오지 않았다. **노웨어(know-where)는 노하우(know-how)를 능가한다. 곡식도 농부의 발걸음 소리를 듣고 자란다고 하지 않는가. 발품을 이기는 장사는 없다.**

아이디어를 확장하여 장막터를 넓히자

찾아가는 마케팅은 확실히 효과가 있었다. 영업일지는 날마다 두터워졌고, 유치 기업은 날로 늘어났다. 하지만 지도를 그려서 나가는 건 한계가 있었다. 보다 효율적이고 경제적으로 일할 필요가 있었다. 그러다가 상공회의소 앞을 지나는데 거기가 바로 내가 찾던 곳이라는 생각이 들었다.

상공회의소는 회원사의 규모나 종업원 수 등 업체에 대한 기본정보를 알고 있기 때문에 그 정보를 공유한다면 보다 쉽게 고객을 유치할 수 있을 거라는 생각이 들었다. 그래서 상공회의소에 가입하여 업체 명단을 받고, 업체와 직접 만나는 상공회의소 사람들과 친분을 쌓으며 고급 정보도 얻어 고객을 유치하는데 활용했다.

그러던 중에 한 건설사에서 그 지역 처음으로 아파트형 공장을 짓기 시작했는데 그 당시에는 아파트형 공장이라는 용어만 있었지 실제로는 보기 힘든 때였다. 그래서 아파트형 공장이 담보 취득하는 방법에 대한 규정이 없었다. 그때 본부에 아파트형 공장의 담보 운영방안과 융자비율 등을 건의하여 담보 취득하는 제도를 도입했다. 여신기획부에 근무했던 경험이 빛을 발하는 순간이었다. 덕분에 입주업체들을 유치하여 여신을 늘렸다. 이런 식으로 실적이 쌓이자 매번 꼴찌였던 점포가 탑 3안에 들 정도의 우수 점포로 급성장했다.

그때 감사원에서 영업현황 점검이라고 해서 두 분이 나왔는데 나의 '섭외일지'를 보더니 이런 경우는 처음 봤다며 하나하나 다 기록해갔다. 얼마 후 나의 영업 사례를 본부 여신기획부 간담회에서도 발표하게 되었다. 찾아가는 마케팅 방법과 섭외 및 정보 수집 노하우 등을 나누게 되었는데, 그때 기획담당 차장이 관심을 갖더니 결국 얼마 있지 않아 다시 여신기획부 차장으로 발탁되었다.

최고의 직업은 무엇일까?

모 세무사와 대화 중에 가장 좋은 직업 Top3라는 이야기를 들었다. 의사는 아픈 사람들을 도와 줄 수 있다. 변호사는 억울한 사람을 도와 줄 수 있다. 세무사는 세금을 절약시켜 도움을 줄 수 있다. 그중에 제일 좋은 것이 세무사라는 것이었다. 의사는 되기도 힘든데 매일 보는 사람이 병자들이고 변호사나 판사도 되기가 힘든데 매일 보는 사람이 싸우는 사람이나 범죄자들이다. 그러나 세무사는 그들보다 되기가 수월한 반면 만나는 사람이 다 돈 있고 유력자들이라는 것이다.

그러나 나는 "사"자는 들어가지 않지만 은행원 보다 좋은 직업은 없다고 생각한다.

간호원(간호사의 이전명칭), 집배원, 은행원 - '원'자 들어가는 직업은 다 겸손하게 좋은 일을 한다. 그중에서도 은행원은 예금업무와 대출업무가 있어 갑과 을이 적당히 배합되어 교만하지 않고 겸손해진다. 세상에 돈을 싫어하는 사람은 한명도 보지 못한데다가 돈이 있는 사람의 돈을 맡아 불려주고 그 돈으로 도움이 필요한 사람에게 빌려주어 살아나게 한다. 마치 수혈하는 것과 같다. 내 돈도 아닌데 이렇게 좋은일을 할 수 있다니 얼마나 좋은 직업인가!

최고직업이라는 보람을 만끽한 때가 바로 성남공단 차장시절이었다.

80억 부도를 맞아 휘청거리는 지점을 살리기 위한 고육지책으로 판단력이 뛰어난 지점장님이 결단하여 부도난 공장 부지를 반으로 쪼개서 모 업체에 팔았다. 이른바 유입물건 분할매각 인데 유입취득한 공장이 너무커서 공매나 경매를 내놔도 살 기업이 거의 없었기 때문이다.

은행은 부실채권을 감축할 수 있어 좋고, 업체도 임대공장을 전전하다가 임대료보다 싼 이자를 내고, 자기 공장을 가질 수 있어 좋았다. 그야말로 누이 좋고 매부 좋은 일이다. 거기에 그 기업이 운영을 잘해서 성장세를 타게 되면 은행은 확실한 거래처가 생기게 되니 일석이조의 효과를 보게 된다.

그런데 그 일이 현실에서 이루어졌다.

그 당시 부도난 공장의 절반을 매수한 업체는 김치냉장고를 OEM 방식으로 납품하던 회사였는데 공장을 산 이후부터 매출이 올라 중국에 진출할 정도로 크게 성장했다. 그 사장이 어느 날 갑자기 전화를 하더니 대뜸 고맙다고 인사를 하는 게 아닌가. 자기 인생을 돌이켜보니 내 덕에 부자가 됐다는 것이다. 그래서 도저히 고맙다는 인사를 안 할 수가 없다며 감사하다는 말을 몇 번이나 반복했다.

그 말을 듣고 얼마나 기뻤는지 몰랐다. 나야말로 너무나 감사했다. 그런 감정은 은행원이 아니면 느낄 수 없는 것이기 때문이다. 자금 때문에 시꺼멓게 죽어가던 사장의 얼굴이 대출을 받고 한숨 돌리면서 화색 도는 모습을 볼 때, 영세기업이지만 자신의 기술로 꾸준히 매출을 올리며 위기를 넘기는 많은 사장님들을 보면 하나님께서 나를 은행에 보내신 목적이 바로 이거였구나라는 것을 다시 한 번 되새기게 된다. 자신의 쓰임새를 아는 자는 최선을 다할 수 있고, 그것은 최선의 결과를 만들어낸다. 용도와 목적에 맞게 쓰임을 받는다는 것은 참 좋은 일이다. **물건이 만든 목적에 맞게 쓰여 존재가치와 사용가치가 일치 할 때 비로소 그 빛을 발하는 것처럼 사람의 직업도 마찬가지다.**

#15
뇌물과 선물 사이

"만일 내가 이 자리에 있지 않았다면
상대방이 내게 이 선물을 줄까?라고
스스로에게 묻고, 만약 이에 대한 대답이 NO라면
그 선물은 뇌물이라고 보아 큰 무리가 없다."
– 저자

**나의 양심은
그것을 알 수 있다**

IMF 당시에도 '비 올 때 우산을 빼앗지 않
는다'는 캐치프레이즈로 은행의 문턱을 낮
췄던 기업은행이지만 아무에게나 돈을 빌
려주진 않는다. 대출을 받기 위해선 신용도가 좋아야 하고 신용이
부족하면 담보가 있어야 한다.

성남공단 지점에 있을 때, 우리 점포 바로 앞에 있던 모 케이크
공장의 경비대장이 대출을 받으러 왔다. 아이스크림 프랜차이즈를
열고 싶은데 돈이 부족하다는 것이었다. 해병대 출신에 화통하고 좋
은 분이지만 담보가 없어서 대출이 쉽지 않았다. 그래도 방법을 찾
느라 며칠을 고민하여 이것저것 꿰맞춰서 천만 원을 겨우 빌려주었
다. 그리고 사흘 후에 내 통장을 정리하는데 십 만원이 입금돼 있었
다. 그 경비대장이 직원들에게 계좌번호를 물어봐서 보낸 것이었다.

나는 즉시 돈을 빼 책 한권을 사서 거기에 끼워 돌려주었다. 그리고 고마운 마음은 알겠지만 그 것은 내가 당연히 할 일을 했을 뿐이니 절대 받을 수 없다고 정중하게 말했다.

처음에는 돈을 되돌려 받지 않고, 혹시 돈이 적어서 그러는 거냐며 펄쩍 뛰더니 나의 진심을 알고 나서는 사회가 썩었다고만 생각했는데 나 같은 사람을 만나 너무 감동적이라며 좋아했다.

그리고 그때부터 내가 성남공단 지점을 떠나기까지 수개월 동안 매주 한번 씩 퇴근할 때마다 차에다 빵 상자를 넣어 주었다. 라면 상자 절반 정도 크기의 상자 안에는 봉지가 어긋났거나 모양이 이지러진 빵들이 잔뜩 들어있었다. 일종의 하자제품이었는데 먹는 데는 아무 이상이 없었다. 경비대장이 상품으로 팔 수 없는 빵들을 챙겨서 나에게 갖다 준 것이다. 그 빵은 그분의 성의였기 때문에 감사하게 받았다. 덕분에 빵은 원 없이 먹었다.

아마 십 만원의 몇 배의 액수만큼 빵을 먹었을 것이다. 하지만 그 빵은 양심에 거리끼지 않는 선물이고, 십 만원은 받아서는 안 될 뇌물이다. **그 얼마 안 되는 돈이 결국 도덕이라는 거대한 둑을 무너뜨리고 양심을 좀먹게 한다. 일할 때 도덕적이어야 하는 이유는 스스로에게 떳떳하기 위해서다.** 자신에게 떳떳하면 어떤 난관도 담대하게, 그리고 당당하게 이겨낼 수 있기 때문이다.

#16
생사를 가르는 경쟁

"경쟁력은 상대와 경쟁하여 버틸 수 있는 힘을 가리킨다.
살아남기 위해서는 남들보다 조금이라도
더 힘이 있어야 한다."
- 동물의 왕국

킬러 콘텐츠(killer contents)를 만들어라!

아프리카 세렝게티 평원에서 먹이사슬의 정점에 있는 강한 육식동물 사자와 마주친다는 것은 곧 죽음을 의미하기 때문에, 동물들은 사자의 근처에도 가지 않으려 한다. 그러나 초식동물 '누'나 '임팔라'는 작고 연약한데도 불구하고 사자의 눈앞에서 한가로이 풀을 뜯는다. 사자가 슬금슬금 움직이기 시작하면 '누'도 역시 사자와의 일정한 거리를 두고 물러난다. 어느 한 순간 사자가 달려들면 광활한 광야에서 필사적인 생존게임이 전개된다.

대부분의 사자가 힘껏 달릴 수 있는 거리는 90m 남짓이며 더 이상 뛰면 심장에 무리가 와 지쳐 쓰러진다고 한다. '누'가 전속력으로 달릴 수 있는 거리는 100m 정도이기 때문에 10m차이로 누가 한가로이 풀을 뜯을 수 있다. 그러나 사자 가운데는 10m를 더 뛸 수 있는 힘 있는 사자가 있고 사자 가족이 협업을 하기 때문에 꼭 필요한 때 먹이를 쟁취하게 되고 먹이사슬은 균형을 유지하게 되는 것이다.

우리의 삶도, 업무도 마찬가지다. 같은 경쟁자 보다 2% 앞서고 뒤서는 것 때문에 1등이 될 수도 있고 최하위도 될 수 있으며, 승진과 탈락의 희비가 엇갈리는 경우가 생기게 된다. 남은 10m에서 혼신의 싸움을 벌여야하는 사자와 누처럼 마지막 순간이 생존과 죽음, 승리와 패배가 결정된다.

경쟁력은 상대와 경쟁하여 버틸 수 있는 힘을 가리킨다.

끝까지 살아남기 위해서는 남들보다 좀 더 힘이 있어야 가능하다. 플러스알파가 있어야 한다.

그렇다면 플러스알파는 어떻게 만들 수 있을까? 나는 탄탄한 기본기에서 플러스알파 즉 경쟁력이 생긴다고 생각한다. 탄탄한 기본에서 경쟁력이 나온다는 것을 실제로 경험했기 때문이다.

여신기획부 차장으로 다시 발령을 받았을 때 마치 고향으로 돌아온 느낌이었다.

행원시절, 밤을 태우며 일하던 생각에 가슴이 뛰었다. 수년 동안 매일 기획안과 씨름하면서 나도 모르게 몸에 밴 습관이 잘 아는 동네를 산책하는 것처럼 익숙하고 영업현장에서 느낀 여러 가지 느낌들을 업무에 접목해 볼 여유까지 생기는 게 아닌가.

그래서 여러 가지 히트 상품을 하나 둘씩 만들어 갔는데 그 대표적인 것이 '기업 간 협력대출'이라는 상품이다.

아이디어는 팀원들과 토론 중에 성남공단 지점에 있을 때 알았던 사장들과 식사 때 했던 대화를 떠올리면서부터 비롯되었다. 납품을 하고 어음을 받아도 결제기간을 너무 길게 끊어줘 현금화가 안 되고 돈이 안도니 사업하기가 어렵다는 이야기였다. 어음할인을 하려면 담보가 있어야 하는데 영세한 하청업체가 그 조건을 충족시키기 어렵기 때문이다. 그래서 일단, 부도 날 위험이 거의 없는 대기업에게 받는 하청업체들의 어음은 발행인인 대기업의 신용만으로 대출을 해 주자는데 생각을 도출해 낸 것이다.

하지만 대기업에서 보증해주는 것도 아니고, 부도나면 우리가 다 책임을 져야 하는데 어떻게 감당하겠냐는 의견이 대다수였다. 돌다리도 두드려보고 건너야 하는 은행에서는 분명히 고려해야 할 사항이었다. 그래서 국책은행으로서 정책적으로 해야 할 일이라는 점을 내세웠고, 시범사례를 만들기 위해 계동에 있는 현대건설을 팀원과 함께 직접 찾아가 대기업에는 보증책임이 없으니 하청업체들에게 이 상품을 알려 달라고 부탁했다.

그 당시에 주요 기사가 중소기업의 자금난이었고, 결제대금을 제때에 주지 않아 고생하는 중소기업들의 애환이 신문을 장식했다. 대기업-중소기업 간 상생이 핫이슈로 떠오르기 시작하던 때였다. '기업 간 협력대출'은 그 문제를 해결해 줄 수 있는 좋은 방안이기 때문에 정부는 물론 국민들에게도 은행의 이미지를 상승시킬 수 있는 좋은 기회라는 점을 강조했다. 현대사옥을 여러 번 드나들며 설득작업을 계속했다. 부장님도 적극 발벗고 나서 도와주셔서 마침내 상품이 출시되었다.

대대적인 규모는 아니지만 긍정의 파장이 일어났다.

언론에서도 호평을 했고, 무엇보다 하청 중소기업 사장들이 좋아했다. 영세업체에게 하나의 돌파구를 마련해주었기 때문이다.

'기업 간 협력대출'은 영세업체의 자금난 해소와 대기업-중소기업 상생에 있어 좋은 선례를 남겼고 후일 '네트워크론' '공공구매론'이라는 확장성 있는 기업은행의 대표상품으로 발전하는 초석을 놓았다.

누구나 업무에서 플러스알파를 원한다. 하지만 어떻게 해야 그 뛰어난 능력을 발휘할 수 있을지에 대해서만 고민하지 자신이 기본기를 갖추고 있는지는 살펴보지 않는다. 내 경험상 플러스알파는 기본기를 바탕으로 일에 대한 자신감이 생겼을 때 생겨난다. 그럴 때 비로소 주도적으로 일할 수 있고, 새로운 분야를 개척할 만한 여유가 생기기 때문이다.

자신이 새롭게 개척한 일을 통해 경험의 폭이 넓어지고 업무의 수준이 높아지면서 자신도 모르게 플러스알파 능력 즉 경쟁력을 갖추게 된다. 경쟁력은 멀리 있는 게 아니라 자신을 받치고 있는 기본기 위에서 싹튼다.

'3의 법칙' - the Rule of 3

언제부턴가 사람들이 나를 지칭할 때 '아이디어맨'이라는 말을 쓰기 시작했다.

새마을 업무를 할 때부터 남들이 하지 않는 일을 자꾸 벌이다보니 그런 별명이 생긴 것 같다. 하지만 좋은 기획은 혼자만의 힘으로 되는 게 아니다. 기획은 기본적으로 '집단 지성의 작업'이다. 끊임없는 브레인스토밍 끝에 좋은 기획이 나오는 것이다. 그래서 팀워크가 중요하다.

그렇다고 사람이 많아야 되는 건 아니다.

내 경험상 세 사람과 일할 때 시너지가 제일 좋았던 것 같다.

업무에도 '3의 법칙'이 적용된 것이다. '3의 법칙'이란 3명이 모이면 집단이란 개념이 생기기 때문에 얼마든지 상황을 전환시킬 수 있다는 것이다. 3명이상만 의기투합하면 굉장한 힘을 발휘할 수 있다는 것이다.

일을 하면서 늘 감사했던 것은 어느 자리로 가던지 그때마다 기가 막히게 호흡이 잘 맞는 선후배를 만났다는 것이다. 아이디어를 내고, 조직적으로 추진하고, 상사와 기관을 설득하는 작업이 톱니바퀴 물리듯 잘 돌아갔다. 그 3의 수에 들어간 나의 팀원들! 누군지 거명을 안 해도 본인들은 다 알 것이다.

회사의 일은 기본적으로 협업이다.

혼자만 튀려고 하기 보다 각자의 능력을 잘 조화시킬 수 있어야 한다. 팀장은 그 능력을 알아보는 안목을 키워 최선의 결과를 만들어낼 수 있는 팀을 구성하는 게 필요하다. 그리고 팀장은 물론 팀원 모두 다른 사람의 도움 없이 이뤄진 성과는 없다는 것을 알아야 한다.

역할에 따른 협업의 중요성과 함께 교만하지 말아야 하는 이유는 지휘자가 아무리 훌륭해도 단원이 없는 오케스트라는 연주를 할 수 없다. 성과는 각자의 개성을 음악으로 아우른 오케스트라 연주와 같다. 오케스트라 구성이 어려울 때는 실내악 연주만으로도 큰 감동을 선사할 수 있다. 실내악 연주는 악기 3개만 모여도 가능하다.

#17
좁은 시야

"현명한 사람은 다른 사람의 경험에서 배우고,
어리석은 사람은 자신의 경험에서만 배운다."
– 비스마르크

상사의 시각에서 기획하라

도대체 좋은 기획이란 무엇인가? 한창 잘 나간다고 생각했던 차장 시절에 내 앞에 느닷없이 다시 던져진 질문이다. 그 당시 나는 한 달에 평균 두 개 꼴로 대출상품을 만들었고, 실적도 좋아서 나름대로의 기록을 달성하고 있었다. '기업은행의 전설'이라 불리며 후일 전무님으로 은퇴하신 상사께서도 잘한다는 칭찬을 해주셨을 정도였다.

칭찬은 고래를 춤추게도 하지만, 교만한 마음이 들게도 만든다. 다른 건 몰라도 기획에 대해서는 어느 정도 자신 있다고 생각한 바로 그때, 그 전설적인 상사가 내 앞에 기획안을 집어 던지시며 '이것도 기획이라고 했냐'고 호통을 치셨다. 그런 일은 처음 당하기 때문에 너무 당혹스럽고 창피했다. 자괴감으로 얼굴을 들 수가 없었다.

이 문제의 기획안은 다름 아닌 '생계형 창업대출'의 초안이다.

호된 꾸지람을 들어서인지 처음에는 그 기획안이 꼴도 보기 싫더니 시간이 흐르자 도대체 뭐가 문제인지 궁금해졌다. 솔직히, 정부 정책에 따라 기획을 하라고 해서 기계적으로 작성했던 점도 있었기 때문에 상사의 눈에서 기획안을 다시 따져보기로 했다.

상사의 시각으로 고민해보니 기획안에 문제점이 드러나기 시작했다. 당시 정부는 IMF로 인해 가계 경제가 침체된 것을 우려해서 파격적인 조건으로 대출해 주길 바라고 있었다. 하지만 은행 입장에서 보면 부실화 가능성이 높기 때문에 리스크가 클 수 밖에 없었고, 그런 상품의 경우 부실화 리스크에 대한 대응방안이 가장 중요하다. **기획안은 방향성도 중요하지만 이해관계자들의 의도를 파악하는 것도 그에 못지않게 중요하다.** 이런 과정을 통해 나는 자연스럽게 상사의 눈으로 사물을 보는 법을 배울 수 있었다.

잘못된 기획에 대한 상사의 쓴 소리는 결국 내게 약이 되었다. 나는 국가의 정책적 시각, 상사의 시각, 은행의 시각, 다른 은행의 시각, 보증기관의 시각 등 다양한 시각에서 그 기획안을 꼼꼼하게 살펴보게 되었다. 상사의 질책을 약으로 삼아 부족한 부분을 채우자 기획안을 보는 눈이 트였을 뿐 아니라 상사로부터 더 큰 신뢰를 받게 되었다. 상사께서 나를 더 믿어주시고 위임해주신 덕분에 그 후로 혁신적인 업무를 마음껏 펼칠 수 있었다.

「중소벤처 창업안내 센터」를 개설해 센터장을 겸임하면서 혁신형 중소벤처기업의 창업을 도왔고, 중소기업청에서 추진하는 KIBC 라고하는 중소기업 효율화사업에 참여하여 중소기업에 그룹웨어와 ERP를 도입하는 사업도 추진했고, 인터넷 시대의 미래 가치를 선점하기 위해 '도메인 담보대출'상품도 개발했다. 요즈음에 와서 핀테

크다 인터넷 은행이다 하면서 이슈가 되고 있지만 2000년대 초반에 벌써 국내 최초 사이버 대출 시스템인 「스피드론 센터」를 만들기도 했다. 지금의 '핀테크'와 같은 시스템인데 그 당시에는 전산 시스템이 뒷받침되지 않아 과도기 형태로 운영하였다. 온라인으로 접수를 받고, 오프라인에서 심사를 거쳐 통지한 후 영업점 대출을 해주는 방식이었는데, 당시에는 생소한 개념이었다. 전자결제 시스템도 일반화되지 않은 상황에서 사이버 대출을 정착시키기란 쉽지 않았다.

그래서 절반의 성공으로 끝난 프로젝트가 많다.

하지만 나는 그것이 실패라고 생각하지 않는다. 그 중에 몇 개는 보다 완성도 있는 상품으로 재탄생하여 훗날 기업은행의 효자 역할을 톡톡히 했고, 그 당시에는 다른 은행이 시작하지 않은 혁신적인 일들을 시도했다는데서 큰 보람을 느꼈기 때문이다.

만약 내가 상사로부터 질책을 받고 위축되어 뒤로 물러나 있었다면, 변명을 앞세워 나의 부족한 부분을 돌아보지 않았다면, 내게 다소 모험적일 수 있는 도전을 할 기회는 없었을 것이다. 상사의 질책을 위기라고 생각한다면 거기에서 한 가지만 덧붙여 생각할 필요가 있다. **상사의 질책에 대한 대응은 그 사람이 갖고 있는 위기관리 능력이라고 볼 수 있다. 비록 자초한 위기일지라도 잘 해결할 능력이 있다면 그것은 자신의 새로운 면모를 상사에게 보여줄 수 있는 기회가 된다. 상사의 질책은 신뢰를 얻을 수 있는 기회다.**

"오늘의 성공이 내일에 대한 자만이 되게하지 마라 그것이야 말로 가장 나쁜 형태의 실패니까."

'더 나은 삶을 위하여'를 쓴 이탈리아의 작가 오그만디노의 말이다.

#18
너무나 버거운 목표

Nothing is impossible,
the word itself says 'I'm possible!'
- Audrey Hepburn

불가능에 가능의 점을 찍어라

조직이 개편되면서 여신기획부에서 기업고객1부 차장이 되었다. 그리고 여신을 10조원으로 늘리라는 지상명령이 떨어졌다. 한 마디로 눈앞이 캄캄했다. 지금이야 10조 원을 큰 규모라고 생각하지 않지만 그때만 해도 어마어마한 액수였다. 그 당시 기업은행은 창립 42주년이었는데, 당시 총 여신 규모가 40조 원 정도였다. 그러니 10조 원은 은행이 40년 동안 쌓아온 실적의 4분의 1에 해당되는 금액이다. 그걸 1년 만에 해내야 한다는 건 상식적으로 불가능한 일이었다. 주변 직원들은 좋은 일에는 탈이 많다며 '호사다마'라 생각하고 그저 최선을 다하라고 위로해주었다.

하지만 마냥 손 놓고 있을만한 상황이 아니었다.

당시 회사는 혁신적인 은행장의 부임으로 변화의 중심에 있었다. 전면적인 조직개편을 통해 기능식 조직을 버리고 사업부제를 도입하고 있었다.

회사는 회사 전체목표에 의해 산정된 이익목표를 각 사업부에 부여하고 달성도에 따라 업적을 평가했다. 그 와중에 내가 기업고객본부의 수석팀장이니 목표 달성에 대한 책임이 막중했다. 그야말로 설상가상, 일은 벅찬데 지혜는 부족하니 기도밖에 할 게 없었다.

문제는 부족한 능력이나 상황이 아니라 내 힘으로 모든 것을 해야 한다는 교만한 마음이라는 걸 깨달았다. 지금까지 하나님의 능력으로 말미암아 모든 일을 해냈다고 고백했으면서도 막상 새로운 상황이 닥치니 내가 해내야 한다는 생각에 두려움이 생긴 것이다. 하지만 매사를 전폭적으로 임파워먼트 해주시는 이사님이 계시고 강한 추진력과 탁월한 아이디어를 쏟아내는 부장님이 계시고 훌륭한 나의 팀원들이 있다는 생각이 드니 상황을 새롭게 볼 수 있는 시각이 생겼다.

나를 사면초가로 몰아넣었다고 생각한 '사업부제'가 내게는 큰 기회라는 것도 알게 되었다. 사업부제는 의사결정이 빠르기 때문에 기동성을 살릴 수 있을 뿐 아니라 자주성과 창의성을 발휘할 수 있는 여지가 크다. 게다가 후일 은행감독원장이 되신 당시 행장님도 역대 최고로 창의적이고 개방적인 분이셔서 서류 대신 전화로 업무보고를 받으시고, 업무 시간 외에도 얼마든지 전화결제에 응해주셨다. 제일 중요한 건 당시 우리 팀의 호흡이 최상이었다는 것이다. 나의 상사는 기발한 아이디어를 수시로 던졌고, 실무자들은 그에 관련된 고급 정보를 기가 막히게 찾았다. 나는 그 구슬들을 하나로 꿰어 새로운 상품으로 개발했다.

브레인스토밍을 통해 나온 아이디어가 고객들에게 필요한 거라고 판단되면 바로 상품화를 추진하고, 직원들과 함께 상품 구조를 만들어냈다. 그러면 영업점의 모니터 요원들과 본부 리스크 관리 직원들이 스크린 작업을 통해 고객들의 요구를 듣고 본부로부터 대출심사 과정에 문제가 없는지를 살핀 후 그들의 의견을 수렴하여 상품을 개선해 시장에 내놓는 것이다. 이 과정이 짧게는 한 달 내에 이루어졌다. 영업조직도 대폭 개편해 큰기업들을 밀착 관리하는 RM, 소규모 기업들을 유치하는 DREAM지점도 만들고, 퇴직 지점장들을 고용하여 금융상담사라는 제도도 만들어 뛰는 조직을 만들었다. 덕분에 1년 만에 여신 10조 원 초과달성, 목표치를 넘는 진기록을 세웠다.

만약 버거운 과제를 받고, 주저앉고 포기했다면 어땠을까?

아마도 그 일 뿐 아니라 다른 업무를 하는데 있어서도 '업무 포기'는 트라우마로 작용했을 것이다. **상사는 도저히 해낼 수 없는 일은 맡기지 않는다. 물론 그 목표에 맞춰 자신의 능력을 한껏 끌어올려야만 성사시킬 수 있는 일이지만 불가능한 것은 아니다.** 그 고민의 과정을 지나기가 쉽지는 않다. 하지만 온전히 감당할 수 있는 업무라는 생각으로 적극적으로 일을 해 나가면 반드시 성취감을 맛볼 수 있다. 그리고 그런 성취감은 또 다른 도전을 하게 만드는 원동력이 된다. **감당하기 힘든 일을 받았을 때 한 글자만 바꿔서 생각하면 결과가 달라진다. 이 일은 내가 '감당할 수 없는 일-Impossible'이 아니라 '감당할 수 있는 일-I'm possible'이라고!**

#19
납득이
안가는 지시

"이봐! 해보기는 해 봤어? 이 벼룩만도 못한 친구야."
– 정주영

예스맨이 아닌 긍정맨이 되라!

차장은 부장과 직원 사이의 거름망 역할을 해야 한다.

프로젝트 매니저의 의중을 잘 걸러서 직원들과 소통을 잘하는 게 필요하다는 얘기다. 그런데 가끔 상사의 의중을 파악하기 어려울 때가 있다. 엉뚱한 업무 지시를 내릴 때가 바로 그때다.

기업고객1부 차장 당시 나의 상사는 매우 독창적이고 돌발적인 아이디어를 수시로 던졌다. 그 중에 하나가 '뉴디스카운트 뱅크'다. 이 서비스는 약속어음을 이용하는 기업들이 시간과 비용을 절약할 수 있도록 어음 발행기업이 발행한 어음을 기업은행이 일괄 수령한 후 납품중소기업이 가까운 영업점에서 수령할 수 있게 하는 서비스로서 납품중소기업이 배서 등 복잡한 절차를 거치지 않아도 어음발행과 동시에 즉시 할인받을 수 있고 수령하지 않은 어음은 수탁수수료나 추심수수료 부담 없이 회수할 때까지 은행에서 일체 관리한다. 중소기업이 주요 고객인 기업은행으로서는 굉장히 획기적인 시스템이었다.

하지만 이 아이디어를 처음 들었을 때는 굉장히 당황스러웠다.

현실과 너무 동떨어진 제안이라는 생각이 들었다. 제안이 이해되지 않았지만 일단 상사의 말에 수긍하고 어떻게든 성사시킬 수 있는 방법을 모색해 보았다. 그런데 우려했던 것과는 달리 한국은행까지 협조하여 낮은 금리로 할인할 수 있도록 해주고, 실행 시스템도 계획대로 구축되어 여신 10조 원 달성에 혁혁한 공을 세운 '핫 이슈 상품'을 개발할 수 있었다.

그 후 한 번은 골프장 회원권 담보대출을 만들어 보라는 지시가 떨어진 적이 있다. 그때 당시만 해도 골프장에 대한 이미지가 좋지 않은데다 골프장 회원권은 등기나 등록되지 않아 회원권을 사고파는 걸 일일이 확인할 수 없기 때문에 소유도 분명하지 않은데 담보대출을 만들어 보라니, 정말 답답했다. 담보로서 운용하기에는 리스크가 너무 크기 때문에 방법을 찾기 어려웠다.

그래서 차일피일 미루다가 결국 데드라인이 코앞에 닥쳐서야 상품명을 바꿔 이미지부터 쇄신해보자는 생각이 들었다. 국책은행이 골프장에 돈을 빌려준다는 이미지를 남길 경우 얻는 것보다 잃는 게 더 많기 때문에 골프장을 체육시설로 바꿨다. 골프장이란 말을 없애고 '스포츠회원권 구입자금 대출'로 바꾸니 상품에 대한 이미지가 한결 부드러워졌다. 그 다음에는 리스크를 줄이기 위해 참여 골프장 측에서 거래가 있을 때 반드시 은행에 알려주도록 하는 공지제도 및 담보운용 관련 규정을 만들었다.

상품이 출시되자 고객들로부터 반응이 오기 시작됐다.

골프 회원권을 사는 고객이 많아지면서 혜택을 받는 사람들이 늘어나 상품에 대한 이미지도 좋아지고 실적도 높아졌다. 생각지 못한 결과를 보면서 팀워크도 더 단단해졌다. 남들이 해내지 못한 새로운 영역을 구축했다는 성취감을 맛보면서 직원들의 도전정신도 강해졌다. 상사 역시 이런 과정을 통해 나의 팀원들에 대해 더 신뢰를 갖게 되었다.

사실, 팀원들이 볼 때 얼토당토하지 않은 업무라고 생각하면 다른 사람들도 대부분 같은 생각을 한다. 안될 게 뻔한 일을 해야 하기 때문에 '삽질한다'라는 표현을 쓰기도 한다. 지시를 수행해야 하는 팀은 물론 주변 사람들까지도 이런저런 걱정을 해주기 때문에 그 일에 대한 부정적 요소가 더 부각될 때가 많다.

하지만 일단 해 보는 것과 하지 않고 반대만 하는 것은 큰 차이가 있다. 무조건 하면 된다는 생각을 갖고 밀어붙이는 게 능사라는 말은 아니다. 다만, **그 상사가 어떤 생각, 어떤 청사진을 그리면서 그 업무를 지시했는지 상상해보고, 상사의 판단을 믿는 것이 중요하다. 그럴 때 말도 안된다고 생각했던 지시내용에서 긍정적인 요소를 찾아낼 수 있다.** 그것을 발판삼아 업무를 추진하면 말도 안되는 일이 실현되는 경우가 실제로 많이 있다.

이런 경험은 일의 결과 뿐 아니라 과정 속에서 팀워크를 더 견고하게 한다는 장점이 있다. 서로에 대한 충성도가 높아지고, 신뢰가 강하게 형성된다. 상사의 지시에 대해 '반대를 위한 반대'를 하지 않는다는 신뢰가 형성될 때 반대 의견도 자유롭게 표현할 수 있다. 상사의 지시에 대해서는 무조건 따르는 예스맨이 아니라 그 업무를 실현시킬 수 낼 수 있는 요소를 찾아내어 지시내용을 잘 수행하는 긍정맨이 되어야 한다.

현대 창업주 정주영 회장은 그가 공사판을 전전하며 고생하던 시절 용산역 근처, 허름한 근로자 숙소에 숙박하는데, 벼룩이 들끓어 잠을 잘 수 없는 밤이 이어지자 아이디어를 내어 물을 가득 채운 대야에 침상의 네 다리를 담그고 안심하고 잤다. 그런데 웬걸! 벼룩들이 대야에 담긴 물에 빠져 죽기는커녕 벽으로 기어올라 침대로 뛰어내리는 것을 보았다. 미물인 벼룩들도 원하는 바를 성취하기 위하여 온갖 수단을 다하는데 사람이 하물며 무슨 일이든 못하겠냐고 자서전에서 술회하고 있다.

#20
대박의 유혹

"많은 위인들의 성공 뒤에는 선하고 남을 배려할 줄 아는
빛나는 도덕성이 있었다."
– 하버드대학교 로버트 콜스 교수

**빠른 길이 아니라
바른 길로 걸어라!**

돈을 다루는 은행에서는 이른바 '돈이 되는
정보'를 접할 기회가 많다.

팀장이 되어 다양한 프로젝트를 진행하다

보니 그런 기회는 생각보다 훨씬 많았다. 특히 벤처기업을 담당할

때 투자에 대한 유혹이 강했다. 물론 투자를 해도 문제가 되는 것은

아니었다. 하지만 사적인 관계가 개입되면 결정을 내릴 때 휘둘리기

쉽다. 일을 그르칠 위험이 높아지기 때문에 투자를 안 하는 게 좋다.

하지만 큰돈을 벌 수 있는 기회가 눈앞에 있는데 외면하기란 쉽지

않다.

가장 마음이 흔들렸던 때는 모 엔젤클럽에서 투자설명회를 할 때

였다. 투자정보를 교류하니 더 마음이 솔깃해졌다. 게다가 참석자들

이 너도 나도 투자하겠다고 액수를 적어내는 걸 보니 나도 모르게

'한번쯤 해도 되지 않을까'라는 생각도 들었다. 투자를 금지한 규정

은 없어도 내부 정보를 이용해서 이득을 취하는 건 좋지 않아 보였다. 그래서 금지와 금기 사이에서 잠깐 갈등하다가 그 선을 넘지는 않았다.

부동산 투자도 마찬가지다. 투자와 투기의 개념이 엄연히 다르지만, 투자가 성공하다보면 투기로 흐를 수 있는 가능성이 있다. 그래서 부동산 투자도 하지 않았다. 소위 '돈을 불릴 수 있는 기회'를 모두 마다한 것이다.

나는 사회생활을 할 때 가장 중요한 것이 도덕성이라고 생각한다. 지능지수(IQ Intelligence Quotient)가 높다고 다 성공하는 것은 아니다. 오히려 감성지수(EQ Emotional Quotient)가 높은 사람들이 남의 도움을 이끌어 내어 성공 할 확률이 크다. 그러나 감성지수가 높아 공감을 이끌어 내는 능력이 탁월한 사람이라 해도 실제로 세상에 부딪히며 잡초처럼 살아 밑바닥부터 기어온 사람 즉 역경지수(AQ Adversity Quotient)가 높은 사람을 이길 수는 없다. **그러나 그들의 모든 성공도 도덕지수(MQ: Moral Quotient)가 낮으면 일순간에 공든탑이 무너지고 만다.** 도덕성이 낮은 고위층 인사가 무너지는 현장은 우리가 수시로 청문회나 뉴스를 통해 보지 않는가? 혹시 부도덕한 행위가 발견되지 않았다 하더라도 그들의 양심은 이미 자신을 찌르고 있기 때문에 그들이 이룬 성취가 진성한 성공이라고 볼 수는 없을 것이다.

미국의 교육심리학자인 「미셸 보바」가 꼽은 '도덕성을 갖추기 위한 핵심 덕목'을 보면 왜 도덕성이 중요한 지 알 수 있다. 도덕성의 핵심 덕목은 총 7가지다.

1. 다른 사람의 입장에서 생각해보는 공감능력

2. 옳고 그름을 아는 분별력

3. 충동을 조절하여 올바른 생각과 행동을 하게 하는 자제력

4. 다른 사람과 동물을 소중히 대하는 존중

5. 타인의 행복에 관심을 갖는 친절함

6. 의견이 다른 사람을 존중하는 관용

7. 정정당당하게 행동하는 공정함

이 7가지 덕목은 리더 뿐 아니라 직장생활을 하는데 필수조건이다. 아무리 실력이 뛰어나도 정직하지 못하면 직장생활에서도 중간에 낙마하는 경우가 많다. 도덕성을 갖춰야 조직생활을 잘 영위할 수 있고, 조직을 잘 이끌어갈 수 있다는 말이다. 내가 인사부장 때 채용면접에서 집중적으로 물어본 것도 도덕적 갈등 상황에서 어떻게 처신할까 하는 것이었다.

도덕성을 갖춘 사람은 다른 사람들로부터 존경과 인정을 받기 때문에 훌륭한 인적 네트워크를 형성할 수 있다. 성과에 대한 시기나 질투를 받지 않고, 적대적 경쟁관계에서 벗어나 합리적 관계를 맺을 수 있기 때문이다. 조직 내에서의 탄탄한 인적 네트워크와 긍정적인 평판은 성공의 밑거름이자 자산이다. 자신이 어떤 직위에 있든지 도덕성은 가장 기본이 되는 덕목이자 자신의 노력에 따라 얼마든지 성취할 수 있는 훌륭한 자산이다. 기업의 윤리가 중시되고, 착한 기업이 각광받는 시대에는 도덕성이야말로 가장 중요한 경쟁력으로 대두될 것이다. 다른 능력보다 먼저, 도덕성을 갖추는데 힘쓰는 게 중요하다.

#21
쉼 없는 전진이
옳은 것인가?

"휴식이 노동을 강하게 하고
노동이 휴식을 달콤하게 한다."
- 프랜시스 퀼스

**상사는 모르는
우리 팀원들만의 비밀
- '5분 후 퇴근'**

나는 천성적으로 느긋한 편이다. 아무리 심각한 고민도 하루 이상 붙들고 있지 않는다. 오래 붙들고 있다고 해서 문제가 해결되는 건 아니기 때문이다.

일할 때도 마찬가지다. 불필요하게 야근을 하지 않고, 가급적 퇴근 시간을 지킨다. 과장 때 까지는 야근을 밥 먹듯이 했지만 차장이 되고나서 부터는 부장님이 퇴근하시면 5분 정도 있다가 나도 퇴근했다. 그래야 직원들도 맘 편하게 퇴근할 수 있기 때문에 눈치껏 빠져준 것이다.

팀장이 되기 전에도 일은 업무시간에 회사에서 하는 것을 기본으로 삼았기 때문에 가능하면 업무시간 내에 일을 다 하고, 퇴근 시간은 지키는 편이었다. 눈치 보느라 쓸데없이 자리를 지키거나 불필요한 야근을 위해 남는 일은 하지 않았다. 중차대한 일이 아니면 집에 일을 가져가지도 않았다. 시간이 지나면 해결되는 일이 80% 이상이기 때문이다. 조바심내면서 쫓기듯이 그 일에만 집중하면 오히려 생각은 굳고 스트레스만 받기 때문에 일의 효율성만 떨어진다.

사람마다 다르겠지만 나는 일과 일 사이, 그 틈새에서 아이디어를 얻는 일이 많았다. 일을 할 때 정확하게 개념을 숙지하고, 그와 관련된 정보를 찾아보면서 이런저런 궁리를 하지만 그것에 전적으로 매달려 전전긍긍하지 않는다. 그래봤자 결과가 금세 나오지 않기 때문이다. 오히려 차를 타고 가거나 새벽에 일어났을 때 갑자기 구슬 꿰듯 여러 가지 아이디어가 엮어지면서 기획이 완성될 때가 더 많다. 그 문제에만 골몰하기보다 잠깐 생각을 비웠을 때 모든 정보와 개념이 하나로 엮이는 경우를 너무 많이 경험했다.

그래서 남들이 보기에는 다소 태평스러워 보일만큼 나는 일을 할 때 여유롭고 긍정적인 편이다. 나는 기억력도 약해서 쓸데없는 기억들은 특별히 잘 지워진다. 나쁜 기억도 거의 남아있지 않다. 그래서 앞에 할 일들이 잘 떠오르는지도 모르겠다.

하루 중의 휴식도 중요하지만 밧데리가 방전되기 전 재충전하는 것처럼 가끔은 여행 등을 통하여 지친 몸과 마음을 재충전하는 것도 필요하다. 과다한 목표를 소화하느라 격무에 지쳐 거의 모든 것이 소진되어가고 있을 때 때 마침 은행에서 경영평가가 좋은 부점 직원들을 뽑아 하와이로 부부동반 여행을 보내 주었는데 말 그대로 지상천국에서의 시간들은 힐링 그 자체였다. 누가 지었는지 '열심히 일한 당신 떠나라'라는 광고 카피는 압권 중에 압권이라 생각한다.

휴식이 창의적 아이디어의 원천이라는 것은 나의 경험에서만 우러난 것이 아니라 실제로 과학으로 증명된 사실이기도 하다. 뇌의 특정 부위는 사람이 멍하게 있을 때 평소보다 더 활성화된다는 것이다. 이것을 발견한 **미국 뇌과학자 마커스 라이클 교수는 쉬고 있을 때 작동하는 특정 뇌 부위를 가리켜 '디폴트 모드 네트워크'라고 명명했다.**

이 '디폴트 모드 네트워크'로 인해 우리가 눈을 감고 누워서 쉬고 있어도 뇌가 몸 전체 산소 소비량의 20%를 차지한다는 것이다. 이 '디폴트 모드 네트워크'는 자아 성찰이나 사회성과 감정의 처리과정, 창의성을 지원하는 두뇌 회로인데 뇌가 쉬고 있을 때에만 각각의 부위가 연결된다고 한다.

우리는 쉴 새 없이 정보를 받아들여야 좋은 아이디어를 생각해 낼 수 있다고 여기지만 실상은 아무 생각 없이 뇌 활동을 멈추고 있을 때 창의성이 생긴다는 것이다.

노벨 화학상 수상자인 토머스 슈타이츠 박사도 수상 소감으로 '커피 브레이크가 큰 힘이 되었다'고 말했듯이 **창의적으로 일하고 싶다면 반드시 쉬어야 한다.**

요즈음의 세태를 '월화수목금금금'이라고 한다. 삶이 너무나 쉼이 없이 각박하다. 거룩한 안식일 마저 '노는 공휴일'로 대체되어 또다시 스트레스를 보태고 있다. 나는 아무리 바쁜 때에도 주일은 엄수하는 것을 원칙으로 한다. 어느 회사의 캠페인처럼 "주일은 쉽니다!"이다. 우리가 안식일을 지키는 것이 아니고 안식일이 우리를 지켜주기 때문이다.

#22
꿈은 이루어지는가?

"만약에 당신이 꿈을 꿀 수 있다면 그것을 이룰 수 있다.
이것을 기억하라. 이 모든 것들이 꿈과 한 마리의 쥐로부터
시작되었다는 것을."
- Walt Disney

꿈을 이루는 사람

매년 1월 초가 되면 나는 사내 메일을 통해 그냥 신년인사만 하는 것이 아니라 전직원에게 올해의 목표와 주제 말씀을 보냈다.

올해 나는 이런 포부와 목표를 가지고 살아갈 것이며, 그 일을 해내는데 이 말씀을 푯대삼아 살아갈 것이라는 것을 사람들에게 알린 것이다. 아마 그런 메일을 받고 뭐 이런 쓸데없는 메일을 보냈냐며 황당해한 사람도 있었겠지만 다행히 대부분 기분 좋게 메일을 받았던 것 같다. 그리고 나에게 관심이 있는 사람이라면 내가 '신실한 참 금융인'이 된다는 꿈에 가까이 가기 위해 매년 목표를 달리하면서 그 꿈을 이뤄나가고 있는 것을 확인할 수 있었을 것이다.

나는 꿈을 이룬 사람과 꿈만 꾸는 사람의 결정적 차이는 실행력 이라고 생각한다.

꿈만 꾸는 사람은 자신이 원하는 것을 막연하게 생각만 하고, 꿈을 이룬 사람은 그 꿈을 구체적인 비전으로 형상화하고 이루기 위

한 노력을 행동으로 옮긴다. 비전이 있다면 일단 글로 써봐야 한다.

'나의 꿈은 무엇인가?'

'내가 좋아하는 일은 무엇인가?'

비전을 정리했다면 세운 비전을 자신만 알고 있지 말고, 주변 사람들에게 알리는 것이 중요하다. 누구를 만나든 자신의 비전을 자주 선언해야 한다. 비전을 달성하는데 있어서 주변 사람들이 언제 어느 순간 나에게 도움을 줄 수 있는 조력자로 변할지 모르기 때문이다.

하버드 경영대학원 졸업생들을 추적해 보니 글로 쓴 목표를 가지고 있던 3%가 나머지 97% 졸업생들 보다 평균 10배의 수입을 올리고 있다는 연구가 발표된 적이 있다.

나는 매년 새해에 나의 꿈을 선포하고 비전을 알림으로써 직원들을 나의 조력자로 만든 것이다. 그뿐 아니라 다른 사람들이 나의 내적가치를 분명하게 알고, 내가 어떤 행동을 할 때 그것을 기준으로 판단한다는 것을 알기 때문에 불필요한 갈등이나 오해를 줄이고, 좀 더 신뢰감을 갖게 할 수 있었다. 혼자 꾸는 꿈은 실현가능성이 없다. 함께 나누고, 공유할 수 있는 꿈을 꾸고, 적극적으로 그 꿈을 향해 달려가는 게 중요하다.

올랜도의 디즈니월드 완공식 때 한 기자가 월트디즈니의 부인에게 말했다

"참 애석하네요! 디즈니씨가 완공을 보지 못하고 돌아가셨으니…"

그러자 그 부인이 대답했다.

"이 디즈니랜드를 가장 먼저 본 사람은 월트 디즈니입니다!"

이미 디즈니의 꿈은 비전으로 형상화되어 있었던 것이다.

제5장

CREATE

독창성은 사려 깊은 모방이다!

-부 • 점장 시절에 터득한 지혜-

세상을 변화시키는 힘

창의력이란 세상을 변화시키는 가장 큰 힘이다. 그 힘은 어디서 나오는 걸까? 시대를 앞서가는 다른 생각이다. 고정관념을 깨는 다른 발상이다. 상황을 바꾸어 보는 다른 관점이다.

오랜 기간 동안 "어디가면 물을 구할 수 있을까?"라는 생각만 하던 때 "어떻게 물을 끌어 올 수 있을까?"라는 생각으로 바꾼 사람들이 유목시대를 농경시대로 바꾸었다. 높이뛰기는 꼭 앞으로만 넘어야하나? 하는 발상의 전환 하나가 배면도약(Fosbury flop)을 통해 올림픽 신기록을 만들어 내었다. 전혀 상관없는 나무와 흑연과 고무를 서로 붙이니 연필이라는 놀라운 제품이 탄생하게 되었다. 찬송가 책갈피가 자꾸 빠지자 "붙였다 떼었다 할 수 있는 책갈피는 없을까?"라는 성가대원 아서 프라이 부인의 물음에 접착력이 낮아 실패한 상품을 거기에 붙여본 남편이 우리들이 쓰고 있는 POST-IT의 개발자이다.

태초에 하나님은 말씀(언어-개념-생각)으로 천지와 만물을 종류와 수효대로 만들어 내었다. 무에서 유를 만들어 내었기 때문에 그것을 창조라 한다. 만상을 창조한 후에 그분의 형상에 따라 만든 인간에게 모든 피조물들의 이름을 붙이게 하고 다스리라고 명하셨다. 인간은 무에서 유를 만들어 내지는 못하지만 하나님을 닮아 늘 그가 지은 만상을 연구하고 새로운 것을 만들어 낸다. "독창성은 사려 깊은 모방"이라는 말이 있다. 그 것을 창의력이라 한다. 어딜 가나 창의성 있는 인재를 뽑고 싶어 하고 창의성 있는 인재와 일하고 싶어 한다. 창의성 있는 인재의 대열에 들고 싶은가? 지금부터 어떤 상황이나 대상에 이 것 저것 붙여보고, 떼어내 보고, 끼워 넣고, 다른 곳에 놓아보고, 다른 쪽에서 보고, 거꾸로 놓아보고, 키워보고, 줄여보아라. 그 것이 세상을 바꾸는 창의력의 "C", 즉 Create의 비밀이다. 지점장과 부장시절에 이루어나갔던 수많은 성과와 상품과 제도와 서비스들도 모두 그런 작업의 소산이었다.

23

기업은행의 아킬레스건 '개인고객본부'

"너희는 두려워하지 말고 가만히 서서 여호와께서
 오늘 너희를 위하여 행하시는 구원을 보라."
 – 모세

파격발탁, 그러나 넘사벽

승진에는 순서가 있다.

대부분 행원에서 대리, 과·차장을 거쳐 지점장이 되고, 부장과 본부장으로 승진된다. 그리고 호봉과 연관되는 직급 역시 직위에 따라 급수가 높아진다. 5급은 행원급, 4급은 대리·과장급이고, 3급은 차장·지점장급이다. 부장은 대부분 2급 혹은 1급에서만 선발된다.

그런데 나는 3급 차장에서 바로 개인고객부장으로 발탁됐다. 차장(현재는 팀장)에서 부장급으로 수직 승진한 사람은 그 당시 없었던 일이라 초유의 인사라고 불릴 만큼 파격적이었다. 많은 이들이 축하해왔고, 고속 승진을 부러워했다.

분명히 영광스러운 자리였지만 나를 누르는 무게감은 만만치가 않았다. 부장으로 발탁된 곳이 바로 개인금융부였기 때문이다.

개인고객 부분은 기업은행의 태생적 아킬레스건이었다. 명칭부터 '기업은행'이고 그것도 중소기업이 주거래 대상이었기 때문에 개인부문이 대단히 취약했다. 후일 한 은행장의 아이디어로 송해광고가 나간 후로는 이미지가 크게 개선되었지만 당시만 해도 기업은행에는 변변한 개인대상 상품도 없었기 때문에 개인부문에 있어서는 '기어가는 은행'이라 불렸고, 재무부나 금감원 등 감독 기관의 공무원들 조차도 기업은행도 개인거래를 하냐고 물어 볼 정도였다.

그러다보니 돈을 빌리겠다는 기업은 줄로 늘어서는데 정작 자금을 확보하는데 어려움을 겪었다. 은행의 전통적인 수익원이 예금과 대출 금리 차에 따른 수입인데, 기업은행은 예금이 항상 부족했다. 다른 시중은행은 돈 빌려줄 곳을 찾느라 고생이라는데 기업은행은 빌려줄 돈이 없어 대출을 마다해야 할 지경이었다.

기업은행이 변화해야 할 시점이 온 것이다.

사업부제를 전면 도입한 은행장께서는 기업은행의 이미지 변신을 주문하셨다. 국책은행의 이미지를 벗고, 고객에게 제공되는 서비스의 품질도 경쟁하는 선진은행, 첨단은행, 그리고 좋은 은행이라는 「Fine Bank」로의 이미지를 부각시켜야 한다고 했다. 또한 돈을 빌려가는 중소기업 뿐 아니라 저축을 하는 일반 개인까지 대상고객으로 삼고 토탈 금융 네트워크 은행으로 사업영역을 확대해갈 것을 천명했다.

개인금융부는 고객중심, 시장중심으로 전환한 기업은행이 고객별 특화서비스를 제공할 수 있는 큰 그림을 그리는 핵심 부서였다. 이미 내가 발령받기 전에 기라성 같은 상사들이 그 부서를 맡아 다양한 시도를 했지만 개인고객의 발길을 돌리지는 못했다. 핵심 인재들을 모아 대수술에 들어갔지만 기업은행의 아킬레스건은 치료되지 못했고 1년이라는 기간 동안 2번이나 임원 부서장이 전원교체 되는 우여곡절을 겪고난 터였다.

그런데 그 사업본부에 주무부서장으로 발령을 받았으니 중압감이 없을리 없었다. 게다가 그때 모셨던 상사는 무엇이든 믿고 맡기는 위임형 리더십을 가진 분이시라 책임감이 더 크게 다가왔다. 직급이 중요한 조직에서 3급 부장이 주무부서장이라니, 1급 부장들이 보기에는 까마득한 졸병인데 도대체 협조를 얻어 낼 수 있을까하는 생각도 들었다. 승진이 아니라 덫이 될 수도 있는 시기였다. 여러 어려움을 이기며 지금까지 경력을 잘 쌓아왔는데 자칫 잘못하면 지금까지의 공든 탑이 다 무너질 판이었다.

하지만 개인고객 확보는 피할래야 피할 수 없는 지상명령이었다. 그 까마득한 장벽 앞에서 답을 찾기 위해 나는 기도하며, 마음을 하나님 앞에 다 털어놓았다. 홍해라는 장벽을 건너기 위해서는 보다 확실한 약속이 필요했다.

기도하는 가운데 사막에 강을 내시고 광야에 길을 내시는 하나님의 강한 손과 펴신 팔의 형상이 마음속에 그려졌다. 신우회 지도목사이신 김용호 목사님이 자주 설교 가운데 인용하시던 그 형상이 떠오르면서 자신감이 끓어올랐다.

영점이 맞지 않으면 조준을 잘해도 오발이 된다.
문제가 너무 크다고 생각될 때는 그 문제보다 큰 분에게 삶의 영점을 맞춰야 한다. 부장 발탁은 내 삶의 초점을 다시 맞추는 계기가 되었다. 초점을 맞추자 반전이 일어나기 시작했다. 담당이사님의 위임(Impowerment)은 내가 마음껏 일할 수 있는 기회가 되었고, 형식보다 내용을 중시했던 행장님의 업무 스타일은 일을 빨리 진행할 수 있게 해 주었다.

우선 직원들의 의식부터 바꾸어야 한다고 생각한 나는 두발자전거를 형상화하여 기업과 개인고객 두 바퀴가 균형되지 않으면 속도를 내어 앞으로 갈 수 없다는 취지로 PPT 자료를 만들었다. 그리고 전국 점포를 돌며 담당 이사, 개인마케팅부장과 함께 Vision trip을 실시했다. 이러한 시도는 영업 대상을 무조건 기업 위주로 생각하던 직원들의 마인드를 개선하는 출발점이 되었다.

거기에 좋은 팀원들을 만나게 하시고, 부서 간의 협조가 잘 이루어질 수 있도록 인도해주셔서 2년 동안 80여 개가 넘는 상품을 개발할 수 있었다. 지금 IBK에서 판매되고 있는 거의 모든 상품은 개인대출 부터 수신상품 까지 그때 만들어진 것을 토대로 하고 있다고 해도 과언은 아니다. 게다가 방카슈랑스, 주택금융공사 모기지론까지 새로 런칭 하면서 전환기를 맞아 비약적으로 발전해 가는 은행의 역사 속에 나도 동참할 수 있었다. 암담한 상황이 오더라도 마음 가짐에 따라 길이 열리는 것을 경험한 시기였다.

24

안정적인 예수금 확보는 가능한가?

"궁하면 변하고, 변하면 통하고, 통하면
오래 지속된다(窮則變, 變則通, 通則久)"
– 주역

금융권 '최초' 시리즈의 시작, 특판예금!

은행이 고객의 입장에서 업무를 처리하는 것은 당연한 일이다.

하지만 고객을 감동시켜 팬으로 만들기는 쉽지 않다. 하지만 그 당시 행장님께서는 보다 적극적이고 공격적으로 업무를 처리하되 고객을 감동시킬 수 있는 아이디어를 내라고 강조하셨다.

그렇다면 고객이 원하는 것은 무엇일까?

개인고객이 은행에 바라는 가장 큰 것은 바로, 고금리다.

고수익을 바라는 은행과는 반대의 입장이다. 이 역설적인 상황을 놓고 고민하다가 생각해 낸 것이 '한정판매 특판예금'이다. 홈쇼핑이 한창 주가를 올리고 있었기 때문에 한정판매의 효과는 누구나 알고 있을 것이다. 지금이 아니면 살 수 없다는 쇼핑 호스트의 말에 자기도 모르게 전화번호를 눌러본 기억이 한번쯤은 있었을 테니 말이다. 시간과 수량에 제한을 두어 희소성을 강조하고 거기에 가격 차별성까지 더하면 구매욕은 생길 수 밖에 없다. 그 한정판매 전략을 예금상품에 접목시킨 게 바로 특판예금이다. 다른 시중은행보다 0.5% 정도 금리를 높이는 대신 딱 일주일 동안 1조원 한정판매를 했다. 고객의 핵심 욕구인 '고금리'를 직접 겨냥한 것이다. 게다가 한정판매 뿐 아니라 선착순 판매로 영업점간의 경쟁을 유발하여 판매가 극대화되도록 한 데에도 성공의 비결이 숨어있다.

특판예금은 은행권에서 한 번도 시도해 본 적이 없는 최초의 상품이었기 때문에 위험부담이 컸다. 하지만 성공하면 그만큼 파장이 더 클 것이라 예상했다. 성공을 자신했던 이유는 시중 금리 상승을 예측했기 때문이다. 판매 후에 시중 금리가 오르면 은행도 손해를 보지 않게 되니까 단기간에 고객을 확보할 수 있는 특판예금을 시도해 볼 가치가 있다고 판단했다. 결과는 대성공, 반응이 폭발적이었다. 1주일 만에 1조 원을 돌파했고, 영업점에서는 기간을 연장해 달라는 요구가 빗발쳤다. 기대 이상으로 히트를 한 것이다. 그리고 예측대로 그 이후 시중 금리가 계속 올라 이 상품은 손해 보지 않고도 예금을 안정적으로 확보할 수 있었다.

특판예금의 성공 요인은 정확한 예측과 외부 아이디어를 창의적으로 접목시킨 것에 있다. 상품 개발을 할 때는 그 대상에 대한 객관적인 정보를 확보하는 것이 우선이다. 특판예금도 금리가 오를 거란 예측이 맞아떨어지지 않았다면 판매는 많이 했어도 은행에 손해를 끼친 반쪽짜리 상품이 됐을 것이다.

또 하나 중요한 것이 대상고객을 정하는 것이다.

특판예금의 경우 소수 고객에 집중하여 기업은행의 브랜드를 알리는데 목적이 있었다. 그래서 고금리 전략을 채택한 것이다. 그리고 상품의 희소성을 강조하기 위해 한정판매 마케팅을 차용했다.

한정판매 마케팅은 유통업계에서 주로 활용하지만 창의적으로 활용한다면 어디든 접목시킬 수 있다. 상품을 개발하는 목적과 대상이 분명하고, 그 효과를 어떻게 극대화시킬 것인지 초점만 확실하다면 대안을 찾을 수 있는 아이디어는 우리 생활에서 얼마든지 찾을 수 있다.

차별화된 상품을 만들고 싶다면 고정관념에서 벗어나야 한다. 그러기 위해서는 조직 밖 세상에 관심을 갖고, 이미 성공한 전략들을 접목시킬 수 있는 방안에 대해 모색해 보는 것이 필요하다.

불편은 발명의 어머니, 모임통장

올해의 히트상품으로 선정된 「모임통장」은 바로 이렇게 출발했다.

누군가 회비를 대신 관리해줬으면 좋겠다는 바람을 발전시켜 인터넷 뱅킹으로 회원과 회비를 관리할 수 있는 방법은 없는지 모색하면서 모임통장을 생각하게 된 것이다. 그렇게 모임통장은 생활의 발견을 통해 탄생한 상품이다. 생활 속에서 발굴한 아이디어의 좋은 점은 공감대가 넓다는 것이다.

모임통장은 고등학교를 졸업한 전 국민을 대상으로 한 상품이다. 보통 학교를 졸업하면 적어도 한 두 개 이상의 모임에 참가하게 되기 때문이다. 그래서 순수개인을 대표자로 하는 모든 모임, 예컨대 동문회나 친목회, 향우회, 동아리, 상가번영회에서 인터넷 카페까지 정식명칭이 있는 모임에서부터 이름 없는 모임도 모임통장 회원으

로 가입할 수 있게 하였다. 종교단체나 비영리법인도 당연히 가입대
상이다.

고객이 가장 원하는 서비스도 제공했다.

회비입금에 대한 수수료를 면제시켜주었고, 통장입금 내용을 회
원별로 자동 분류시켜 미납자를 바로 파악할 수 있게 했을 뿐 아니
라 인터넷 뱅킹을 통해 회비납입관리를 할 수 있게 하여 별도의 장
부를 작성하지 않도록 하였다. 거기에 소정요건을 갖춘 계좌에 대해
서는 월 50건 한도 내에서 무료 문자메시지 기능도 제공하여 미납
내용, 모임이나 경조사 통지 등에 활용할 수 있게 했다.

또한 기업은행 제휴업체를 통해 경조사 때 보내는 꽃을 구입하는
것과 단체여행 시 할인혜택도 받을 수 있도록 했다. 그야말로 모임
의 토탈 관리를 위해 필요한 요소를 다 갖춘 것이다.

모임통장은 출시와 동시에 반응이 뜨거웠다. 출시된 지 6개월 만
에 등록회원이 4만 명이 넘어서면서 인기상품으로 자리 잡았다.

**히트 상품을 만들기 위해서는 대다수의 사람들이 관심을 갖는 것
에 주목해야 한다. 사람들의 관심이 몰려 있다는 것 자체가 바로 시
장이다.** 그리고 필요는 발명의 어머니다. 대다수가 공감하는 불편사
항 혹은 바람을 파악하는 게 상품 개발의 시작이다. 최고의 베스트
셀러, 인기상품의 요건은 대다수의 필요를 충족시켜 주는 것이기 때
문이다.

가치 있는 일에
동참할 수 있는 기회
- 고구려 지킴이 통장

상품도 타이밍이 중요하다. 그때를 놓치면 아무 소용이 없는 상품이 있다. 고구려지킴이 통장이 바로 그런 상품이었다.

중국의 고구려사 왜곡에 대한 비난여론이 들끓었을 때 고구려지킴이 통장을 출시했다. 통장 판매 수익금은 고구려 역사 연구단체에 기부하거나 고구려 관련 교육, 문화, 홍보사업 등에 직접 사용된다. 이 상품에 특별한 컨셉은 없고 가입고객이 받을 수 있는 혜택이라고는 고구려 유적지를 방문할 때 여행자보험을 무료로 가입할 수 있다는 것과 환율 우대 등 구색 맞추기 뿐이었다. 대신 가입 제한을 없애고, 고객이 직접 정기예금이나 수시입출금식 등을 선택할 수 있도록 했다.

예금은 금리를 보고 선택하는데 '가격 경쟁'면에서 보면 전혀 장점이 없는 상품이었다.

당시만 해도 기업은행은 가격경쟁력에서 밀려 고객을 확보하기가 쉽지 않았다. 게다가 국책은행인데다 중국에 지점 설치를 계획하고 있었기 때문에 고구려지킴이 통장을 적극적으로 홍보할 수도 없는 상황이었다. 그런 불리한 조건에서 고구려지킴이 통장이 출시됐다. 그런데 결과는 뜻밖이었다. 입소문을 탄 고구려지킴이 통장이 단시일 내에 2조 원을 돌파한 것이다. 누구나 공감할 수 있는 고구려 역사 문제를 직접적으로 다루었기 때문에 기업은행에 관심이 없던 고객도 이 통장에는 관심을 가졌던 것 같다.

이왕이면 다홍치마라고 손해만 보지 않는다면 더 가치 있는 선택을 하는 게 사람의 심리다. 고구려지킴이 통장은 사람 심리의 이면을 파고들어 성공한 사례다. 모든 사람들이 가격만으로 상품을 선택하지 않는다. 이면에 갖고 있는 의미가 더 큰 매력요소가 될 수 있다. 가격경쟁으로 승산이 없을 때는 상품의 가치를 높여 차별화하는 게 좋다. 그러기 위해선 무엇보다 발상의 전환이 필요하다.

또한 타이밍을 놓치지 않는 순발력도 갖춰야 한다.

특히 고구려지킴이 통장처럼 그 가치가 핫이슈일 때 파급효과가 더 크고, 공익적 성격을 띨 때 이미지 제고라는 일석이조의 효과를 얻을 수 있다. 그러니 여론이 들끓는 뉴스를 보면 놓치지 말고 메모하여 빠른 시일 내에 상품과 연결시킬 수 있는 방안을 모색하는 것이 좋다. **그 타이밍은 생각보다 금세 지나간다.**

스타 마케팅의 시작 – 스타 통장

스타는 동경의 대상이다. 특히 인지도가 높은 연예인에 대한 동경은 심리적인 신뢰감으로 이어진다. 최근에는 이런 심리를 이용한 스타 마케팅이 활발하다. 스타의 이미지와 제품의 이미지를 동질화시켜 다양한 광고 효과를 누리는 것이다. 비용에 비해 광고효과가 크기 때문에 기업마다 스타 마케팅을 선호한다.

금융권도 기업 이미지를 높이기 위해 연예인을 홍보대사로 임명하거나 브랜드 광고에 기용하였다. 하지만 스타가 갖고 있는 이미지만으로는 광고효과가 크게 두드러지지 않았다. 직접적인 연관성이 없기 때문이다. 스타가 입었던 옷을 입거나 자주 가는 식당에 가서 같은 메뉴의 음식을 먹는 것과 기업 이미지 광고를 보는 것은 심리적 만족도에 있어서 비교가 되지 않는다. 보다 친밀하게 스타에게 동질감을 느낄 수 있는 방법이 없을지 고민하다 나온 것이 바로 스타 통장이다.

스타 통장은 스타의 이름을 넣어 예적금 통장을 만들고 판매 실적에 따라 수익금의 일부를 스타와 공동으로 사회공익 목적을 위해 사용하는 상품이다. 스타 통장은 스타의 인지도와 함께 스타가 갖고 있는 스토리텔링을 상품에 접목시키자는 아이디어에서 출발했다.

그리고 스토리텔링에 대한 공감대를 확대하기 위해서는 따뜻하고 공익적인 성격을 더해야 한다는 생각이 보태지면서 적극적인 사회활동으로 공인으로서의 책임을 다하는 연예인이나 스포츠 스타의 이름을 딴 통장을 만들자는 의견이 나왔다. 그렇게 의견과 생각을 모아 국내 금융권 최초의 스타 통장 1호인 '강원래 김송의 사랑 나눔통장'을 탄생시켰다.

한류스타의 원조였던 강원래씨는 그의 아내 김송씨와 함께 시련을 극복하고 척추장애인 관련사업과 사회공헌 사업을 활발히 하는 연예인이다. 그래서 그들의 이름을 딴 통장을 만들어 6개월 간 한시 판매하고, 5천만 원 한도로 판매액의 1%를 장애인 관련 공익단체에 출연하기로 했다. 또한 가입 고객에게는 사랑 나눔 특별금리 0.1%도 추가적으로 제공했다.

최초라는 타이틀은 언제나 기대와 불안이 엇갈려 존재한다.

강원래씨 부부와 가수 구준엽씨가 1, 2호 고객으로 가입하면서 언론으로부터 주목을 받았으나 그 관심이 가입으로 이어질지는 미지수였다. 그러나 진심은 통하는 법, 스타 통장에 대한 관심이 지속되어 1조 원 이상 성과를 올렸다. 반응이 뜨겁지만은 않았지만 6개월 내내 관심이 끊이지 않았다. 국내 최초 스타 통장이라는 유명세로 언론에 계속 노출되면서 선행 연예인과 함께 기업은행이 좋은 일에 앞장선다는 이미지를 각인시키고 출연금 5천만 원을 척추 장애인 단체에 기탁하였다.

곧이어 '우생순 통장'을 발매하여 핸드볼 대표팀을 지원하였고, 3차로 박태환 통장과 배용준 한류펀드를 추진하다가 인사발령으로 중단되었는데 그 후 후속타가 나오지 않아 아쉬움이 남는다. 지금도 SM이나 YG, JYP등과 제휴하여 고정적 수입이 없는 연예인을 위하여 연금펀드를 만들면 좋겠다는 생각을 하는데 후배들이 언젠가 해주었으면 좋겠다.

스타 통장은 스타의 이름만 빌린 것이 아니라 그의 인생을 가져왔기 때문에 성공할 수 있었다. 통장에 스타의 이름을 적음으로써 스타와 고객 사이에서 느끼는 감정을 그 상품에서도 느낄 수 있도록 한 것이다. 자연히 스타의 팬클럽이 우리의 고개이 될 수 있고 또한 그 통장 수익금으로 인해 수혜를 받은 사람들의 이야기를 들려줌으로써 고객도 그 통장이 갖고 있는 스토리텔링에 동참할 수 있도록 한 것이다. **스토리텔링을 지속할 수 있는 힘은 곧 특정 고객을 확보할 수 있다는 것을 의미한다.** 스타의 이미지와 함께 스토리텔링을 재생산할 수 있다면 그보다 더 좋은 전략은 없을 것이다.

#25
허허벌판
-황무지에서

"황무지가 장미꽃 같이 피는 것을 볼 때에
구속함의 노래 부르며 거룩한 길 다니리
마른 땅에 샘물 터지고 사막에 물 흐를 때
기쁨으로 찬송 부르며 거룩한 길 다니리."
- F. Horton

곤지암!
- 이 산지를 내게 주소서!

2년 간의 개인고객부 부장 임기를 마치자 은행에서 전략경영자과정이라는 6개월 장기연수를 보내줬다. 금융연수원에 처음 개설한 과정인데 그동안 실적이 우수했던 다른 부점장들 3명과 함께 총 6개월 동안 교육받는 포상연수였다. 커리큘럼에는 해외연수도 포함되어 있었다. 입사 후 처음으로 업무에서 벗어나 인생의 새로운 비전을 세울 수 있는 좋은 시간이었다.

그런데 4개월쯤 지나 해외연수를 얼마 앞두고 있는데 인사부에서 연락이 왔다. 곤지암 지점으로 가라는 것이었다.

오랜만에 가는 해외연수에 한껏 들떠 있었는데 이게 웬 날벼락인가, 게다가 곤지암 지점이라니 너무나 실망스럽고 맥이 빠졌다. 개인고객부장을 했기 때문에 연수를 마치면 더 큰 부서로 가는 게 일반적이었는데 신설 점포 발령은 상식에 어긋난 일이었다. 하지만 인사시즌도 아닌데 다른 곳에서 지점장을 빼서 배치하려면 3쿠션이 일어나야하기 때문에 인사하기가 어렵다는 인사부의 고충을 잘 알고 있었기 때문에 결국 조용히 받아들였다.

본부에서 점포개요를 받아들고 아내와 함께 곤지암으로 답사를 갔다. 곤지암 지점 자리에 가보니 허허벌판인데다 날씨마저 을씨년스러워 분위기가 한껏 가라앉았다. 소머리 국밥 집이 두 개 정도 있을 뿐 주위에 아무것도 없었다. 아내 보기가 민망할 정도였다. 고생한 걸 뻔히 알면서 어떻게 나한테 이럴 수 있나, 회사가 원망스럽기까지 했다. 그야말로 맨 땅에 헤딩을 해야 할 판인데 어디서부터 손을 대야 할 지 막막했다.

일단 의지가지를 찾기 위해 곤지암과 가깝게 있는 경안과 이천 지점을 찾았다. 먼저 경안 지점장을 만났는데, 그는 인사부 출신이 어쩌다 곤지암 같은 곳에 왔냐며 영세가구업체가 많은 곳이니 대출해줄 때 조심하지 않으면 큰일 난다며 신신당부했다. 그 다음에 만난 이천 지점장은 어디든지 하기 나름이라며 잘 찾아보면 할 일이 생길 거라고 격려해주었다.

곤지암이라는 땅을 보는 두 사람의 관점이 전혀 다른 것을 보고서야 비로소 이곳이 예비된 약속의 땅이라는 생각이 들었다.

그러나 역시 정복하기엔 어려운 상대였다.

회사의 분석에 따르면 곤지암 주변에 하남이 있는데, 그곳의 많은 공장들은 불법 임대계약으로 창고식 공장을 운영하고 있다는 것이다. 하남이 상수도 보호구역이라 공장을 차릴 수 없어 결국 곤지암 쪽으로 내려올 것이라고 예측했다. 장기적으로 보면 곤지암은 상당히 유망한 지점이라는 것이다.

회사는 가능성을 보았지만 나는 하나님의 약속을 보았다. 그 약속을 믿고 나아가기 위해 제일 먼저 동네 교회를 찾아가 예배를 드렸다. 그리고 목사님께 인사를 드렸더니 성도들에게 나를 소개시켜 주시며 은행이 잘 자리 잡을 수 있게 되기를 간절히 기도해주셨다. 그 기도를 통해 모든 경영은 하나님께 달린 것이며 하나님이 책임져 주실 거라는 확신을 갖게 해 주었다.

약속을 믿는 자에겐 정복할 힘을 주신다

컨테이너 박스를 대신 할 건물과 사택도 마련하고, 직원도 새로 뽑아야 했다. 하지만 직원 선발에서부터 난항에 부딪혔다. 그 지역본부 내 지점들에서 직원을 뽑아야하는데, 누구도 좋은 직원을 내놓을 리 만무했기 때문이다.

우여곡절 끝에 축구선수 출신 팀장과 술을 좋아한다하여 찍힌 직원, 내성적이라는 평을 가진 직원이 곤지암 지점에 오게 되었다. 창구 여직원들과 청경은 그 지역에서 뽑았다. 그런데 팀 구성을 하고 나니 더할 나위 없이 팀워크가 잘 맞는 사람들이었다.

축구선수 출신 팀장은 업무는 많이 해보지 않았지만 너무나 인상이 좋고 서글서글해 고객들에게 호감을 주었고, 업무시간에 술을 마시다 걸렸다는 직원은 성격이 호탕하고 말솜씨가 좋아 사장들에게 인기 만점이었다. 내성적이라 걱정했던 직원은 내부관리를 기가 막히게 잘 했다. 꼼꼼하게 서류를 확인하여 업체에서 원하는 내용을 빠짐없이 챙겨준 덕분에 일사천리로 일이 진행되었다. 거기에 성실한 행원들, 동네 실정에 밝고 어르신들에게 친절한 여직원들과 청경까지 환상의 팀워크를 이루었다. 감추어져 있던 보석들이 모여 마치

공포의 외인구단이 되었다고나 할까?

조직이 구성됨과 동시에 나도 산속 공장지대를 마음껏 누빌 수 있도록 SUV 차량으로 바꾸고, 발로 뛰는 영업을 시작했다. 곤지암 지점에 4월 말에 발령받아 9개월 동안 근무했는데, 3개월간은 개점 준비에 바빴고, 실제 영업은 6개월 간 한 셈이다. 그런데 그 사이 여신기업을 180개 유치했다. 영업일수로 따지면 거의 하루에 한 개씩 실적을 올린 셈이다.

기적이 따로 없었다. 6개월 만에 신설점포가 흑자가 난 것은 전무한 일이라는 이야기도 들었다. 게다가 부실위험이 없는 탄탄한 기업들로 거래처 확보를 다 해 놓았기 때문에 실적도 탄탄하여 곤지암 지점은 그 지역본부의 핵심 점포로 발돋움 했다. 그래서 그 이후 신설점포 곤지암에서 본부장이 연이어 3명이나 배출되는 쾌거를 올렸다. 은행역사에 그런 일은 없었다. 약속을 믿고 나아가면 반드시 성취를 통해 그 약속이 이루어진다.

SUV를 타는 지점장, 고객의 마음을 얻다!

곤지암 지점장으로 일할 때 최고의 화제는 내 자동차였다.

당시 SUV를 모는 지점장이 없었을뿐더러 멋이나 유행과는 거리가 먼 내가 SUV를 뽑았으니 다들 의아하게 생각했던 모양이다. 지점장 정도가 되면 자동차는 이동 수단일뿐 아니라 권위의 상징이기도 하다. 그런데 SUV를 타고 직접 영업을 하는 것이 다른 사람들의 눈에는 직위에 매몰돼 있지 않고 솔선수범하겠다는 의지를 보인 것으로 비친 것 같다.

하지만 그 당시 나는 그런 거창한 생각보다는 지푸라기라도 잡아야 한다는 절박한 심정으로 운전대를 잡은 것이다. 아는 사람이 하나도 없는 낯선 동네인데다 직원도 뽑기 전이기 때문에 얼굴이라도 익히겠다는 심정으로 혼자서 매일 산동네를 돌았다. 학교가 보이면 무작정 들어가 예금을 권유하고, 고등학교 동창들이 체육대회를 연다는 현수막이 보이면 미리 화환을 보낸 후에 찾아가 못먹는 막걸리도 받으며 안면을 텄다.

당시 기업은행 CF 모델이었던 차인표, 한가인씨 사진이 나오는 대형 현수막도 건물 전면을 다 커버하도록 크게 붙이고 개점안내 리플렛도 자체 제작하여 온동네에 배포하는 등 홍보 활동을 열심히 했다. 그러자 조금씩 고객이 생기기 시작했다. 적어도 동네 사람들이 기업은행이 새로 생긴다는 것은 알게 된 것이다.

직원을 뽑은 후에는 팀장에게 점포를 맡기고 영업을 잘하는 직원과 둘이서 공장을 찾아다니기 시작했다. 이미 성남공단 지점에 있을 때 직접 현장을 방문하는 것이 리스크를 줄이고, 고객의 요구를 충족시킬 수 있는 최상의 방법이란 걸 알았기 때문에 이번에도 망설임이 없었다. 하지만 성남공단보다 곤지암의 벽이 한층 높았다. 잡상인 취급하며 냉대하는 사람이 있는가 하면 IMF 때 한 은행이 철수한 것 때문에 신뢰가 깨져 본 체 만 체하는 사람도 있었다. 물론 반갑게 맞아주는 사람들도 있었지만 그들이 다 고객으로 연결되는 건 아니었다. 뭔가 고객의 마음을 문을 열 수 있는 색다른 조치가 필요했다.

그래서 관제우편엽서를 한 뭉치 사다놓고, 거래처를 방문한 직후에 만년필로 정성껏 엽서를 썼다. 나를 어떻게 맞았건 관계없이 '초면인데도 불구하고 따뜻하게 맞아주셔서 정말 고맙습니다. 앞으로 사장님의 좋은 금융 파트너가 되도록 최선을 다하겠으니 믿고 맡겨주십시오'라고 쓰고 날짜와 이름을 적은 후 우체통에 넣었다. 친필로 쓴 엽서는 차마 쓰레기통에 바로 버리지 못할 거라고 생각했다.

아니나 다를까 엽서를 보낸 후에 다시 거래처를 방문하니 다들 태도가 우호적으로 바뀌어 있었다. 아마도 나를 냉대하고 본 체 만 체 했던 사람들은 미안한 마음에 잘 해주었던 것 같고, 잘 해주었던 사람들은 더 친밀감을 느꼈던 것 같다.

개점식 사회는 코미디언 배연정씨에게, 축하합창은 인근 유치원 원아들에게 부탁하여 성황리에 마쳤다. 축하예금과 축하화분을 보내주신 분들에겐 즉시 감사메일을 보냈다. 개점을 하게되자 방문객 수도 늘기 시작했고 새로 거래를 튼 사장들도 진심으로 대하다보니 관계가 점점 더 끈끈해졌다. 일단 마음의 벽이 허물어지자 상담이 술술 풀리고 거래가 성사되기 시작했다.

내 방문을 기다리는 사장들까지 생겼다. 그러다보니 첫 방문 때는 보지 못했던 것이 조금씩 눈에 띄었다. 사실, 사장들이야말로 외로운 사람이었다. 생산현장에 가도 반겨주는 이 하나 없고, 말 붙일 사람 하나 없이 외진 곳에서 사장이란 직함을 갖고 고군분투하는 그들이 안쓰럽게 느껴졌다.

그래서 그 마음을 조금이나마 채워주고 싶어 편지를 쓰기 시작했다. 하늘색 로고가 찍혀 있는 은행 섭외용지를 그룹웨어에서 출력하여 소소한 이야기를 적어 각 거래처 사장들에게 보냈다. 어떤 날은 출근하면서 바라본 가을 하늘에 대한 소감을 적고, 다른 날은 환율 이야기도 쓰고, 경제 이야기도 하면서 지점 위에 순댓국집이 새로 생겼는데 한번 놀러오라고 한마디 적어 보냈다. 일주일에 한 번씩 편지를 보내자 한두 명씩 발걸음을 하기 시작했다. 점점 편지를 한 장씩 손에 들고 찾아오는 사람이 늘어났다.

어느 정도 멤버가 그려지자 그들을 중심으로 이업종교류회라는 이름으로 골프 모임을 만들었다. 16개 업체가 참석해 네 팀을 만들어 창립총회를 하자 다들 너무 좋아했다. 소통하길 바라는 마음은 있었지만 누구 하나 총대를 메지 않았는데 만남의 장을 만들어주니 그보다 더 좋은 일이 어딨겠는가. 골프모임은 사장들에게도 내게도 소중한 소통의 장이자 훌륭한 정보 창고가 되었다.

원 페이지 프로포절
(One page proposal)

인맥은 거래를 트기 위한 첫 단계일 뿐 그것이 모든 것을 해결해주지 않는다.

인맥을 탄탄하기 만들기 위해서는 상대가 만족할 만한 조건을 제시할 수 있는 능력을 갖춰야 한다. 개점을 준비하면서 인맥을 쌓고, 씨를 뿌렸으니 개점한 후에는 기업을 유치해야 하는데 인력이 부족했다. 그때 마침 부지점장으로 한 명이 충원되었는데, 필드 경험이 풍부하고 업무 처리가 스마트해 영업에 큰 도움이 되었다.

그때부터 고객들을 유치하는 전략으로 1페이지 제안서를 새롭게 활용했다. 1페이지 제안서는 말 그대로 한 장짜리 제안서인데, 그 안에 상대가 원하는 정보를 일목요연하게 정리하여 내가 원하는 사항을 끌어내는 강력한 도구다. 발로 뛰어 고객의 니즈를 정확하게 파악했으니 이제 해결방안을 한 눈에 알아볼 수 있도록 수치화해서 보여주는 게 중요하다. 그래야 진행속도가 빨라진다.

신용보증기금 크레탑 정보, 등기부등본, 방문 할 회사 경리직원들에게 확인 한 금리수준 등 현재 예대 및 담보현황과 곤지암 지점과 새로이 거래할 경우에 받을 수 있는 혜택을 한눈에 비교할 수 있도록 표를 작성했다. 신설점포는 우대금리를 줄 수 있는 것이 제도화 되어 있으므로 그것을 전략적으로 활용한 것이다. 지점장이 직접 찾아와 자신들에게 유리한 조건으로 대출을 권유하며 1년에 얼마의 이익을 얻을 수 있는지를 한눈에 보여주는데 그 제안을 마다 할 사람이 어디 있겠는가? 지점장 방문이라는 예상 밖의 서비스와 그 기업에 대한 맞춤형 원 포인트 제안이 고객을 감동시킨 것이다.

고객이 느낄 불편이나 아쉬움을 배려해주는 걸 '마이크로 밸류(Micro Value)'라고 한다. 물론 곤지암에 있을 때 이것을 염두에 두고 마케팅을 한 것은 아니지만, 세심한 관찰과 고민의 결과가 얼마나 큰 효과를 일으키는지는 직접 체험했다. 결국 큰 성과를 좌우하는 건 작은 차이에서 비롯된다.

일당 40! 신용카드 실적

은행의 수익구조에 큰 몫을 차지하는 게 신용카드다.

보통 대출마진이 높다고 생각하는데 당시 신용카드는 그에 비해 훨씬 높은 수익을 가져다준다는 것을 알았기 때문에 사장들을 만날 때 신용카드를 많이 쓰도록 권유하기 시작했다.

식사 때 자동차를 바꾼다는 이야기를 듣거나 혼례가 있거나하면 어김없이 기업은행 카드로 결제하라 하고, 추석 선물을 살 때도 카드를 쓰라고 구슬렸다. 그러면 백이면 백, 모두 기업은행 신용카드로 계산했다.

더 좋은 건 한번 부탁하니 나중에는 알아서 우리 신용카드를 사용했다. 신용카드를 사용하는 것만으로도 도움을 줄 수 있다했더니 카드를 쓰고는 만날 때 자랑을 했다. 물론 그런 관계를 맺기 위해서는 지속적으로 연락하고, 수시로 만나는 것이 중요하다. 그래야 누가 언제 무엇을 할 지 정확하게 알 수 있고, 적절한 타이밍에 권유할 수 있는 기회가 생기기 때문이다.

그렇게 신용카드 실적이 눈에 띄게 증가하자 하루는 다른 지역 본부의 N본부장이 전화를 걸어 어떻게 신용카드를 많이 쓰게 하는지 그 비결을 알려달라고 한 적도 있다. 관내점포들이 이익이 나지 않아 고민하던 중에 곤지암 지점의 신용카드 실적을 보고, 깜짝 놀라 그 지역의 40개 지점의 사용액 증가분과 우리 지점 하나의 증가액을 비교해 보니 우리가 더 높게 나왔다는 것이다.

신설 점포로서 거래 실적에 돌풍을 일으켰다는 평가를 받았던 곤지암 지점의 성공비결은 다름아닌 진심이다.

진정성을 가지고 고객을 대하면 고객도 조직이 제공하는 제품과 서비스에 대해 만족해하며 기꺼이 재구매할 의사를 갖게 된다. 고객으로서는 상대방이 진정성을 가지고 있는지, 고객을 이용해 자기 이익만 추구하려 하는지를 어렵지 않게 구분한다. 규정만 따지지 않고 고객의 입장에서 해결방안을 찾아보려는 노력은 고객을 감동시킬 뿐 아니라 든든한 내편을 만드는 지름길이다.

"남에게 대접을 받고자 하는 대로 너희도 남을 대접하라"(누가복음 6장 31절)'는 말씀이야말로 영업의 황금률이다.

깊은 데로 가서 그물을 내려 고기를 잡으라!

은행이 성장하기 위해서는 수신과 여신이 함께 증가해야 한다. 그런데 곤지암 지점은 수신이 항상 문제였다. 그걸 돌파해야 하는데 그 지역의 유지들을 다 찾아가도 1억 이상의 자산을 가진 사람을 찾기 어려웠다. 본부장이 제시한 1차년도 목표는 여수신 합쳐 500억 원이었는데 예금은 당장 50억도 채우기 힘든 상황이었다.

고민 끝에 골프장 거래를 터 보기로 했다.

그때까지 기업은행은 제조업 위주라 골프장 거래를 하지 않았기 때문에 좀 꺼려지긴 했지만 다른 방도가 없었다. 그래서 일단 찾아가서 거래를 틀 수 있는지 시도나 해보자고 마음먹고, 가장 먼저 눈에 띄는 골프장을 찾았다. 지금 생각하면 무모한 도전이었다. 그 당시 나는 골프장에 돈이 있는지도 모를 만큼 정보에 어두웠기 때문에 영업이 성공을 거둘지는 알지 못했다.

아니나 다를까 골프장의 첫인상도 엉망이었다.

경리과를 찾아가 새로 생긴 기업은행 지점장이라고 나를 소개하며 명함을 건네니 뒷자리에 있던 두 사람이 나를 보며 큰 소리로 웃기 시작했다. 어찌나 머쓱하고 불쾌하던지 곧장 나오려다가 꾹 참고 마음을 추스르고 있는데 사나흘 후에 다시 오라며 나를 돌려보냈다. 업체 방문을 수없이 했어도 이런 경우는 처음이었다. 자존심도 상하고 기분도 나빴다. 그래서 사흘 동안 갈지 말지 망설이다가 결국 자존심을 꺾고 다시 찾아갔다.

그런데 그 고민이 무색할 만큼 두 번째 방문은 성공적이었다.
내가 오기를 기다렸던 골프장 관리본부장이 뜻밖의 제안을 했기 때문이다. 그 골프장이 한번 부도가 났었기 때문에 새로운 회원들에게 3천만 원씩 더 받아서 나인 홀을 증설할 계획이라며 그 통장을 우리 지점에 개설하겠다는 것이었다. 그야말로 호박이 덩굴째 들어온 셈이었다. 당장 5백 명의 회원에게 통장을 개설해주었더니 150억 원이 들어왔다. 단숨에 150억 원의 저원가성 예금유치를 달성한 것이다.

얼떨결에 성사된 일 같지만 하나님께서 이미 예비해 두신 일이었다. 첫 방문 때 나를 보며 웃었던 두 사람은 내게 복 많은 지점장이라 하면서, 내가 골프장에 들어설 때 그들이 주거래 은행에 통장 개설을 하자고 막 얘기를 끝낸 참이었다고 했다. 그런데 은행의 지점장이 직접 와서 명함을 건네는 걸 보고 마음이 바뀌어 기업은행으로 거래은행을 바꾼 거라고 했다. 하나님께서는 만나야 할 타이밍까지 정확하게 미리 정해두신 것이다.

놀라운 기적은 계속됐다.
150억 원으로 실적은 올렸지만 언제 출금될지 몰라 불안정한 돈이었다. 그런데 골프장 내부에서 다툼이 일어나 그 중 한 당사자가 압류를 걸었다. 상황이 역전되기 전에는 언제 압류가 풀릴지 모르는 상황에서 돈은 장기간 은행에 묶이게 된 것이다. 게다가 자기들끼리 압류를 한 것이니 지점장이 책임질 일도 없고, 온라인 예금이니 이

자도 거의 없었다. 150억 원을 거저 사용할 수 있게 되었으니 은행으로서는 꿩 먹고 알 먹고였다.

하지만 그것만으로는 실적을 다 채우기엔 역부족이었다.

내친 김에 한 대기업이 운영하는 골프장도 찾아갔다. 그곳에서 리조트 건설을 추진하고 있다는 정보를 들었기 때문이다. 골프장과 첫 거래를 하면서 재무제표를 살펴보니 이것저것 세금을 제하고 나면 골프장 운영비 뽑기도 빠듯하여 실제로 예금할 수 있는 금액은 얼마 안 된다는 걸 알았다. 그래서 부대시설을 만드는 골프장을 공략하기로 한 것이다.

하지만 대기업이 운영하는 곳이라 접근하는 것부터 쉽지가 않았다. 방법은 정성을 들이는 수밖에 없었다. 그래서 계속 찾아가서 인사하고, 얼굴 도장을 찍었더니 마침내 리조트 건설비용 50억 원을 우리 지점에 예치해 주었다. 비록 금리는 높았지만 50억 원 예금 유치를 추가로 달성할 수 있었고, 덕분에 본부로부터 좋은 평가를 받을 수 있었다.

#26
이해상반 (利害相反)

"남의 이익에 신경 써라.
분배되지 않는 이익은 결코 오래 가지 않는다."
– 볼테르

서로의 입장이나
기대이익이 서로 다를 때

한 사람의 위치는 어디서 바라보느냐에 따라 달라진다.

지점장의 경우 점포 안에서는 가장 높은 자리지만 범위를 좀 더 넓히면 한 지역 본부의 부분이자 구성원이다. 따라서 자신의 지점 외에도 지역본부 전체의 목표를 만족시켜야 한다. 그런데 지역본부의 목표가 지점의 실적과 상반 될 때는 어떻게 해야 할까? 혹은 본부장의 요구가 평소 나의 소신과 맞지 않을 때는 어떻게 대처하는 것이 좋을까?

나는 지역본부의 목표 혹은 본부장의 요구를 따랐다.

회사의 구성원은 각각의 위치에서 회사 전체의 이익을 위해 일해야 한다는 게 기본 전제이기 때문이다. 독립적으로 일하되 최종 목표는 회사의 수익이 되어야 한다. 따라서 '따로 또 같이'라는 개념이 회사에서도 통용된다. 특히 지점장은 이 개념을 확실히 숙지해야만 본부장과 직원 간의 소통을 위한 중재역할을 잘 할 수 있다. 지점장

은 각 지점마다 부여된 실적 외에도 본부장이 추구하는 미션을 수
행해야 할 때가 있기 때문이다.

예를 들어 은행에서는 연말에 대출목표가 달성되지 못할 때에 지
역본부에 추가 목표를 주는 경우도 있고, 지역본부도 자체 목표를
채우지 못한 경우 결국 각 지점장들에게 추가 목표를 할당한다. 그
러면 지점에서는 억지로 기업에게 부탁하여 별 필요도 없는 일시대
출을 일으키게 하는 경우가 있다. 결국 이런 것들이 지점에는 부담
요소로 작용해서 추후 그 기업과의 관계에서 걸림돌이 되고 연말에
목표이상의 계수를 올리면 차 년도 목표 배정 시 과다 책정되는 수
도 있기 때문에 지점의 직원들은 지역본부에서 지시하는 요구에 응
하는 걸 상당히 꺼린다. 특히 지점차원의 목표를 이미 달성한 경우
에는 직원들이 부당한 지시로 판단하기 때문에 지점장이 본부장과
직원 사이에 낀 샌드위치 신세로 전락할 수 있다.

이렇게 본부장과 직원의 관점이 다를 때 지점장은 어떻게 처신하
는 것이 좋을까?

내 경우엔 본부장의 뜻에 따르는 편을 선택했다. 일단, 본부장은
인사에 있어서 막강한 힘을 가진 인사권자다. 인사작업을 할 때 인
사부 직원과 지역 본부장이 만나 지점장별로 평가를 하고 그에 따
라 서열을 매긴다. 따라서 지역 본부장의 평가에 따라 지점장의 인
사가 좌우된다고 해도 과언이 아니다. 조직에서 인사권자가 원하는
방향에 반하는 행동을 하는 것은 현명하지 못하다고 생각한다.

또 어떤 사람이든 조직에 있을 때는 자신의 미션이 있기 마련이
다. 각자 자신의 위치에서 한 단계 도약하기 위하여 노력하는데 후

배들은 그것을 잘 파악해서 맞춰주는 게 필요하다고 생각한다. 지역본부장의 경우 자신의 지역본부의 성과 관리 뿐 아니라 행장이 원하는 것도 만족시켜야 한다. 누군가 가려운 데를 긁어주길 바라는데 그것을 해결해 준다면 그보다 더 좋은 일은 없을 것이다. 그런데 본부장의 의중과는 아랑곳 없이 자기 지점의 성과내기에만 급급하다면 그 지점장을 신뢰하긴 어려울 것이다. 지점장들이 느끼는 가장 큰 고충이 바로 여기에 있다. **본부장의 신뢰와 직원들의 신망을 동시에 받아야 성공적으로 성과를 낼 수 있기 때문이다.**

나는 상사가 과분해 보이는 요구를 할 경우에도 일단 최선을 다해서 해 보겠다고 대답한다. 본부장 정도 위치에 오른 사람이면 무턱대고 무리한 요구는 하지 않는다. 나름대로 고심 끝에 내린 결론이기 때문에 그 자리에서 무조건 안 된다고 말하는 건 지혜롭지 못하다. 그런 경우에는 약간의 여유를 갖고 그 문제를 객관적으로 검토한 후에 실무자들과 함께 해결방안을 모색하는 것이 좋다. 그리고 어떻게든 성과를 낼 수 있는 방안을 모색해 보고, 최종적으로 불가능하다고 결론이 나면 타당한 근거를 들어 그 지시는 따르기 어렵다고 보고했다. 최선은 다하되 무리하지는 않았다.

덕분에 본부장으로부터는 믿을 수 있는 지점장이라는 생각을, 직원들로부터는 부당하게 업무를 지시하지 않는다는 신뢰를 받게 되었다. 상사의 돌발 지시를 무조건 불필요하고 번거롭다고 생각지 않고, 직원들에게 양해를 구하고 최선을 다할 때 뜻밖의 성과가 조직에 활력을 불어넣기도 한다. 샌드위치가 되느냐 캐스팅보트가 되느냐는 지점장의 태도에 달렸다.

또 한가지, 내가 지점장 발령을 받아 영업점으로 나갈 때 "술도 못 먹는 지점장이 잘할 수 있을까?"라는 이야기들이 있었던 것이 생각난다. 물론 본부에 있을 때와 달리 처음 만나는 고객과 식사 할 때 처음부터 거절하기 어려워 술잔을 받기는 했다. 그러나 몇 번 대화를 하다보면 나를 이해하게 되어 술 때문에 영업에 지장을 받은 일은 거의 없었다. 내가 판단컨대 술로 영업을 하는 사람은 대부분 자신이 술을 좋아하는 사람이라고 생각한다. **진심으로 사람을 대하고 그 회사에 이익이 되면 거래가 되는 것이지 술을 못 먹는다고 거래를 안 할 사람은 없다.**

다만 업무에 지친 직원들을 격려해야 하는 때 술을 좋아하는 직원들에게 내 인생관을 내세워 자제만하라고 하는 것은 무리가 있다고 생각했다. 뭔가 파이팅이 필요 할 때도 마찬가지다. 그래서 좋은 일이 한번 씩 터질 때마다 직원들의 눈높이에서 술자리를 만든 적이 있다. 이왕 하려면 화끈하게 해주는 것이 좋고 가끔은 망가져 주는 것이 직원들과 더 가까워지고 신뢰를 쌓을 수 있었다. 나는 그것이 내가 술을 자제 하기로 한 본래 약속을 깬 것이라고 생각하지 않고 거리낌도 없다. **리더는 직원들에게 자기 입장만 내세워 무조건 따르라고만 해서는 안 되고 그들과 하나 됨을 만들 수 있어야한다.**

#27
억울한 누명

"꼭 해야 할 말일지라도 듣는 이가 기꺼이 받아들이도록
전달할 수 없다면 차라리 입을 꽉 다무는 편이
나을지도 모른다."
– 조관빈의 신구잠(愼懼箴)

억울할 때는
이삭의 우물을 파라!

한 점 부끄럼 없이 직장생활을 하겠노라 결심했던 나의 경력에 오점이 생기는 일이 발생했다.

느닷없이 검사부에서 징계를 받아야 한다는 전화를 받은 것이다. 개인고객부장 시절에 카드 불법복제로 인해 사고가 난 적이 있었는데 그에 대한 책임을 져야 한다는 것이었다. 징계를 받아야 한다는 것도 황당했지만 기억도 가물가물한 사건을 다시 끄집어내는 것도 이해가 가지 않았다.

카드 불법복제 사건은 은행과 무관하게 발생한 일이었다.

한 사기집단이 취업을 미끼로 중년 여성들을 모집하여 면접을 보는 과정에서 대기실에 놓고 간 가방에서 여러 은행의 카드들을 꺼내 복제한 후 무단으로 사용한 것이다. 그때 나는 카드 담당이 아니라서 할 수 있는 일이 없었지만, 피해를 최소화하기 위해 콜센터에 지침을 내려서 알려주고, 지점에 공문을 시달하고 카드사업부에는

165

IC카드 개발을 요청하는 등 할 수 있는 조치를 다 했다. 그런데 그 일에 대한 책임을 나에게 묻는다는 건 도저히 납득할 수가 없었다.

그래서 내가 징계를 받아야 하는 이유를 알아보니 감사께서 그 사건에 대하여 누군가 책임을 지라고 말씀하셨는데 딱히 대상이 없어서 당시 개인고객 부장이었던 사람을 희생양으로 삼았다는 것이다. 검사부에서도 내가 잘못한 것도 없이 징계를 받는다는 걸 알지만 다른 대안이 없어서 밀어붙인다는 것이다. 그 배경을 알고 나자 그런 불합리한 업무태도는 반드시 시정되어야 하므로 끝까지 수용하지 않겠다고 결심했다.

그런데 그때 이삭의 우물을 생각하게 되었다.

이삭은 양보의 아이콘이다. 우물을 빼앗으려는 자들과 다투는 대신 양보하고 새로운 우물을 파 오히려 더 큰 복을 받는 겸손한 삶을 살았다. 나도 그런 삶을 살고자 다짐했었다. 그런데 막상 억울한 일을 당하니 양보를 해야 한다는 생각을 한다는 것은 무척이나 어려웠다. 나는 이삭이 아닌 보통 인간일 뿐이었기 때문이다.

사실, 이 징계로 인해 자존심에 오점을 남기는 건 맞지만 정식 징계도 아니고, 주의 촉구 수준이기 때문에 문제될 일도 없었다. 경미한 징계를 두고 자존심 운운하며 버티는 것이 우물 하나를 지키려고 다투는 어리석은 일이라는 생각이 들었다. 그래서 검사부 담당자가 오죽했으면 그러랴 하고 순순히 징계를 받아들였다. **오점 하나 없는 삶보다 다른 사람의 짐을 덜어주는 모습이 더 축복된 삶이기 때문이다.**

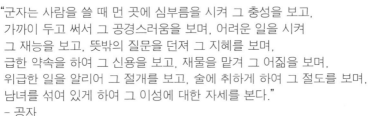

#28
더블딥(Double Deep)
-또다른 황무지

"군자는 사람을 쓸 때 먼 곳에 심부름을 시켜 그 충성을 보고,
가까이 두고 써서 그 공경스러움을 보며, 어려운 일을 시켜
그 재능을 보고, 뜻밖의 질문을 던져 그 지혜를 보며,
급한 약속을 하여 그 신용을 보고, 재물을 맡겨 그 어짊을 보며,
위급한 일을 알리어 그 절개를 보고, 술에 취하게 하여 그 절도를 보며,
남녀를 섞여 있게 하여 그 이성에 대한 자세를 본다."
- 공자

이유 없는 고난은 없다

승진이라는 말 안에는 상승이라는 의미가 담겨있다.

그런데 나의 부장 승진은 요철 형태로 이루어졌다. 부장에서 신설 점포장으로 내려갔다가 다시 상품개발부 부장으로 발령을 받았다.

그것도 곤지암 지점장으로 간 지 불과 9개월 만에 본부의 부름을 받았다.

통상 지점장 임기는 2년 이상인데 1년도 채 안된 나를 부른 것도 의외인데다 마침 영업에 한창 재미가 들렸을 때 그런 제안을 받았으니 반가울 리가 없었다. 기껏 황무지에서 돌을 골라내고 길을 닦아 이제 달릴 일만 남았는데 차에서 내리라는 격이었다. 쉽게 포기하기에는 미련이 너무 많이 남았다. 그래서 왜 나는 인사 때 마다 이렇게 어려움을 겪어야 되는지를 호소하며 본사 발령을 재고해 달라고 부탁했다.

하지만 본사의 상황은 나와 별개로 급박하게 돌아가고 있었다.

IMF 이후 실질금리가 마이너스인 시대로 돌입하면서 은행에서는 유동자금 확보에 비상이 걸렸다. 시중에는 유동성이 흘러 넘쳤지만, 기업들은 순익을 내면서도 설비투자를 꺼렸고, 개인고객은 여윳돈을 불릴 수 있는 새로운 곳에 눈을 돌렸다. 그러다보니 자금을 확보와 대출실적 올리기를 위한 은행 간의 경쟁이 더 치열해 졌는데 기업은행은 신상품이 거의 나오지 않고 있었다. 전쟁이 시작됐는데 실탄이 부족해서 싸워보지도 못할 지경이었던 것이다.

그러다보니 히트 상품을 낸 경력자나 상품 기획에 대한 훈련을 받은 사람을 중심으로 팀을 새롭게 꾸리는 문제가 당면 과제가 된 것이다. 그런 이유로 상사께서 삼고초려 하는데 거절할 명분이 없었다. 게다가 나는 회사의 일원이고, 회사의 이익을 위해 일해야 하는 조직원이기 때문에 회사의 결정에 따르는 게 옳다고 생각했다. 그래서 곤지암 지점장 9개월 만에 상품개발부 부장으로 옮겨갔다.

당시 나를 부르신 전무님은 문자 그대로 기업은행의 신화 같은 존재로 은행의 거의 모든 큰 업적 뒤에는 그분이 계셨고 은행의 많은 인재들도 그분 손에서 컸다 해도 과언이 아닌 분이었다. 담당이사님 역시 모든 일을 CEO와 같은 스탠스로 큰 틀을 잡아가시는 분으로 존경 할만한 분이었다. 바꾸어 생각하면 그런 분들에게 인정받고 쓰임을 받는다는 것이 얼마나 행복한 일인가!

1년 만에 돌아온 상품개발부는 또 다른 황무지였다.

황무지를 개간하기 위해 9개월 동안 옆도 돌아보지 않고 일했는데, 그 일을 또 반복해야 하는 것이었다. 더블딥에 빠진 것이다. 각오는 하고 왔지만 눈앞에 펼쳐진 고생길을 보니 왜 나를 험난한 광야로만 가야하는지 원망스럽기도 했다. 그러나 돌이켜 보면 이미 모래로 뒤덮여 지워진 내 발자국을 찾으며 나의 노고를 치하하기에 바빴던 나를 발견하였다.

그후 상품개발부와 통합 기업금융부에 3년여를 있으면서 장관과 국무총리, 여러 언론기관으로 부터 많은 상을 받을 만큼 굵직한 히트 상품을 연이어 출시했다.

우선 분위기 개선을 위해 은행권에서 가장 독특하고 세련되게 통장 디자인을 전면 바꾸는 작업을 하였다. 기업은행의 통장 디자인은 8년이 지난 최근까지도 손색없이 쓰이고 있다. 그리고 대·중소기업상생협력대출, 위너스론, 메인비즈론, 유망서비스업대출, 근로자 생활안정자금대출, 한류방송콘텐츠론, 지자체 상생패밀리대출 등 여신상품은 물론 중소기업희망통장, 생활비이체통장, IBK월드통장 등 수신상품, 그리고 업종별 자문 위원 위촉, 집단대출 특별기동반 설치, 가업승계 종합지원 서비스, IBK 잡월드까지 영업점과 소비자의 마음을 사로잡는 상품과 서비스 들을 무수히 개발했다.

비로소 IBK에 일반 실무가이드가 아닌 상품 규정 및 상품 가이드가 책자화될 수 있었던 것은 다 현장 경험과 팀원들과의 활발한 소통들이 구슬로 꿰어져 보물로 탄생한 것이었다. 지금 생각해도 그 당시의 팀원들은 사랑스럽기 그지없고 지금까지도 '기상회'라는 이름으로 계속 만남을 이어오고 있다.

물론 아이디어도 현장에서 얻은 것이지만 그보다 더 중요한 건 각 부서 합의 시 내 의견에 아무도 이의를 제기하지 않았다는 점이다. 본부 기획부문에서 소위 엘리트 코스만 밟아 올라간 사람들 중에 현장경험이 적거나 영업성과가 신통치 않았다는 것으로 어려움을 겪는 사례가 많다. 의견을 내도 "영업도 모르면서 무슨 얘길 하냐"며 인정하지 않거나 현장과 동떨어진 비현실적인 제안이라고 거부를 당하기도 한다. 그럴 경우엔 일을 매끄럽게 진행할 수가 없다. 그런데 나는 짧은 기간이었지만 곤지암에서 현장 경험을 남들보다 더 혹독하게 한데다 눈에 띄는 성과도 있었기 때문에 아무도 그걸 문제 삼는 사람이 없었다. 오히려 나의 현장 경험으로 인해 나를 신뢰하여 호흡을 맞춰준 덕분에 일이 일사천리로 진행된 것이다.

시설자금패키지론
– 현장에서 찾아낸 답

처음에 상품개발부는 기업을 대상으로 여신상품을 만드는 부서였다.

개인고객과 달리 기업은 이해타산적이다. 감성이 아니라 철저히 숫자로 접근해야 한다. 얼마나 이익을 볼 수 있는지 정확한 계산이 나와야 기업고객을 확보할 수 있다. 그만큼 기업을 경영하는 건 치열한 일이고, 힘든 일이기 때문에 그렇다.

9개월 동안 현장을 누비고, 사장들을 직접 만나면서 그 고충을 누구보다 깊숙이 알게 되었는데 막상 상품을 개발하려고 하니 뭘 어떻게 해야 할지 아이디어가 떠오르지 않았다.

그러던 중에 전화 한 통을 받았다.

곤지암 지점에 있을 때 친하게 지낸 사장이었는데 안부전화를 한 것이다. 이런저런 이야기를 나누던 중 그 사장이 공장을 지어야 하는데 돈을 구하기가 어려워 망설이고 있다며 어려움을 토로했다. 그 회사의 재정상태나 기술보유력 등을 너무 잘 알고 있던 터라 시설

자금을 대출받으라고 알려주었더니 소용없다는 게 아닌가. 시설자금을 대출받아봤자 그 시설을 짓는 자금의 80% 밖에 못 받기 때문에 자기자금 20%가 있어야 시설을 겨우 지을 수 있다는 것이다.

또 여기저기서 돈을 끌어다가 공장을 짓는다고 해도 원자재 투입과 인건비 등 운전자금이 필요한데 그걸 융통할 수 있는 능력이 없다는 것이다. 그러면서 이왕 빌려주는 거 제대로 일을 할 수 있게 해줘야지 반 쪼가리 대출로는 회사가 자금압박으로 더 어려워질 수 있다며 한숨을 쉬웠다.

그때 '바로 이거다'라는 생각이 들었다.

이런 얘기는 지점장 시절에 수없이 들었고, 우수한 기술력과 사업성을 갖고 있어도 자금난으로 무너지는 중소기업을 무수히 보아왔다. 기술이라는 관문을 어렵게 통과해도 자금과 판로라는 난관을 넘지 못해 낙오되는 경우가 많다. 추가 운전자금이야말로 사장들의 핵심 니즈였던 것이다.

그래서 그들이 원하는 대로 신규시설 투자비용은 물론 운전 자금을 동시에 지원하는 '패키지론'을 개발했다. 중소기업의 시설투자 자금과 설비 이전이나 추가 원자재 구입 등 사업장 정상 가동에 필요한 운전 자금을 함께 대출받을 수 있도록 한 것이다. 대출기간도 길게 최장 15년으로 정하고, 중소기업 경영 사이클에 맞춰 금리도 초기에 적게 내고 안정 후 많이 내도록 기간별 차등금리를 적용했다. 그 외에도 현장의 목소리를 담기 위해 중소기업 지원 설명회에서 중소기업들이 내놓은 건의사항을 적극 반영하였다.

현장이 중요하다는 것은 보다 깊숙히 현장을 이해하라는 뜻이다. 그들의 입장에 서 보라는 것이다. 그래서 발로 뛰는 영업이, 찾아가는 영업의 중요성이 강조되지만 반드시 현장에 가야만 하는 건 아니다. 현장의 목소리를 담을 수 있는 다양한 장치를 활용하면 된다. 설명회 등을 열어 대상 고객의 의견을 듣거나 빅 데이터를 분석하는 방법도 있다.

시민들의 호응을 얻고 있는 심야버스가 그 대표적인 사례다.

서울시는 심야버스 노선을 정할 때 빅데이터 분석기법으로 심야에 전화를 이용하는 사람들의 위치정보를 분석하여 강남과 홍대 등 심야시간대 유동인구가 몰리는 지역을 파악하고, 발신자의 위치와 도착지를 연결하여 새로운 심야버스 노선을 확정하였다. 그 결과 하루 평균 8천 여 명이 심야버스를 이용할 정도로 좋은 호응을 얻고 있다. 그만큼 현장의 목소리를 듣는 것이 중요하다. 하지만 그보다 더 중요한 건 그 목소리를 듣고 그 상황을 개선시키려는 마음이다.

그것은 더 좋은 상황으로 바꿔야겠다는 마음을 가질 때 진정한 '현장의 답'을 얻을 수 있다.

이노비즈 위너스론
– 실패를 용인하는 풍토 조성

IMF 이후 기업은 저마다 혁신의 기치를 내걸고 다양한 변신을 시도했다. 그런데 그 혁신이란 말 속에는 항상 위험이 도사리고 있다.

지금까지 이루어지지 않았던 새로운 방법을 도입하는 것이기 때문에 성공과 실패의 확률이 반반이기 때문이다. 그럴 때는 어느 쪽을 보느냐에 따라 결과가 달라진다. 물론 긍정적인 면을 바라보고 추진해도 실패할 수 있다. 하지만 그런 실패는 소중한 경험이 된다. '실패했음에도 불구하고'를 중요하게 생각하는 이유도 바로 이 때문이다.

그래서 사람들은 여러 가지 악조건에도 불구하고 해 보는 것을 '도전'이라며 다들 시도해 보라고 부추긴다. 하지만 그 결과에 대해서는 손 놓고 있는 경우가 많다. **새로운 도전이 시도되기 위해서는 그로 인한 실패도 수용되는 문화가 만들어져야 한다.** 그 필요성을 절실하게 느꼈던 것이 위너스론을 출시할 때였다.

위너스론을 출시할 때도 실패에 대한 우려가 없을 수 없었다.

기대효과가 확실한 만큼 예상되는 리스크 시나리오도 확실했기 때문이다. 위너스론은 혁신형 중소기업을 지원하는 상품으로 기술력은 우수하나 재무구조나 매출실적이 취약해 자금조달에 애로를 겪는 기업에게 운전자금은 10억 원까지, 사업장 신. 증축 자금 등의 시설자금은 30억 원까지 대출해 줄 수 있다. 그 중 기술신용보증기금이 인정하는 우수기술 보유기업은 최고 3억 원까지 영업점장 전결로 신용대출을 받을 수 있으며 0.5%포인트의 금리 혜택도 받을 수 있다. 막 움트려고 하는 중소기업의 입장에서는 이보다 더 좋은 상품은 없을 것이다.

하지만 은행의 입장은 좀 다르다.

혁신형 중소기업의 경우 기술개발에 자금을 투여해서 재무구조가 나빠지면 기업이 부실화될 우려가 있기 때문에 선뜻 대출해주기가 쉽지 않다. 여기에 딜레마가 있다. 과실에 대한 책임문제를 해결하지 않으면 지원을 결정하는데 걸림돌이 된다. 그래서 대출이 부실화되더라도 취급한 직원에게 책임을 묻지 않도록 했다. 대신 혁신형 중소기업을 선정하는데 심혈을 기울였다. 신용등급별 가중치를 만들어 건실하고 성장성있는 기업 중심으로 고객 리스트를 만들고, 사업성이나 리스크 평가를 정확하고 객관적으로 할 수 있는 시스템을 갖췄다. 개인이 과감하게 도전할 수 있도록 시스템적으로 지원한 것이다. 그 결과 당해 연도에만 428개 기업에 총 2천백억 원을 지원했다. 중소기업 대출이 늘어나면 부실율이 커진다는 통념과 달리 기업 대출 연체율이 오히려 낮아졌다. 덕분에 기업은행은 중소기업 리딩 뱅크로서의 지위를 확고하게 다질 수 있었다.

대 · 중소기업상생협력대출
– 상생협력의 가교

하고 싶은 일이 있는가 하면 꼭 해야만 하는 일도 있다.

기업의 입장에서 하고 싶은 일은 이윤이 많이 남는 일이고, 해야 하는 일은 사회적 책무를 다하는 일일 것이다. 가령 대 · 중소기업상생 문제가 그렇다. IMF 이후 기업 양극화 현상이 극심해지면서 대 · 중소기업상생이 경제 현안으로 급부상했다. 대기업과 중소기업의 편차가 커질수록 국민경제는 위축될 수밖에 없기 때문에 정부도 그 문제를 해결하기 위해 발 벗고 나섰다. 언론에서도 주목하고, 국민의 관심도 뜨거웠다.

중소기업의 지원자 역할을 자처했던 기업은행으로서는 이 문제에 있어서 방관자로 있을 수 없었다. 중소기업의 원활한 자금공급이 기업은행을 설립한 목적이었기 때문에 대 · 중소기업상생을 통한 중소기업 살리기야말로 기업은행이 해야만 하는 일이었다. 하지만 대기업의 협조 없이는 불가능한 일이다. 대기업이 협력업체를 지원하기만 해도 상생협력은 이루어질 수 있다. 그래서 협약대기업에서 저리 또는 무이자로 기업은행에 예금을 예치하면 기업은행은 협

력 중소기업에 저리로 자금을 지원해주는 '대·중소기업상생협력
대출'상품을 개발했다.

대기업이 이자를 포기하는 대신 협력업체는 저금리로 대출을 받
게 되는 것이다. 물론 대기업의 예치금만으로 협력업체를 지원한 것
은 아니지만 상생협력의 의미를 살리기엔 충분했다. 그리고 그 상생
의 중심에 기업은행이 있다는 것을 기업은 물론 정부와 국민들에게
각인시킨 좋은 상품이었다. **때로는 수익보다 가치를 더 중시해야 한
다. 가치는 돈으로 환산할 수 없는 기업의 브랜드 가치를 높여준다.**
브랜드 가치야말로 기업의 미래 사업을 육성할 종잣돈이다.

대통령1호 가입 중소기업희망통장

당시 이명박 정부 공약집의 핵심 키워드 중
하나가 경제 활성화였고, 헤드라인 중 하나
가 중소기업 살리기였다. 중소기업을 지원
하고 육성하겠다는 것이 정부의 일관된 정책이었다. 그에 발맞춰 우
리도 '중소기업 기 살리기'차원으로 「중소기업 희망통장」을 만들었
다. 5,000억원 이상의 대출 재원을 마련한다는 방침을 마련하고, 중
소기업 희망통장 판매로 발생되는 수익금 중 5억원을 중소기업중앙
회의 '노란우산공제조합'에 무상 출연해 영세 소상공인의 생활 안정
및 사업재기에 도움을 주기로 컨셉을 정했다. 거치식 및 적립식으로
구성된 중소기업 희망통장은 금리우대 및 세금혜택을 주었지만 사
실 시중은행 상품에 비해 대단한 혜택이 있었던 것은 아니다. 가격
보다는 가치에 방점을 찍었기 때문에 고객들을 움직일 수 있는 무
엇이 필요했다.

무엇보다 상품이 '중소기업 살리기'라는 정부의 정책과 맞물려 개발된 것을 알릴 필요가 있었다.

그래서 생각해낸 것이 대통령의 참여였다. 대통령이 중소기업 희망통장 1호 고객으로 가입하면 대통령의 참여의지가 보이기 때문에 중소기업도 기가 살고, 정부도 자연스럽게 정책을 홍보할 수 있으니 일석이조 이상의 효과를 볼 수 있다.

그래서 무작정 청와대로 찾아갔다.

사실 만용에 가까운 행동이었다. 청와대에 아무 인맥도 없었고, 비서실을 만나려면 어떤 절차를 밟아야하는지에 대한 사전 정보도 전혀 없었다. 그저 대통령의 사인을 받겠다는 일념 하나로 청와대에 돌진하여 다짜고짜 비서관실을 찾아가 자초지종을 이야기했다. 그리고 청와대 행정관의 반응을 기다리는데 그 짧은 시간이 몇 시간처럼 길게 느껴졌다. 그러면서 가슴이 두방망이질하기 시작했다. 떨리는 만큼 긍정적인 답변이 오길 기대하는 마음은 점점 커졌다. 그리고 마침내 행정관이 좋은 아이디어라며 내 제안을 흔쾌히 받아들였다.

대신 대통령실에 가서 사인을 받아오기 곤란하니 전국중소기업인대회에 참석하실 때 가입하시도록 하는 게 어떻겠냐고 역제안해왔다. 나로서는 기대치 않은 선물을 받은 셈이다. 전국중소기업인대회는 중소기업인을 위한 축제와 다름없다. 그런 날 대통령이 중소기업을 위해 통장을 개설을 한다는 것은 굉장한 상징성을 갖는 일이다. 그보다 더 큰 홍보는 없을 것이다. 그 다음은 일사천리로 일이 진행됐다.

행사 당일, 대통령은 '중소기업 프렌들리'를 강조하고 나온 후 행사장 로비에서 기업은행 서여의도 지점장이 내민 가입서에 선뜻 사인했다. 은행장이 중소기업금융지원대상 을 수상하는 장면과 함께 그 모습이 일간지와 경제지의 주요기사로 다뤄지고, '대통령이 사랑한 통장'이라는 별명까지 생기면서 중소기업희망통장의 가입 고객은 기하급수적으로 늘어났다.

대통령의 가입 이후 정부기관과 공공기관, 지자체 등이 앞다퉈 가입했고, 대기업들도 동참해 거액의 돈을 맡겼다. 이른바 '대박'이 난 것이다. 출시 3개월 만에 4만5599좌에 2조4522억 원이라는 실적을 거두며 기업은행 역사상 '최단기간 최고의 실적'이라는 기록을 남겼다. 어처구니 없는 일이지만 다른 사업본부장이 나를 불러 이쪽으로 시선이 집중되니 일을 못하겠다고 상품을 조기에 내리면 안 되겠냐고 말할 정도였다.

역사적인 실적을 거둘 수 있었던 요인은 '윈윈 작전'이 맞아떨어졌기 때문이다.

나와 상대가 '윈윈'할 수 있는 좋은 아이디어가 있을 때는 물러서지 말고 부딪혀야 한다. 인맥보다 더 강력한 것은 '이익이 한눈에 들어오는 제안'이다. 그에 대한 확신이 있을 때 난공불락이란 없다. 사실인지 모르겠으나 당시 청와대 관계자로 부터 전 정권에서 임명되어 거취가 불분명 했던 은행장도 이 계기를 통해 지위가 굳혀졌다는 말도 들었으니 본인이 알던 모르던 부하로서 들을 수 있는 최고의 찬사가 아니었던가?.

SGI싸이클론
플랫폼 비지니스의 모델

역대 수상소감 중 가장 인상적인 것이 배우 황정민씨의 '스태프가 차려놓은 밥상'이다.

은행업무 역시 협업이기 때문에 혼자서 할 수 있는 일은 없다. 성과가 드러날 때 스포트라이트를 받는 사람은 한 사람이지만 그 사람을 빛나게 한 많은 사람들의 노고가 그 안에 숨어있다.

매경 금융상품대상 금상을 수상한 SGI싸이클론도 마찬가지다. 어떤 이는 걸림돌을 제거했으며, 인맥을 동원해 일을 성사시킨 사람도 있었다. 그 과정에서 나는 그들의 의견을 조율하고 일이 잘 추진될 수 있도록 독려하는 역할을 맡았다.

협업이란 한 사람이 열 걸음을 가는 게 아니라 열 사람이 한 걸음을 갈 수 있도록 하는 것이다. 한 사람이 걸을 때는 방향이나 보폭을 혼자 결정해도 되지만 열 사람이 한 걸음을 갈 때는 방향이나 속도가 맞아야만 성과를 이룰 수 있다. 리더는 그런 역할을 하는 사람이다. 한 호흡으로 한 걸음을 갈 수 있도록 각각에게 동기부여를 해주고, 방향성을 제시해야 한다.

내가 생각하기에 좋은 상사는 의사소통을 통해 지속적으로 동기부여를 해 주는 상사다. 리더가 모든 일을 감당할 수 없다. 그리고 리더의 방식이 정답이라는 보장도 없다. 따라서 그 일의 주제와 의미 그리고 누구를 대상으로 하는지를 명확하게 알려주고, 세세한 업무보다는 그 방향성을 제시해줌으로써 팀원이 자유롭게 일할 수 있는 분위기를 조성하는 것이 훨씬 효과적이다.

리더가 업무내용에 집중하기 시작하면 일의 속도도 느려질 뿐 아니라 리더가 생각하는 것 이상의 결과가 나오기 어렵다. 아이디어를 실행으로 이끄는 지렛대 역할을 해 주는 것은 좋으나 어떻게 실행하라는 구체적인 지시까지 하면 오히려 아이디어를 제한하는 환경을 만들게 된다.

EDS 창업자 Ross Perot는 관리(Managing)란 "일이나 물건을 대상으로 하는 것이다. 실무는 담당자에게 맡겨라(Hand off). 사람을 Leading하는 것이 리더십이다"라고 말했다.

SGI싸이클론을 개발할 때 처음엔 누구도 답을 갖고 있지 않았다. 자금난에 시달리는 중소기업을 살릴 수 있는 방안은 무엇인지에 대한 고민으로 시작해서 해결에 접근할 때까지 하나하나 질문을 해나갔다. 이때 자주 활용했던 것이 '5 WHY 분석법'이다.

일단, 고객대상을 우수한 기술과 안정적인 매출을 올리고 있지만 자금난에 시달리고 있는 곳으로 한정시켰다. 그리고 자금난의 원인을 하나씩 살펴보았다. 먼저 자금난의 원인을 분석했다. 그러자 대출을 받기 위해선 담보가 있어야 하는데 중소기업이 그 요건을 갖추기 힘들다. 그래서 왜 대출을 할 때 담보가 필요한지 두 번째 질문을 던졌다. 그러자 중소기업이 부실화될 경우에는 리스크가 너무 크다. 그렇다면 신용보증은 왜 담보가 안 되는지 세 번째 질문을 던지자 보증서 담보대출의 경우 연체발생 3개월 정도가 지나면 대위변제를 하는데 중소기업의 경우 대부분 어음거래를 하기 때문에 그 기간 동안 돈을 갚기가 불가능하다는 답이 나왔다.

그래서 왜 어음거래를 하는지 그 관행을 없앨 수 있는 방법이 무엇인지 고민하다가 나온 것이 전자상거래시장을 이용하자는 것이었다. 다섯 가지 꼬리에 꼬리를 무는 질문을 통해 해결책에 접근한 것이다. 그렇게 국내 최초로 SGI 서울 보증의 '전자신용보험시스템'

을 적용한 플랫폼을 만들고 그 팰랫폼 상에서 필요한 자금을 지원하는 대출상품 'SGI싸이클론'이 개발되었다. SGI싸이클론 개발로 서로를 못 믿어 이루어지지 않았던 B2B 전자상거래가 폭발적으로 늘어나는 계기가 되었다.

중지를 모은 것이기 때문에 리스크도 최소화할 수 있었다.

이렇게 직접 팀원들이 차려놓은 밥상에 숟가락을 얹는 리더가 직접 밥상을 차리는 리더보다 더 좋은 상사라고 생각한다. 그 밥상을 차리기까지 밥 먹을 사람의 식성과 취향을 고려하여 어떤 반찬을 올리는 것이 좋을지, 어떤 그릇을 사용하는 것이 좋을지 등을 계속해서 질문하여 팀원들의 결정을 돕는 것이 리더의 역할이다. **상사는 답을 제시하기보다 팀원들의 아이디어를 숙성시켜 실행의 방향으로 이끌 수 있는 통찰력이 더 필요하다.**

조심해야 할 작은 틈

총연장 7,000Km가 넘는 만리장성은 높이가 9m에 폭이 5m나 되는 견고한 장벽으로 이 장벽을 뚫는다는 것은 매우 어려운 일이다. 그런데 이 장성을 쌓은 후에도 중국이 수 없는 침략을 받은 이유는 무엇이었을까? 그것은 장성 요지마다 설치된 관문의 문지기들이 뇌물을 받고 열어주었기 때문이라 한다. 부패한 인간의 본성을 간과한 작은 틈이 치명적인 약점이 된 것이다.

많은 성과를 내고 수많은 기업들에게 도움이 된 이 SGI 사이클론도 생각지도 않은 작은 틈 때문에 지속적으로 운용하지 못하는 일이 발생했다. 어떤 기업의 부실화 조짐이 나타날 때 몇몇 영특한 지점장들이 SGI 사이클론이 서울보증에서 변제를 보장해준다는 점에 착안하여 일반적으로 규정된 상환 순서를 따르지 않고 다른 대출부터 상환하는 바람에 서울보증이 대위변제를 떠안게 된 사례가 적발된 것이다.

소수의 이러한 잘못된 운용 때문에 결국 서울보증의 신규 보증이 중단되었고, 담보 없는 중소기업들이 마음 놓고 B2B 거래를 할 수 있게 하는 이 아까운 전자상거래 플랫폼이 문을 닫아야 하는 뼈아픈 결과를 낳고 말았다. 지금도 벽돌을 빼내어 기념품으로 팔고 있는 사람들 때문에 언제 만리장성이 무너져 내릴지 모르는 일이 발생하고 있다 하니 우리 주위에도 이런 작은 틈들이 숨겨져 나라와 조직과 개인을 좀먹고 있는지 늘 살펴봐야 할 것이다.

비가격서비스 - 고객 가치를 크게할수록 로얄티는 높아진다

자산 100조원과 순이익 1조원을 돌파하면서 기업은행은 수신 확대를 최우선 목표로 하여 조직개편을 단행했다. 저금리로 인해 예금에서 투자로 썰물처럼 빠져나가는 자금이동을 막기 위해서는 상품 뿐 아니라 다양한 전략과 기획이 필요했다. 그래서 기업금융부를 신설했다. 기업금융부는 기업고객본부 전체를 총괄하는 주무부서로 여신 뿐 아니라 수신상품 개발에서 전략 기획까지 모두 담당했다. 그 당시는 무엇보다 대형은행으로서 자리매김할 수 있는 전략을 세우는 게 중요했다.

그때 소위 '꽂힌 것'이 비가격 서비스였다. 시중은행과 더불어 경쟁을 하기 위해서는 고객들이 기꺼이 지갑을 열 수 있는 기업은행만의 '가치'가 있어야 필요하다. 이것은 기업의 생존과 번영의 조건을 나타내는 '기업생존부등식'을 봐도 쉽게 알 수 있다. 기업생존부등식은 두 개의 관계식으로 구성되어 있는데 '기업은 상품판매가격이 원가보다 높아야 한다'와 '소비자는 상품의 가치가 가격보다 크다고 느낄 경우에 상품을 구매한다'이다. 즉, 기업은 원가를 줄이는 데 관심이 많은 반면 고객은 가치가 큰 것에 관심이 많다는 것이다. 그러니 고객의 마음을 사로잡을 수 있는 '가치'를 창출해야 생존이 가능하다는 것이다.

은행이 대형화 · 겸업화되면서 고객확보 경쟁이 치열해지고 있는 가운데 0.1%도 안 되는 금리를 무기로 내세워봤자 차별화가 되지 않았다. 가격경쟁은 고객을 만족시킬 수는 있어도 충성도를 높이진 못한다. 하지만 '가치'는 고객의 충성도를 높여주기 때문에 가격이 좀 비싸도 기꺼이 지갑을 열게 해준다. 고객은 그 제품이 상징하는 기업의 가치에 대한 기대와 만족감으로 구매를 결정하기 때문이다. 그래서 고객의 시선을 금리와 같은 '가격'에서 '가치'로 옮길 수 있는 획기적인 아이디어가 필요했다.

그때 마침 정권 교체 시기여서 국민적 요구를 집대성한 공약집과 정책에 맞춰 마케팅 전략을 세우기로 했다. 국책은행의 기획자는 정부와 코드를 맞추는 것이 중요하다. 게다가 청와대의 공약집은 충분한 자료조사를 통해 나온 것이기 때문에 검증된 국민적 요구다. 그 중에서 은행이 할 수 있는 일을 찾아서 내놓으면 정부는 물론 국민의 폭넓은 공감대를 얻을 수 있다. **상품을 개발할 때 잊지 말아야**

할 것은 공감대가 넓을수록 상품의 가치가 높아진다는 것이다.

중소기업 가업승계 – 콘크리트 지지자를 견고하게 다져라

정치권에서 '텃밭'은 이른바 콘크리트 지지자가 다수 포진되어 있는 곳을 말한다. 어떤 환경 변화에도 지지는 흔들림이 없는 곳이 바로 텃밭이다. 국회의원의 경쟁력은 그 텃밭에서 나온다. 기업 역시 마찬가지다. 충성고객이 많아야 경쟁력이 생긴다. 충성고객은 웬만한 가격변동에는 흔들리지 않고, 다른 기업의 등장에도 크게 영향받지 않는다. 그렇다면 기업은행의 텃밭, 충성고객은 누구일까? 바로 중소기업이다. 개인고객 부문을 강화하기 위해 다각적인 시도를 하고 있지만 여전히 주 고객은 중소기업이다.

기업은행은 설립 후 40년 동안 중소기업만 지원해 왔기 때문에 많은 노하우와 자료도 보유하고 있어 창업부터 각 성장단계별로 체계적으로 지원할 수 있는 역량도 갖추었다. 바로 그 노하우와 자료를 활용하여 주요 고객을 충성고객으로 바꾸는 것이 경쟁력을 높일 수 있는 가장 좋은 방법이다.

기존 고객을 사로잡을 수 있는 방법이 무엇인지 찾아야 한다는 생각은 나 뿐 아니라 은행 전체가 공감하고 있었다. 그래서 은행에서는 기존 고객의 관심사를 조사하고 있었다.

그 당시, 1980년대 고도 성장기를 이끌었던 1세대가 경영일선에서 물러나면서 가업승계가 주요 화두가 된 것이다. 국내 제조업체의 환경이 열악해진데다 세금 부담이 커지면서 가업승계는 중소기업의 뜨거운 감자로 부상했다.

　그래서 기업은행의 주 고객인 1세대 중소기업 경영인의 고민을 해결하기 위해 가업승계에 초점을 맞춰 상품을 개발했다. 먼저 가업 승계를 보다 원활하게 하기 위해 세금납부와 관련된 상품을 개발하고, 승계 후 운영자금과 인수합병 시 인수자금 대출상품을 마련했다. 때맞추어 은행에도 가업 승계 전담 컨설팅 팀을 새로 설치 운영하여 가업 승계를 위한 세무, 법무, 경영 컨설팅 서비스를 지원하고, 2세 경영체제를 구축하는 일을 도와 중소기업 가업승계의 해결사 역할을 자처했다. 고객사가 도약할 수 있도록 도우면서 우리도 우량기업을 충성고객으로 확보하자는 전략이었다.

　이후 시중은행에서도 가업승계에 관련된 상품과 컨설팅 서비스를 마련했지만 기업은행은 고객들의 머릿속에 최초로 인식되어 있다. 자신들의 고민을 머리 맞대고 고민한 첫 번째 은행이라는 그 기억은 기업은행에 대한 신뢰로 이어졌다. 더불어 중소기업에 있어 창업에서 가업승계까지 각 과정의 문제를 해결할 수 있는 노하우를 가진 '중소기업 전문은행'이라는 타이틀을 지켜나가게 되었다.

ICC산학결연사업
- 내 인생의 전환점

중소기업의 또 다른 고민은 기술과 인력이다.

자금난이 심한 중소기업의 경우 R&D에 장기적으로 투자하기가 어렵기 때문에 차별화된 기술을 확보하기가 쉽지 않다. 그로 인해 경쟁에서 밀리고, 경영 악화와 인재 유치 실패라는 악순환을 반복한다. 그래서 중소기업을 대상으로 마케팅

전략을 짤 때 기업의 성패를 좌우하는 자금과 기술, 인재를 중점으로 해결방안을 모색하기로 했다. 그런데 자금은 다양한 대출상품으로 지원한다고 해도 기술과 인재를 확보할 수 있는 금융상품을 무슨 수로 개발한단 말인가, 도무지 아이디어가 떠오르지 않았다. 그러다 발견한 것이 산학협력이었다. 그 당시 해외에서는 산학협력이 급부상하고 있었다. 우리나라 학계에서도 질 높은 연구 성과와 인재 육성이 가능한 산학협력을 통해 국가경쟁력을 키워야 한다는 주장이 나오고 있었다. 경쟁력이 취약한 중소기업이야말로 산학협력이 필요했다. 그래서 산학협력을 새로운 활로로 삼아 경쟁력을 강화시킬 수 있는 방안이 필요했다.

마침 당시 담당 부행장이 매일경제 신문사와 공동으로 기업과 학교의 결연을 주선하고 지원함으로써 기업은 기술확보와 인재 유치, 학교는 취업난 해결이라는 상호 목적을 달성할 수 있도록 하자는 제안을 하였다.

즉시 기안에 들어간 나는 은행 내에 'ICC산학운영위원회'를 만들고 산학지원 사이트를 운영해 기업은행과 거래하는 중소기업들이 인력난을 해소할 수 있도록 설계했다. 재직자 향상교육, 교육과정의 공동개발, 전문대학생 산업체 현장실습, 취업관련 프로그램 운영 등의 인력 양성과, 산학 공동 연구개발사업, 그리고 애로기술 지원, 중소기업 정보화 지원, 제품 매뉴얼 제작 지원, 제품 디자인 지원 등의 기술이전 및 산업자문 등 다양한 산학공동지원 프로그램을 마련하고 「한국전문대학교육 협의회」와 산학결연 협약을 체결하며 ICC(industry & campus connection) 산학결연사업이라 명명하였다.

ICC 산학결연사업은 내 인생의 전환점을 만들어 준 프로젝트의

도 하다. 예상치도 못했는데 이 컨셉이 퇴직 후 대학교수에 지원할 때 결정적인 발판이 된 것이다. 내가 그 부서를 떠난 이후 이 프로젝트가 오래 지속되지 못한 것은 아쉽지만 **오늘 할 수 있는 일에 골몰하는 것이 내일을 준비하는 첫 걸음이라**는 것을 알려준 프로젝트가 바로 ICC산학결연사업이다.

IBK 우수기업 채용박람회
- 최초라는 수식어

'구슬이 서 말이라도 꿰어야 보배'라는 속담이 있다.

아무리 좋은 조건들도 서로 연결하여 실행하지 않으면 소용없다는 말이다. 그런데 여기서 한 가지 빠진 게 있다. 구슬을 꿰기 위해서는 평소에 구슬을 꿰고 싶다는 목표를 가지고 그 방법에 대해 열심히 생각해야 한다는 것이다.

새로운 상품을 개발하거나 기획을 할 때 사람들로부터 어떻게 아이디어를 내냐는 질문을 많이 받는다. 그때마다 참 부끄러운 게 별다른 노하우가 없다. 다만, 어떤 정보나 현상을 보면 업무와 연결시켜 생각하고, 그것을 통해 만들어낼 수 있는 상품 혹은 가치에 대해 열심히 고민한다는 것이 노하우라고 할까?

2008년 금융권 최초라는 명예를 얻은 채용박람회도 그런 과정을 통해 기획된 것이다. 그 당시나 지금이나 청년취업은 정부가 제1의 국정과제로 삼을 만큼 중요한 문제다.

문제는 눈높이의 미스매치이다. 한쪽에서는 청년 실업이 문제라고 아우성인데 기업에서는 일할 사람이 없어 인력난을 겪고 있었다. 특히 중소기업의 인력난은 갈수록 심해졌다. 이 모순된 상황이 생기는 이유가 대체 뭔지 고민하던 중에 일자리가 부족한 것 보다는 청년들이 직업을 보는 시야가 너무 좁다는 생각이 들었다. 3D 직종은 피하고, 중소기업은 꺼리다보니 실어률만 높아질 밖에.

청년 일자리 문제는 대학 진학률이 너무 높아 발생하는 직업에 대한 눈높이의 미스매칭이 큰 원인 중에 하나이기 때문에 편견을 없애지 않는 한 해결책은 없었다. 그래서 편견을 불식시킬 수 있는 방안에 대해 고민하던 중 IBK 경제연구소에서 청년 일자리에 관해 쓴 보고서를 읽게 되었다. 그 글을 쓴 경제연구소 조박사 역시 청년 일자리 부족의 원인을 미스매칭에서 찾았다. 내가 찾던 자료였다. 모든 기획은 논리적 근거를 토대로 만들어져야 하는데, 그 글은 기획배경으로 쓰기에 충분했다. 그래서 일자리 미스매칭을 해소하기 위해 채용박람회를 개최하자는 기획안을 올렸다.

그런데 반응이 뜨악했다. 은행이 일자리 주선과 무슨 관계가 있느냐는 반응이었다. 일자리 미스매칭에 대한 보고서는 나 혼자만 본 게 아니라 이미 많은 사람들이 공유했고, 몇몇 부서에는 그와 관련된 기획을 해보라는 제안도 받았지만 다들 일자리 창출과 은행업무 사이에서 교집합을 찾지 못해 뒤로 밀어놓았다는 것이다.

하지만 나는 둘 사이에 존재하는 교집합을 발견했다.

은행 업무가 돈을 예금하고 빌려주는 일만 한다고 생각하면 오산이다. 은행은 고객들에게 미래에 대한 꿈을 만들어주는 기관이다. 우리가 돈을 모으고 빌리는 이유는 오늘을 살고 내일을 대비하기 위한 것이다. 은행은 고객과 함께 그 일을 해나가야 한다. 그것이 바로 은행 업무의 본질이다. 취업의 기회를 제공하는 청년 일자리박람회는 은행의 본질을 극명하게 보여줄 수 있는 기회였다. 뿐만 아니라 청년 취업은 국정과제로 꼽을 만큼 중요한 현안이기 때문에 정부도 관심 있게 보고, 국민적 호응도 좋을 거라고 생각했다.

그래서 인력난이 심각한 기업과 취업이 고민인 학생들이 만날 수 있는 '만남의 장'을 만들어 보자는 생각을 하였다. 여신기획부 근무 시 벤처기업 업무를 담당하면서 창업 박람회 등에 많이 참가한 경험을 접목하여 학생들이 기업을 일일이 찾아갈 수 없으니까 하나의 플랫폼을 만들기로 한 것이다. 이른바 플랫폼 비즈니스(두 개 이상의 그룹이 교류를 쉽게 할 수 있도록 장 또는 시스템, 결제 등의 인프라를 제공하여 그룹 단독으로는 얻을 수 없는 가치를 창출하는 것)라면 기업의 브랜드 가치도 높일 수 있다고 확신했다. 이론적 근거에 기획자의 확신이 더해지면 설득은 시간문제다.

처음에는 반신반의했던 상사들도 결국 이 기획에 동의하여 최초로 채용박람회를 열게 된 것이다. **다양한 정보를 접하는 것도 중요하지만 어떤 사안에 대한 자신의 관점을 갖는 것이 더 중요하다. 그 관점이 흩어져 있는 구슬을 꿰는 줄이 되어 자신만의 기획을 만들 수 있게 한다.**

대한민국일자리박람회 – 적극성은 대통령의 동선도 바꾼다.

「IBK우수중소기업채용박람회」가 좋은 반응을 얻자 청와대 비서관실에서 국민들에게 중소기업에 대한 좋은 인식을 심어주기 위해 행사를 크게 키우자는 의견을 냈다. 그래서 중소기업중앙회와 기업은행을 비롯해 중소기업관련 단체 등이 주관하여 최대 규모의 「대한민국 일자리 박람회」를 개최하기로 했다.

청와대에서 적극적으로 협조했고, 중소기업중앙회가 실제로 행사를 담당했기 때문에 기업은행은 젓가락만 얹어놓은 셈이다. 하지만 대통령이 참석하시는 행사를 그냥 지나칠 수는 없다. 이 초대형 행사에서 어떻게 기업은행을 돋보이게 할지가 나의 주관심사였다.

'오늘의 일터 내일의 희망, 중소기업!'이란 제목으로 서울광장과 청계천 일대에서 열린 대한민국 일자리 박람회에는 제조업, 벤처기업, 뷰티기업, IT기업 등 1천 여 개의 우수 중소기업이 참여하여 참가기업 수만 해도 역대 최고였고, 채용, 취업정보, 창업, 컨설팅 등 구직자를 위한 부스도 365개나 설치했다. 대통령이 참석하시는 행사라서 경비가 삼엄했다. 행사 전날부터 그 일대에 경찰 병력이 배치됐고, 대통령의 동선은 철저하게 함구하고 있었다. 우리는 메인부스에 대통령이 오실 것을 대비하여 일자리창출 업무 브리핑을 준비해 두었다. 대통령이 지나가면서라도 보고를 받을 수 있도록 세팅해 놓은 것이다. 행사가 시작되기 직전까지도 대통령이 어디서 오실지 알 수 없었기 때문에 사방으로 촉각을 곤두세우고 있었다.

먼저 도착한 국회의원들에게는 행장이 직접 브리핑을 하고, 장·차관과 각 기관의 장들에게는 내가 업무 보고를 했다.

브리핑을 막 마친 찰나 대통령의 모습이 보였다. 그래서 수행 비서관에게 눈으로 사인을 보내 대통령이 기업은행 부스 쪽으로 오시도록 한 후 방명록에 글을 남기시도록 했다. 그래서 받은 글이 '오늘의 일터 내일의 희망'이다. 이 방명록은 후배들이 동판으로 액자를 만들어 주었는데 지금은 내 교수 연구실 벽에 붙어 있다.

그런데 예기치 않은 문제가 생겼다.

다음날 청와대 경호실에서 당장 들어오라는 전화를 받았다. 그때 나를 대신해서 팀장이 들어갔는데, 경호실에서 우리가 대통령의 동선을 마음대로 바꿨다며 노발대발했다는 것이다. 대통령 경호를 위해 세심하게 동선을 짜고 리허설까지 마쳤는데 내가 한순간에 바꿔 버린 것이다. 다행히 사고 없이 지나갔지만 경호실 입장에서는 대통령의 동선이 바뀐 것 그 자체가 대형사고였다. 일할 때 물불을 가리지 않는 성격 덕분에 웃지 못할 해프닝을 겪은 것이다.

하고자 하는 열정이 있으면 대통령의 동선도 바꿀 수 있다. **기회를 잡으려면 자기가 원하는 것에서 눈을 떼지 않아야 한다.**

「IBK Job-World」의 탄생
– 7년간 8만명을 취업시킨 최고의 무료취업포털

은행에서 주최하는 최초의 채용박람회는 서울 코엑스와 부산 벡스코에서 개최하기로 했다. 부스 설치나 기업체 선정, 학생들 동원 등 행사와 관련된 업무는 예산을 받아 「커리어넷」이라는 전문업체에 맡겼다. 예산 책정도 끝났고, 전문 업체도 순조롭게 일을 진행하고 있었다. 그런데 박람회 날짜가 다가올수록 마음이 불안해졌다. 처음에 용솟음쳤던 용기는 점점 사라지고 마음 한 구석에 실패에 대한 두려움이 생기기 시작했다. 행사가 잘되려면 행사에 대해 신뢰를 가져야하는데, 그러기 위해서는 대통령 이하 장관이나 각 기관의 기관장들과 같은 공신력있는 귀빈이 참석해야 한다. 그래야 중소기업들이 행사를 신뢰하여 적극 참여 한다. 대통령 혹은 장관이 인정한 행사라는 프리미엄을 얻기 때문이다.

귀빈을 초청해야 하는데 아무리 생각해도 장관이나 기관의 장들이 올 것 같지 않았다. 그들이 올 수 있는 명분을 만들려면 대통령이 참석하는 수밖에 없었다. 처음에는 우스갯소리처럼 시작한 말인데, 점차 대통령이 참석하면 행사가 잘 될 거란 확신이 들었다. 그래서 곧장 중소기업비서관실을 찾아가 가능여부를 물었다. 이미 중소기업 희망통장으로 비서관실과는 교감을 이룬 상태였기 때문에 이번에도 나의 제안을 호의적으로 받아들였다.

문제는 일정이었다.

대통령의 일정이 빡빡해서 도저히 시간을 낼 수 없다는 거였다. 이거 하나만 풀리면 만사 오케이라고 생각했는데 너무나 실망스러웠다. 하지만 대통령의 일정은 바꿀 수 없는 영역이라 받아들이는 수밖에 없었다. 결국, 체념하고 돌아서는데 홍보 비서관이 "이건 어떻습니까?"라며 내 발길을 돌려세웠다. 대통령이 참석하시는 대신 '영상 메시지'로 마음을 전달하면 어떻겠냐는 것이다. 대통령의 영상 메시지라니, 전혀 생각지도 못했는데 아찔하도록 기쁜 반전이었다. 곧장 행장에게 이 소식을 알리고, 노동부와 중기청 등 각 기관에 공문을 보냈다. 그러자 각 부서 장관과 기관장들이 참석하겠다는 답을 해왔다. 귀빈 초청은 성공적으로 마무리된 것이다.

그 다음은 행사 자체의 질을 높이는 것이 중요했다.

기업은행이 추천하는 기업은 믿을 수 있다는 인식을 심어주기 위해 업체 선정에 신중을 가해 수도권에 있는 240여 중소기업을 선택했다. 그리고 '사전 컨설팅 제도'를 통해 신청자에 한해 구직컨설팅을 미리 받을 수 있도록 하여 홍보 효과를 높였다.

행사 당일에 놀랄 일이 벌어졌다. 개막식도 하기 전부터 2천여 명의 학생들이 물밀듯이 몰려왔다. 생각했던 것보다 취업에 대한 욕구가 간절했던 것이다.

실시간으로 참여 기업에 대한 정보를 검색할 수 있는 매체를 마련하고, 현장 면접도 실시했다. 다른 기관에서 주최하는 여러 종류의 박람회보다 한 단계 업그레이드시켜 학생과 기업 모두 만족할 수 있는 시스템을 갖춘 덕분에 성황리에 행사를 마쳤다.

언론의 호평과 국민적 관심도 두루 받았다.

요즘 말로 표현하면 '일자리'키워드 검색을 하면 '기업은행'이 연관검색어 1위로 나올 정도로 관심이 뜨거웠다. 하지만 여론은 식고 관심은 바뀌기 마련이다. 그 관심을 지속시킬 수 있는 방법이 필요했다. 그래서 은행 지점마다 일자리 알선 창구를 하나씩 마련하여 취업 매칭 결과도 확인하고, 고객의 발길을 은행으로 올 수 있게 하는 방안을 생각해 보았다. 하지만 본연의 영업에 지장을 줄 수 있기 때문에 온라인 쪽으로 방향을 틀었다.

시간과 장소의 제약으로 오프라인 박람회에 참석하지 못하는 사람들을 위해 온라인 채용박람회 사이트인 'IBK 잡월드'(http://www.ibkjob.co.kr)를 만든 것이다. 온라인상에 채용의 길을 열어 회원이면 누구나 해당 기업의 정보를 열람할 수 있고, 구직자들과 기업이 쉽게 접촉할 수 있도록 했다. 당시 노동부의 워크넷이라는 취업포털이 있었으나 실제로 거래기업의 기반이 있는 은행이 구인구직 매치에는 훨씬 더 실질화 될 수 있는 장점이 있었다.

그러나 좋은 시스템을 갖추어도 사람들이 이용하지 않으면 소용없다. 그래서 제대로 홍보를 하기 위해서는 언론의 힘이 필요했다. 당시 언론사와 네트워크를 잘 구축한 부행장이 조선일보와 함께 '청년취업 1만 명 프로젝트'를 성사시키면서 'IBK 잡월드'의 순항이 시작됐다. 다양한 기사를 통해 접하는 중소기업 취업 사례는 사람들에게 3D 직종이나 중소기업에 대한 편견을 없애주었고, 채용 피드백을 보여줌으로써 사이트에 대한 신뢰도를 높여주었다.

덕분에 잡월드는 취업·채용 사이트의 대표주자가 되었고, 2009년부터 7년 동안 8만 명이 넘게 채용되는 결과를 낳았다. 채용박람회의 효과는 단발적이지만 잡월드는 장기적으로 긍정적인 효과를 낳았다. 구직자와 기업이 애용하는 사이트가 되면서 타은행에서 베끼기에 바빴고 기업은행의 브랜드 가치도 함께 높아진 것이다.

'채용 축하금' 100만 원 – 질문하기 전에 답을 준비하라

온라인 취업박람회인 '무료 취업포털 IBK 잡월드'는 구직자와 기업을 연결해줄 뿐 아니라 구직을 위한 다양한 정보를 제공하고, 구직 컨설팅도 해주었다. 또 우수 중소기업만을 선별했기 때문에 인재들이 많이 가입하여 채용으로 이어지는 사례가 많았다.

잡월드에 대한 반응이 좋자 청와대에서도 관심을 가졌다. 행장님이 직접 대통령께 경과보고를 하라는 전달이 내려왔다. 행장님이 급하게 청와대로 향하는 차 중에서 내게 전화를 걸어왔다.

대통령의 예상질문을 생각하다가 궁금해진 내용이었다. 질문은 채용성과를 어떻게 확인하며 또 어떻게 증명하면 좋을지였다. 비록 사이트를 개설한 지 얼마 되지 않았다 하더라도 채용결과를 파악할 수 있는 대안이 없다고 보고 할 수는 없는 일이었다. 게다가 보고 대상이 청와대이기 때문에 대답에 신중할 수밖에 없었다.

갑자기 전화를 받은 나도 온전한 대안을 갖고 있을 리 없었다. 그런데 놀랍게도 그 질문에 내가 대답을 하고 있었다.

"행장님, 채용장려금을 주시면 다 해결이 됩니다. 잡월드를 통해 채용했다는 증거를 은행에 제출한 기업에 한해 채용장려금을 주십시오. 1기업당 1백만 원을 주면 기업의 참여도가 높아 허수가 나오지 않을 것입니다. 그리고 청년취업 1만 명 프로젝트니까 예산은 150억 원으로 넉넉히 편성해 주십시오."

나도 미처 준비하지 못한 말이 술술 나온 것이다. 그리고 즉시 직원들에게 150억 원에 대한 근거를 만들라고 지시하여 품의서를 작성했다.

'IBK Job World'의 품의서는 지금 기업은행 박물관에 진열되어 있다. 우연히 연수원 박물관에 갔다가 전시되어 있는 그 품의서를 보고 큰 보람을 느꼈다. 기업은행 역사의 한 획을 그은 품의서가 순간의 아이디어에서 나왔다는 것을 안다면 다들 놀랄 것이다. 사실 나도 어디서 그런 순발력이 나왔는지 잘 모르겠다.

좋은 아이디어를 얻기 위해서는 생각의 끈을 놓아서는 안된다. 하루 종일 그 생각만 하라는 것이 아니라 꼭 해결해야 하는 것은 언제든 꺼내 쓸 수 있게 생각의 서랍에 잘 넣어두라는 것이다. 아이디어맨이란 잠재의식을 끄집어내는 기술을 가진 사람이다. 잠재의식에서 좋은 아이디어를 얻기 위해서는 다양한 경험과 생각을 잠재의식 속에 쌓아두어야 한다. 하늘에서 뚝 떨어지는 아이디어는 없다.

#29
부하직원의
성희롱 사건

"위기에 처한 기업은 잘못을 신속히 시인하라.
숙고하느라 지체하지 마라.
최고의 '악수'는 거짓말과 책임회피다."
– NYT

정면돌파가 답이다

어느 날 금융감독원에서 내 사무실로 전화가 한통 걸려왔다.

금융상품 승인을 담당하는 부서의 여직원인데 격앙된 목소리로 '당신의 부하를 어떻게 관리하느냐'며 직원에게 성희롱을 당했다는 것이었다. 당돌하게도 은행장을 바꾸라는 걸 간신히 진정시키고 있는데 그 당사자가 얼굴이 사색이 되어 들어왔다.

그 직원은 금융감독원에 신상품을 승인받는 업무를 담당하고 있어 금융감독원 담당자와 어느 정도 친밀감을 가지고 있었는데 통화하는 과정에서 문제가 발생했다. 유럽여행을 막 마치고 업무에 복귀한 다른 직원에게서 전해들은 이태리식 농담을 던진 것이 화근이 된 것이다.

금감원 여직원이 전화로 다른 직원을 찾자 그 사람이 화장실에

갔다는 말을 이태리어로 유료화장실에 갔다고 한 것인데 금감원 여직원이 못 알아듣자 "앞이 아니라 뒤로 하는 델 갔어요"라고 대답해 상대의 오해를 샀다. 여직원은 그 말을 불쾌하게 여겨 성적인 농담으로 받아들였다. 평소에 진중하고 착실한 직원이 왜 그런 실수를 했는지 모르겠지만 상대방이 불쾌하게 받아들였다면 충분히 논란이 될 일이므로 먼저 사과를 하고 오해를 푸는 것이 급선무라 코가 쑥 빠진 직원을 데리고 여의도 금감원에 가서 사과를 하고 자초지종을 이야기했다. 하지만 상대는 강경하고 완강했다. 법으로 해결하자는 것이었다. 법적으로 저촉될 문제는 아니지만 다급해진 직원은 몇 번이고 전화를 걸고 집으로 찾아가기까지 하면서 용서를 구했는데도 그 여직원은 만나주지 않았다. 그러다가 마지막이라고 생각하고 찾아갔을 때 부행장이 사과하면 받아들이겠다고 했다는 것이다.

어떻게 부행장께 보고하냐고 반쯤은 포기하고 돌아온 그 직원 얼굴을 보니 어떻게든 해결해야겠다는 생각이 들었다.

그래서 내가 담당 부행장을 찾아가 상황 설명을 간략하게 했다. 그리고 금감원 여직원이 부행장의 사과를 요구했다는 이야기도 어렵게 꺼냈다. 정면 돌파하기로 한 것이다. 다행히 부행장께서 흔쾌하게 그 상황을 받아들여 금감원의 여직원을 만나 사과했다. 그것으로 그 일은 마무리되었다. 그리고 그 직원은 지금 기업은행의 훌륭한 인재로 성장하고 있다.

실수는 실수로 인정하고 솔직하게 사과하는 것이 문제 해결의 지름길이다. 마찬가지로 부하직원이 실수를 했을 때도 역시 문제 해결이 우선이다. 그를 질책하는 것은 그 다음 문제다. 보통 사람들은 이 순서를 종종 바꾸기 때문에 실수가 큰 문제로 번질 때가 많다.

#30
능력이 소진되고 부족함을 느낄 때

"학무지경(學無止境)-배움에는 끝이 없고
시간은 사람을 기다려주지 않는다."
- 남송의 대신 장구성

혹독한 KAIST
- 경영학석사(MBA) 취득

은행이라는 약속의 땅에서 내가 해야만 하는 일이 무엇인가 생각하면서 앞만 보며 달리다 보니 어느새 부장자리까지 올라왔다. 어떤 잡지에서 대한민국 부장들에게 설문조사를 한 결과를 보니 부장을 수식하는 말이 다양했다. '부서의 가장'이자 '전쟁터의 장수', '플레잉 코치'이면서 동시에 '동네북', '벼랑에 선 외로운 사람', '방전 직전의 배터리', '완전체이길 요구받는 불완전체'로 정의했다.

전적으로 공감이 가는 말이다. 요구받는 것은 많으나 그걸 다 해내기엔 벅찬 자리가 바로 부장의 위치다. 그래서 부장쯤 되면 공부의 필요성과 함께 외부 에너지를 수혈하고 싶다는 생각이 간절해진다. 우물안 개구리를 탈피하고 인적 네트워크도 넓혀 새로운 에너지를 공급받고 싶은 욕구도 생기는 것이다. 이런 생각은 직급이 올라갈수록 업무 뿐 아니라 인적 네트워크가 중요해지는 상황도 한 몫

거든다.

나 역시 바쁜 부서만 돌다보니 변변한 연수기회조차 없었기 때문에 여러 가지 필요와 욕구에 의해서 개인고객부 부장시절에 자비로 연세대학교 경제대학원에 들어갔다.

나에 대한 첫 번째 투자였다. 결과는 나쁘지 않았다.

좋은 강사들의 강의를 들을 수 있었고 무엇보다 탄탄한 인적 네트워크를 형성할 수 있었다. 중소기업 사장, 해병대 사령관, 금융감독원 임원 등으로 구성된 인적 네트워크는 어려울 때 힘을 보태는 든든한 백그라운드가 되어 주었다. 특히 곤지암 지점 개설 때 보내준 축하예금은 두고두고 잊지 못할 만큼 고마웠다. 그 당시 은행개설에 바빠서 예치금을 어떻게 확보해야 할 지 막막했는데 선뜻 큰돈을 보내준 것이다. 그들을 만난 것이 대학원에서 얻은 가장 큰 수확이었다.

그리고 또 하나는 공부를 통해 인식의 전환을 할 수 있었다는 점이다.

학위과정이 아니고 AEP과정이었지만 수료를 위한 팀별 논문이 미션으로 부여되었는데 팀 논문을 내가 맡아서 하게 되었다. 덕분에 업무에 치여 있을 때 보지 못했던 다양한 자료를 보고, 상황을 비틀어 봄으로써 개선책을 마련하는 방법을 터득했다.

당시 생산공장의 중국진출로 공단의 공동화 현상이 사회적 문제였다. 그런데 다들 중국으로 진출하는 공장의 러시를 멈출 수 있는 방법을 모색할 때 나는 중국 공장을 기지로 삼아 우리 물건을 더 많이 수출 할 수 있는 방안을 고민했다. 그 자체가 새로운 시각이라며 담당학장은 최우수 논문상까지 수여했다.

상품개발부에 있을 때는 경영자 수업의 일환으로 카이스트에 가서 EMBA 경영학 코스를 밟았다. EMBA는 기업의 간부를 모아 따로 경영학 석사 코스를 개설한 것이다.

기업은행에서도 5명을 뽑아서 보내주었는데 낮에는 일하고 주중 저녁과 토요일에 하루 종일 공부하는 시스템이었다. 업무와 겸한 공부가 정말 입에서 단내가 나도록 힘들었다. 과목마다 하버드 비즈니스 리뷰를 원문으로 봐야 하고, 프로젝트마다 팀을 짜서 발표를 해야 했는데 머리에 쥐가 날 정도였다. 영어실력이 약한 것이 큰 어려움이었다. 오죽하면 처음 오리엔테이션을 할 때 담당 교수가 불러서 기업은행 사람들을 다른 기업보다 나이가 많아서 졸업하기 힘들 것 같다며 걱정해 줄 정도였다.

과중한 업무 속에 빡세기로 유명한 KAIST 수업을 따라 가려니 너무나 벅찬 시간들이었지만 미국 USC와 프랑스 HEC Paris에서의 연수기간도 무사히 마치고 경영학석사 학위를 받게 되었다. USC에서는 공부도 공부지만 1달 내내 미스유니버스 후보들과 같은 호텔에 묵어 '안구정화'효과? 까지 누리는 호사를 누렸다. 그 후에도 중대 행정대학원, KDI, IGM 등에서 필요한 공부를 하였고, 은퇴 후에도 진로지도전문가, R&D지원전문가 교육 등을 틈나는 대로 이수하였다.

처음에 대학원에 가려고 했을 때는 외부 인맥을 쌓을 요량이었지만 내 인생의 전부를 계획하고 계신 하나님께서는 내게 벅찬 공부의 기회를 주셨다. 인적 네트워크도 중요하지만 실력이 더 중요하다. 뒤늦게 공부하는 게 힘들긴 하지만 그 터널을 뚫고 나오면 새로운 기회가 열린다. 인간의 계획은 한계가 있지만 하나님의 비전은 나의 한계선을 항상 뛰어넘는다. **실무적으로도 안정되고 조직에서 인정받는 부장이 되었을 때 자신의 인생대차대조표를 업그레이드시킬 기회를 얻어야 한다.**

그리고 기회가 올 때 그 기회를 놓치지 말고 잡아야 한다. 내부업무 때문에 쌓은 경력이 퇴직 후의 인생을 바꿀 수도 있다.

최근에는 산학협력 교수제도가 생겨서 은행에서 학교로 갈 수 있는 기회가 많아졌지만 내가 퇴직할 당시만 해도 은행원이 교수가 되는 것은 드문 일이었다. 그런데 나는 직장 생활을 하면서 쌓아둔 경력이 재산이 되어 퇴직 후에 대학 교수로 가는데 큰 도움이 된 것이다. 업무도 바쁜데 왜 따로 공부까지 해야 하냐고 묻는 사람이 있다면 5년만 기다리면 그 답을 알게 될 거라고 말하고 싶다. 지금은 성실하게 땀방울을 흘릴 때다. 눈앞에 펼쳐진 책을 통해 자기계발에 힘쓰라.

#31
넛 크래커
- 갈등사이에서

"갈등이 있을 때 관계를 망치게 할 수도,
관계를 강화할 수도 있는 요소가 있다.
그것은 바로 태도이다."
- 윌리엄 제임스

공유 · 개방 · 소통이 갈등을
줄여준다

상품개발부에서 1년 반 정도 근무하고 갑자기 인사부로 발령을 받았다.

같은 핵심부서라고 해도 인사부는 상품개발부와 전혀 분위기가 달랐다. IMF 이후 조직이 팀제로 바뀌면서 인재등용이 조직의 핵심 사안이 됐다. 더불어 인사부의 역할과 비중도 커지게 된 것이다. 대리와 과장을 거치면서 인사부에서 근무를 했지만 실무자로 있을 때와는 전혀 달랐다. 사람을 쓰는 조직의 책임을 맡은 자리기 때문에 그 무게감이 굉장했다.

직원들의 관심도 집중되기 때문에 행동거지도 잘해야 하고 이모저모 신경 쓰이는 것이 많았다. 일에 대한 부담감도 있었지만 그보다 사내에 흐르는 힘의 기류가 더 신경이 쓰였다. 임원들의 성향이 모두 다른데다 중심축이 되는 분들이 반대 성향을 갖고 갈등하는 경우도 있기 때문이다. 그럴 경우 부장은 중간에 낀 샌드위치 신세가 되거나 양쪽에서 다 공격당하는 넛 크래커 사이의 호두알이 되기 십상이다.

부장은 '실무를 하는 마지막 월급쟁이'다.
부장 이후의 인사는 실무에 대한 성과 이외에 다른 요소들이 더 추가되기 때문에 누가 언제 어떻게 될지 모른다. 그래서 대부분 자신을 밀어줄 수 있는 쪽에 선다. 미미하게나마 사내정치에 가담하는 것이다. 손만 내밀면 닿을 수 있는 줄이 눈앞에 얼기설기 얽혀 있지만 나는 사내정치에 어두운 사람이었기 때문에 사내인맥을 만든다는 게 낯설게 느껴졌다. 연줄을 잡고 있으면 든든하고 안전하다고 느낄 수 있겠지만 반대로 나의 운명을 다른 누군가와 묶어 버리는 것이기 때문에 예상치 못한 결과를 함께 감당해야 하는 경우도 있다. 어느 줄을 잡건 영원한 건 없다. 그래서 나는 영원히 나의 손을 놓지 않을 튼튼한 동아줄인 하나님만 붙들고 가기로 했다. 그리고 상사들은 모두 똑같이 성심껏 대하기로 했다.

그 첫 번째로 모든 정보를 될 수 있으면 똑같이 보고했다.
정보의 차별화가 누구의 편에 서느냐를 좌우하기 때문에 어느 한쪽에 유리한 정보를 흘리거나 숨기지 않고 상사들이 같은 정보를 공유하고 있다는 점도 밝혔다. 그러자 나를 향하던 경계의 빛이 사라졌다. 부서에 새롭게 갔을 때 나를 아는 사람들을 통해 내가 어떤 성향을 갖고 있는지, 누구와 친한지 등등 뒷조사를 했다는 보고가 나에게 접수 되었지만, 아마도 나에 대한 평가는 정치적인 사람이 아니고 일만 하는 사람으로 들어갔던 것 같다. 그런 평가에 마침표를 찍어준 것이 바로 '공평한 정보 공유'였던 것이다.

줄로 얽혀 있는 회사에서는 줄 밖에 서 있는 사람이 직장에서 오히려 자유로울 수 있다. 업무에만 집중하면 되기 때문이다. 그런 점 때문에 직장 내 미묘한 기류 속에서도 잘 지낼 수 있었다.

그리고 또 하나 인사부장으로서 잘 지낼 수 있었던 것은 상사나 다른 직원의 의견을 무시하지 않고 소통하려 노력했다는 것이다. 좋은 인사는 적재적소에 필요충분조건을 갖춘 인재를 발탁하는 것이다. 그 조건에서 벗어나지 않는 한 나는 상사의 의견을 충분히 반영했다. 무조건 귀를 막는다고 해서 좋은 인사가 이루어지는 건 아니다. 상사나 다른 직원들의 마음을 읽고, 그 의견을 수용하는 것도 인사를 부드럽게 하는 노하우다. 직원도 사람이다. 그 마음을 알아주고 의견을 받아들여주면 관계가 원만해질 수밖에 없다. 그래서 자격이 충분한 사람을 추천할 때는 그들의 의사를 반영하여 판을 짰다.

그 중에서도 인사문제로 한번도 문제가 불거지지 않은 것은 사심을 갖지 않았고, 신앙 양심에 어긋나지 않으려는 정신으로 일했기 때문이라고 생각한다. 한번은 당시 행장님께서 부르시더니 인사결과를 모니터링해보니 흠결이 전혀 없고 정말 잘 됐다 하시며 하나님이 보시고 부처님이 보시니 인사가 잘 된 것 같다고 농담처럼 칭찬하시기도 했다. 나는 크리스천이었고 담당부행장은 불교신자였기 때문에 우스갯소리로 하신 말씀이었지만 그 정도로 잡음 없이 공정한 인사를 했다는 데에 지금까지도 큰 긍지와 자부심을 느낀다. 물론 공정한 인사는 부장의 몫이 아니고 지시하면 그만인 행원 이동 하나도 타당한지 여부를 나에게 의논한 은행장님이 계셨기에 가능한 것이었다고 생각한다.

#32
낡은 생각과 타성

"혁신은 파괴에서 시작된다.
'멀쩡해도 고치라'는 게 혁신의 핵심이다.
하지만 파괴만 있고 새로운 가치 창출이 없는 파괴는
새롭더라도 혁신이라고 할 수 없다."
– 이용섭

인사혁신 7대 방안
– 추수하는 날의 얼음냉수

인사부 업무 중 가장 중요한 것이 '적재적소(Right people, Right position)'원칙에 따라 인력을 배치하는 것인데 그러기 위해서는 회사의 인력구조를 파악하는 것이 필요했다. 인력구조가 종형인지 항아리형인지 피라미드형인지 알 수 있어야 장기적인 계획을 세울 수 있다. 그런데 그 당시에는 그런 내용이 전혀 보고가 되지 않았기 때문에 상사들 그중에서도 행장께서 많이 답답해하셨다.

그래서 만든 것이 인사혁신 7대 방안이다.

직원들의 중지를 모아 기업은행의 인력구조를 한눈에 볼 수 있도록 만들었다. 성과에 따라 직원을 구분하여 성과를 아주 못 내는 사람, 저성과자, 성과를 내는 사람, 고성과자로 나누어 그들의 활용방안에 대해 일목요연하게 정리했다. 예를 들어 지점별로 지점의 인력운용을 어렵게 하는 이른바 고문관의 비율을 조사하여 그들에 대한 조치방안을 정리했고, 신입행원이 빨리 업무에 적응하지 못하는 이유를 분석하고 어떻게 교육하면 빨리 전력화시킬 수 있는지에 대한 방안을 썼다. PB, IT, 심사, 외환 등의 전문인력을 어떻게 확보하고 활용해야하는지, 퇴직지점장들을 활용하여 일일감사등에 손발이 묶여 있는 영업점 팀장들을 어떻게 활용해야하는지, 만성적으로 성과가 안 좋은 영업점을 어떻게 향상시킬지를 포함하여 조직의 역량을 끌어올릴 수 있는 여러 장기적인 계획을 세운 것이다.

이렇게 인사에 관한 현황과 구체적인 대안을 제시하여 보고서를 올렸다. 의사결정에 도움이 될 거라 생각하긴 했지만 결과는 내 예상을 뛰어넘었다. 결재를 맡은 보고서에는 밑줄 두 개와 느낌표 세 개가 그려져 있고, 표지에 "Wow!! 역시 인사부는 다르군요. 그동안의 궁금증이 다 풀렸습니다"라고 적혀 있었다. 그걸 봤을 때의 짜릿함은 지금도 잊을 수가 없다. 2016년 새해가 되자 정부에서 국가 경쟁력 확보차원에서 '저성과자 해고지침'이 발표되었는데 내가 고심해서 만들어 썼었던 용어가 7~8년 후에 다른 곳에서 쓰이는 것을 보니 신기한 마음이 들기도 한다.

그 품의서는 복사하여 지금도 갖고 있다. 추수할 때 얼음냉수처럼 상사의 마음을 시원하게 만든 보고서, 그것은 씨를 뿌리고 물을 주고, 피를 뽑고, 비지땀을 흘린 다음에 만들 수 있는 것이다. 그 모든 과정을 거치고 나서야 언제 갈증이 나고, 냉수가 필요한지 알기 때문이다. **추수할 때 얼음냉수와 같은 자가 되고 싶거든 먼저 추수할 수 있도록 땅을 기경하고 씨를 뿌리는 일부터 시작해야 한다.** 그 때부터 인사부의 업무를 하나하나 바꾸고 혁신해 나가기 시작했다.

답습의 가지치기

인사부에 부장으로 발령받고 막상 인사 판을 짜야 하는 때가 되니 정말 놀랍다는 생각이 절로 들었다. 대리와 과장 시절 인사부에 있을 때 씨 뿌리는 심정으로 만든 인사정보 모니터링 제도를 비롯해 자기신고제도와 인력자원 조사제도가 잘 자리 잡혀 인사를 잘 할 수 있는 토대를 마련해 주고 있다는 것을 볼 수 있었기 때문이다.

최종 인사권은 내게 없지만 그 기본 틀을 짜야했기 때문에 사람에 대한 책임감이 그 어느 때보다 무거웠던 시기가 인사부장 때였다. 아무리 사심 없이 인사작업을 한다고 해도 무심코 던진 돌에 누군가는 상처를 받을 수 있기 때문에 항상 조심스러웠고, 정보에 대해 예민할 수 밖에 없었다. 그때 내게 큰 힘이 되어 준 것이 바로 인사정보 모니터링 제도와 자기신고제도, 인력자원 조사제도였다. 적재적소 원칙에 맞춰 공정한 인사를 하기 위해서는 그 사람을 다양하게 볼 수 있는 자료가 필요하기 때문이다. 게다가 15년 이상 축적되면서 극단치는 빠져나가고 비교적 객관적인 정보만 남아 아주 유용한 정보가 된 것이다.

IBK 은행에 새로 부임하는 은행장님들마다 이렇게 잘 되어있냐고 놀랐다는 이야기도 들었는데 그것은 인사담당 직원이 전 지점을 돌면서 주위의 세평을 모아온 인사정보 모니터링과 자신이 지망하는 부서와 상황 등을 적은 자기신고, 그리고 상사가 부하직원을 평가한 인력자원 조사, 이 세 가지의 교집합을 이루는 정보를 토대로 인사를 하니까 누구나 납득할 수 있는 공정한 인사가 되기 때문이다.

문제는 내가 그 제도를 만들었던 15년 전과 모든 것이 똑같았는 것이다. 양식이나 내용이 전혀 업그레이드되지 않아서 인사 작업을 할 때 매우 불편했다. 조직이 팀제로 바뀌었기 때문에 인사 판을 짤 때도 지역과 부서 위주로 누가 나가고 누가 들어오는지 한눈에 파악할 수 있어야 하는데 여전히 직급별로 해 놓았기 때문에 직원들의 이동 상황을 쉽게 파악하기가 어려웠다. 그래서 가자마자 인사이동 판에 붙이는 딱지의 색깔을 모두 다르게 하고 중부본부, 강남본부, 강서본부 등 지역본부별로 직원들의 이동 상황을 한눈에 볼 수 있도록 했다. 아무리 좋은 제도도 시대에 따라 달라져야 한다. 답습은 발전이 없다. 물론 **잘 자리 잡은 제도를 바꾸는 건 쉬운 일이 아니지만 나무도 잘 자라려면 가지치기를 해 주어야 한다. 가지치기를 한 바로 밑의 눈에서 새로운 생장이 시작되어 나무의 모양도 좋아지고 꽃도 더 많이 피어나기 때문이다.**

또 하나가 퇴직인력 활용방안이다.

이 방안은 기업금융부에 있을 때 만든 코알엠(Corporation-Relationship Manager) 제도를 발전적으로 개선하였다. 코알엠 제도는 임금피크제로 인해 퇴직금이 가장 많은 55세에 미리 퇴직을 하는 사람들이 많았기 때문에 그냥 보내기엔 너무 아까운 인력을 활용하자는 취지였다. 노하우가 풍부한데다 인맥이 잘 형성된 퇴직자야말로 저성과자들의 빈자리를 메꿀 수 있는 좋은 방법이라고 생각했다. 게다가 돈보다는 일을 중시하는 퇴직자들이기 때문에 적은 급여로 큰 성과를 볼 수 있었다. 지점장 말년이 되면 일손을 놓고 저성과자로 분류되는 경우가 많았는데 코알엠(Co-RM) 제도를 시행하자 퇴직 후 일자리를 놓치지 않기 위해 그런 일이 거의 없어졌다.

그러나 코알엠 제도는 기업고객을 발굴하여 지점장들에게 연결해주는 일 하나에 불과 했는데 별 성과가 없었기 때문에 이를 전면 개편하기로 하였다. 시니어 프로(Senior Pro)로 이름을 바꾸고 미션도 대출고객 개발이 아닌 감사, 심사, 준법지원, 부진 영업점 컨설팅 같은 전문 분야 업무로 바꾸어 성취감을 높이는 한편 인력지원사무국이라 별도 관리 조직을 두어 효율적으로 관리하도록 하였다. 재미있는 건 꿈에도 생각하지 못했던 일이지만 내가 퇴직 후에 인사부장이 겸직하고 있었던 인력지원사무국장으로 가게 되었다는 것이다. 정말 놀라운 일이 아닌가!

채용방식은 열린 채용을 표방했다. 기업은행의 직원이 직접 학교에 가서 학생들을 리쿠르팅하는 방식을 채택했다. 그럴 때 직원들이 학생들과 좋은 관계를 맺으면 취업에 관계없이 그들은 기업은행의 팬이 된다. 그런데 인사부 직원들이 철저한 사후관리로 학생들의 마음을 얻었다. 채용결과도 문자로 알려주고, 채용일정도 일일이 다 전달했을 뿐 아니라 합격한 부모들에게는 꽃다발도 보내고, 면접 보러 왔다가 떨어진 학생들과는 대화하면서 마음을 어루만져 주니까 다들 기업은행에 대해 좋은 기억을 안고 갔다.

포상제도도 실질적으로 직원들의 마음을 움직이고 내재된 열정을 끌어내어 선의의 경쟁 속에서 최선을 다해 즐겁게 뛰게 하자는 취지로 논공행상 방식에서 "올림픽 방식"으로 개선해 포상의 권한을 인사부에서 각 지역본부, 사업본부로 이양하고 포상부문, 포상시기, 포상종류, 배분방법, 보상의 종류 등의 전면 개정을 추진하였다.

시간 날 때마다 팀장들, 과장들과 토론이 벌어졌는데 '창구가 과도하게 고학력 인플레 되었으니 특성화 고등학교 학생들을 고용하자' '신입행원들의 끼를 발산할 기회를 주는 것이 조직 활성화에 도움이 된다'등 참신한 이야기가 많이 나왔다. 내가 인사부를 떠난 후에 속속 이 안들이 실현되어 이슈가 되고 빅히트를 치는 모습들을 보고 마음이 흐뭇했다.

약한 자의 입장에서 일하라
– 계약직, 인턴, 고경력 직원

영업점에 있을 때 외부에 영업을 나가서 겪은 일이다.

사무실에 일하는 사람이 5명이 있는데 5명 모두 부장 이상이었다. 대표이사와 이사 3명 그리고 부장 2명으로 명함에 직함이 박혀 있었다. 사회생활의 첫 인상은 명함에서 시작된다. 거기에 박혀 있는 직함이 나이보다 우선순위다. 그러다보니 직함이 높은 사람이 이야기를 풀어나가기가 훨씬 쉽다.

그런데 은행은 직함이 너무 저평가 되어 있었기 때문에 외부 업무를 볼 때 불편한 점이 많았다. 아무리 경험 많고 능력이 있어도 대리 직함을 내놓고는 상대 회사의 이사와 동등하게 이야기를 풀어가기가 쉽지 않기 때문이다. 그래서 직급을 한 단계씩 높이자는 건의를 했다. 직급 인플레이션이 생기긴 하지만 조금이라도 현장에서 일하기 편하다면 하는 게 맞다고 생각했다. 다행히 그 건의가 통과되어 행원 OO씨는 계장, 대리는 과장, 차장은 팀장 등으로 하나씩 올려 부르게 되었다.

그 중에서 가장 중요하게 생각한 것이 계약직이었다.

신분의 불안도 힘든데 호칭까지 계약직이라 할 이유가 없다고 생각하여 모든 인사자료와 명칭에서 계약직이란 말을 없앴다. 함께 직장 생활하는 동료로 인정해주기 위해 계약직 대신 '주임'이라고 부.

르기로 했다. 주임은 맡은 일에 주인이라는 뜻이다. 호칭 하나만 바꿔도 회사 분위기는 달라진다. 만약 책상물림으로 앉아만 있었다면 호칭의 중요성에 대해 잘 몰랐을 텐데 현장 경험이 새로운 변화를 불러일으키는 아이디어의 원천이 된 것이다. 그런 마음으로 일하다 보니 인사부에 있으면서도 불협화음이 별로 없었다. 오히려 인사부장이란 자리가 내가 하고 싶은 일을 할 수 있게 해 주어서 좋았다.

현장면접이 그 대표적인 사례다.

그 당시 계약직 직원들이 정규직으로 전직할 수 있는 기회가 있었다. 1년에 30명 정도 시험과 면접을 통과한 사람들에게 정규직으로 갈 수 있는 기회를 주었다. 그런데 부산에서 근무하던 한 여직원이 면접을 앞두고 출근시 계단에서 굴러 다리를 다쳤다는 소식을 들었다. 시험은 통과하고 면접만 남은 상황인데 참석을 못하게 된 것이다. 다들 안타까워했지만 방법이 없었다. 면접장에 오지 않으면 결석 처리되면서 기회를 박탈당하기 때문이다. 열심히 공부했을 텐데 너무 억울하겠다는 생각이 들면서 한 가지 생각이 떠올랐다. 바로 현장면접이다. 면접관이 부산에 직접 가서 만나면 평가가 가능하고, 여직원은 억울하게 기회를 놓치지 않아도 된다는 생각이 들었다. 그래서 인사부 직원을 부산에 파견하여 면접을 보게 했다. 전대미문의 현장면접이었다. 현장면접을 통해 여직원은 무사히 정규직으로 전직했다.

누구나 그 자리에 맞는 일을 해야 한다.

인사부장은 직원이 외부영업에서 무조건 성공할 수 있도록 할 수 있는 능력은 없다. 비정규직을 정규직으로 전직시킬 힘도 없다. 하지만 외부 영업의 성공 가능성이 높아지도록 직함을 높일 수는 있다. 정규직이 될 기회를 놓치지 않도록 예외사례를 만들 수는 있다. **자신이 서 있는 자리에 만족하지 않고 '수요자의 입장'에서 무엇을 할 수 있는지 생각하며 일을 추진할 때 성과 이상의 감동의 결과를 얻을 수 있다.** 당시 은행장님은 직원들에 대한 사랑이 많았다. 정부 방침 때문에 부득이 직원급여삭감을 한 것을 가지고 두고두고 오해를 받고 있지만 급여삭감 사인 당시 나는 현장에 배석하여 노조위원장과 함께 흘리는 눈물을 보았다. 그 은행장님이 하루는 나를 호출하였다. 인턴제도가 새롭게 시행되고 있는데 그들이 만일 나의 조카라면 어떻게 하겠냐는 것이었다. 그냥 점포에 배치하여 적당히 배치하고 끝낼 것으로 생각했던 나는 뒤통수를 맞은 것 같았다.

자리로 돌아온 나는 팀장들과 머리를 맞대고 인턴제가 실질적으로 학생들에게 도움이 될 수 있는 방안을 고민했다. 명칭부터 기업은행 인턴으로서 미래를 개척하라는 의미에서 'i-Prontier'로 정하고 3개월 씩 나누어 인턴과정과 레지던트 코스로 업무를 구분하여 최대한 현업을 배울 수 있도록 과정을 구성했고 그중 20% 내외의 직원을 정규직 면접기회를 주도록 했다. 은행장은 그 보고 안에 흡족해 하셨고 은행권에 기수 명칭이 있는 유일한 인턴코스가 되었다.

이 외에도 장기 승진누락으로 의기소침해 있는 고경력 직원에 대해 일정 미션을 통과하면 승진 할 수 있는 기회를 부여하는 'Second-Chance제도'를 도입하는 등 저성과자 관리방안을 수립하여 착실히 실행해 나갔다.

근무시간 정상화제도 – 일과 삶의 조화가 기업의 경쟁력

'퇴근 시간을 목숨처럼 지키는 직원!'이란 말을 들으면 어떤 생각이 들까?

업무에는 관심없고 5시부터 시계만 보다가 6시가 되면 발딱 일어나는 사람이라는 개념이 우리 안에는 박혀있다.

하지만 이렇게 말을 바꾸면 어떨까? '퇴근이라는 약속을 잘 지키는 사람!'이라고 생각하면 좀 인식이 바뀌지 않을까?

나는 퇴근시간을 잘 지키는 편이었다.

과장 때 까지는 야근을 밥 먹듯이 했지만 팀장이 된 이후에는 상사가 퇴근하면 5분 있다가 나도 퇴근했다. 대신 퇴근길에 업무를 남기고 가는 일도 거의 없었다. 정시에 퇴근하기 위해 모든 업무를 퇴근 시간 전까지 밀도 있게 하려고 노력했다. 그러기 위해 일의 군더더기를 없애고 집중하는 습관을 들였다.

직급이 높을 때는 일찍 퇴근하는 게 오히려 편하지만 대리나 과장일 때는 쉽지 않았다. 다들 야근이 습관처럼 몸에 배어서 야식 먹고 고스톱치고, 바둑을 하는 경우가 잦았다. 5팀 중에 한팀만 야근이 필요한데 나머지 팀도 동반야근을 하면서 이상한 의리를 지켰다. 물론 동료의식을 발휘한다면 좋은 일이지만 이미 습관화된 야근은 피곤만 가중시킬 뿐이었다.

직장생활도 중요하지만 가족이나 친구 그리고 혼자 있는 시간도 필요하다. 그러기 위해 보장된 게 바로 퇴근시간이다. 인사부 대리 시절 그래서 어떻게 하면 퇴근 시간을 지킬 수 있을까 고민하면서 직장새마을업무의 일환으로 '가정의 날'을 만들어 시행 했다.

일을 적게 하자는 게 아니고 불필요한 야근을 없애자는 취지에서였다. 매주 수요일마다 일찍 퇴근하자는 것이었는데 국내에서 거의 처음 시행되는 것이라 언론의 큰 주목을 받았다. 직원들의 의식구조가 쉽게 바뀌지는 않아 부서별로 퇴근을 독려하며 확산을 추진하기도 했지만 내가 승진발령이나 인사부를 떠난 이후 아쉽게도 흐지부지됐다.

그런데 퇴근시간을 정상화 할 수 있는 절호의 기회가 왔다.

인사부장으로 있을 때 노동조합에서 내세운 것이 바로 '근무시간 정상화'인데다가 경영진의 생각도 의외로 호의적이었기 때문이다. 기업은행의 급여수준은 당시 은행권에서 꼴찌였다. 그러다 IMF 이후 꾸준히 상승하여 시중 은행과 비슷한 수준이 되었다. 그러자 노동조합에서 임금상승 대신 퇴근 시간을 앞당겨 달라는 조건을 내세운 것이다. 내게는 그 말처럼 반가운 말이 없었다.

야근을 하면 좋은 결과가 나올 것이라 생각하지만, 실상은 반대다. 세계적인 베스트셀러 '감성지능 2.0'을 쓴 브래드베리 박사도 특급 인재의 이직을 부추기는 관리자의 실수 중 첫 번째로 과도한 근무시간을 꼽았다. **야근이나 추가 근무는 단기간에 최대한의 성과를 얻을 수 있지만 자칫 성실하고 재능있는 인재들이 '열심히 해봐야 늘어나는 건 업무뿐'이라는 잘못된 생각을 갖기 쉽다**는 것이다.

더 근본적인 문제는 업무시간이 늘어날수록 생산성이 떨어진다는데 있다.

미국 스탠퍼드대학의 연구를 보면 주당 업무시간이 50시간을 넘어서기 시작하면 생산성은 급격히 감소한다. 55시간을 넘기자 생산성은 제로로 떨어졌다. 야근 비용도 만만치 않다. 야근 수당에 야식

비까지 합하면 그 비용만 해도 어마어마하다.

그래서 야근을 어떻게 없앨지에 대해 노조 간부들과 머리를 맞대고 밤을 새워가며 고민하기 시작했다. 문제는 업무를 지시하는 시간이었다. 상사들이 아침에 업무를 지시하면 낮에 하면 되는데 꼭 퇴근할 무렵에 일을 주면서 내일 보자고 하면 하는 수없이 야근을 할 수 밖에 없다. 일을 지시하는 시간을 아침으로 못 박고, 동반야근을 없애면 야근의 폐해는 훨씬 줄어들 것 같았다. 그래서 노조와 함께 방침을 세우고 구체적인 방안을 고민했다.

그래서 만든 것이 'PC 오프제'로, 오후 5시에 사내컴퓨터 팝업창에 업무마감 관련 안내문이 뜨고, 오후 7시가 되면 PC가 자동으로 꺼지는 제도다. 마지막 까지 노조와 승강이를 하며 도입하지 않으려 했던 부점장의 실적 평가점수에 직원의 평균퇴근시간을 넣는 방안까지 수용하였다. 대학생이 들어오고 싶은 직장 상위에 IBK가 들어가는 것도 이 제도 때문이라는 말도 있다. 많은 사람들의 우려대로 후유증이 없는 것은 아니나 야근이 꼭 필요한 직원은 미리 승인을 받아 일을 할 수 있도록 했기 때문에 큰 부작용 없이 시작되었다.

나는 비록 'PC오프제'의 초석만 닦고 본부장으로 발령을 받았지만 여러 문제점을 보완해 가면서 잘 시행되고 있는 제도를 보면 지금도 흐뭇하다. 하나님께서는 당장은 아니더라도 내가 직장에서 소망하는 선한 꿈이 이루어지도록 하나 둘씩 가장 좋은 때 가장 좋은 방법으로 인도하시니 말이다.

#33
노사관계의 어려움

"법질서를 어기는 것을 방치한다면
민주주의는 사라지는 것이다."
- 마거릿 대처

은행권 초유의 사태
- 노조위원장 후보 정직사건

나는 인사부 대리 시절 인사부 노조 지부장을 하면서 노조의 의사결정 구조의 비효율성과 잘 못된 노조 활동의 폐해를 생생하게 겪었다. 지금은 아니겠지만 노동약자의 편에 서야 할 노조 간부들의 잇속 챙기기에 급급한 모습과 단체협상 뒤에서 딜 하려는 모습도 보았다. 파업 때는 거의 집에 들어가지 못하고 마치 전쟁을 치르듯 꿩가리 소리 막기에 급급했다. 특히 노조위원장 선거철이 되면 서로 상대 후보를 공격하면서 난투극도 벌어지고 은행 업무가 마비되는 지경도 목도할 수밖에 없었다.

그런데 인사부장이 되었을 때 노조와 갈등이 없었던 것은 아니었지만 위원장은 비교적 합리적이고 터무니없는 요구는 하지 않는 사람이었다. 소소한 문제는 팀장들이 자율적으로 협의하게 위임하여 노조와의 관계를 잘 설정하였으며, 노사 협상 당사자인 직원만족부장에게 힘을 실어주어 실제로 전체 직원과 조직에 도움이 되는 방향으로 노사관계를 유지하고 있었다. 근무시간정상화 같은 큰 안건도 머리를 맞대고 밤새 얼굴 붉히지 않고 논의하는 분위기였다.

그런데 역시 노조위원장 선거가 가까워 오자 예비후보들이 난립하면서 혼탁양상이 점차 심화 되고 있었다. 그 폐해를 잘 아는 나는 이를 방지하기 위해 출마예정 후보자들을 불러 협조를 요청하고 룰을 잘 지켜 줄 것을 부탁했다. 그런데 한 후보자가 정상범위를 넘어서는 활동을 한다는 보고를 접하고 있던 차에 경영진으로부터 일정한 조치가 필요하다는 지시를 받고 의견을 듣기 위해 인사부로 호출하였다.

예상외로 그의 태도는 경직되어 있었으며 업무상 호출에도 불응하였다. 선거는 아직도 한참 멀었고 정식 후보자도 아닌데 업무시간 중 유언비어를 유포하였다.

부당내용 삭제지시에도 응하지 않았다. 도를 벗어난 행태를 지속하는 태도를 그대로 두면 어렵게 부탁한 깨끗한 선거 분위기를 해치고 또 과거와 같은 불행의 씨앗이 될 것 같아 경영진에게 보고하였더니 강력한 대응을 주문하였다.

팀장들과 오랜 시간 숙고 끝에 은행 역사상 유례가 없는 노조위원장 후보 "정직"과 함께 후선조치를 결정하였다. 모두들 놀랐고 온건파 노부장이 이렇게 셀 줄은 몰랐다고들 했다. 결국 그 덕분에 선거는 깨끗하고 조용하고 잡음 없이 공명하게 치러졌다.

선거의 결과는 아이러니컬하게도 정직처분을 받은 그 직원의 당선이었다. 이른바 동정표를 얻은 "옥중당선"이 된 것이니 그 직원의 입장에서 보면 내가 병 주고 약준 결과가 된 것이다. 그 결과를 다른 측면에서 생각해 보면 선거가 무질서 과열 혼탁하지 않도록 역할을 한 정직처분의 덕분이라 할 수 있다. 다행히 그 이후의 선거들이 비교적 차분한 가운데 치러지고 있는 모습을 볼 때 그 당시의 결정은 아직도 잘한 결정이라고 생각한다.

후일담으로 사실을 확인 할 수도 없고 믿고 싶지도 않으나 부행장 승진 결정시 노조위원장이 나를 반대했다는 설도 있다. 원인 없는 결과는 없기 때문에 그랬을 가능성도 있다고 생각한다. 평소에 적을 만들지 않는 성격의 나지만 조직을 위해 **필요할 때는 나 개인의 이익을 훼손하면서라도 할 일은 해야 한다**는 것이 지금도 변치 않는 나의 생각이요 원칙이다.

#34
종교가 다른
상사의 지시

"방백(方伯)들을 의지하지 말며 도울 힘이 없는 인생도
의지하지 말찌니 그 호흡이 끊어지면 흙으로 돌아가서
당일에 그 도모가 소멸하리로다
야곱의 하나님으로 자기 도움을 삼으며
여호와 자기 하나님에게 그 소망을 두는 자는 복이 있도다."
– 다윗의 시편

신우회 활동
-때를 얻던지 못 얻던지

본사 근무를 하면서 내가 부서업무 못지않게 열정을 기울인 것이 바로 신우회 활동이다. 그리고 그 덕분에 직장생활을 어렵지 않게 했다고 생각한다. 남들보다 1시간 정도 일찍 출근해서 묵상으로 하루를 시작하고, 무슨 일이 있을 때마다 회사에 마련된 작은 예배처에 모여서 기도하는 그 시간이 얼마나 즐거웠는지 모른다.

나는 일터가 곧 교회라고 생각했다.

'일터교회'는 월요일부터 금요일까지 성도들이 각자의 직장과 삶의 현장에서 세워나가는 교회다. 교회성장학자 피터 와그너 박사가 명명한 이 '일터교회'를 마음에 새길 때 삶의 현장에서 그리스도의 향기를 뿜는 것이 중요하다고 생각했다. 범사에 감사하고, 기뻐하고 기도하며 남에게 해 끼치지 않는 삶을 살아가는 그 자체가 예배라고 생각했다. 물론 말씀대로 사는 게 쉽지는 않지만 날마다 묵상을 통해 하나님께 기도하며 하루하루 나아갔다.

신우회는 1980년대 초부터 35년 이상을 한 주도 거르지 않고 모여서 회원들 뿐 아니라 은행을 위해 기도한다. 이렇게 오랫동안 변함없이 모임을 지속할 수 있는 데는 지도목사이신 김용호 (전)극동방송이사의 존재가 절대적이다. 특별한 사례비가 없는 데도 직장복음화를 위해 오랜 기간 동안 변치 않고 헌신해 주시고 있는 목사님은 매주 직장생활에 지친 직원들에게 긍정의 메시지를 주시고 친히 생활로써 그리스도의 삶을 실천하여 모든 회원들의 멘토로서 존경받고 계신 분이다. 한 기업의 직장 신우회를 창립 때부터 지금까지 그렇게 오래 함께한 것은 기네스북에 오를만한 일이다.

35년이 지속되는 동안 우여곡절도 많았다.

크리스챤 행장이 오실 때는 창립기념식이나 시무식 때 합창을 시키시기도 할 정도로 활성화 될 때도 있었지만 별도의 서클실이 없는 관계로 예배 장소를 구하기 어려워 전전 긍긍 할 때도 많았다.

최대의 복병은 업무회의 때 내려온 행내 종교활동 자제지침 같은 것이었다. 업무회의 때 내린 지침을 모른 척할 수도 그렇다고 신우회에 빠질 수도 없는 상황이었다. 그 당시 내가 신우회 회장이었기 때문에 그냥 한 사람이 빠지는 것과는 차원이 다른 문제였다.

그 후 신우회 수요일 예배 시간에 가보니 과연 상사의 한 마디는 힘이 셌다. 평소보다 예배에 참석한 인원이 현저하게 줄어 있었다. 금지령을 내린 것도 아니고 "자제해주었으면 좋겠다"는 말 한마디에도 움찔할 수밖에 없는 게 직장인의 비애다. 하지만 나는 상사의 지시보다 원칙을 지키는 게 더 중요하다고 생각했다.

물론 신우회 활동을 하지 않고도 직장 내에서 하나님을 섬길 수 있는 방법은 많다. 그리고 삶에서 보여주는 신앙의 자세가 예배 못지않게 중요하다고 생각한다. 하지만 내 의지가 아닌 외부조건에 의해 예배를 건너뛰는 일은 하고 싶지 않았던 것이다. 신우회를 담당하시는 김목사님께서도 내가 상사의 눈밖에 날까봐 걱정하셨지만 마음에 동요가 없었다. 사내에서 종교활동을 하는 것이 문제될 리도 없지만, 하나님께서 당신의 뜻에 순종하고자하는 이를 버려두지 않으실 것을 믿었기 때문이다.

사람은 누구나 자신에게 가장 큰 영향을 미칠 수 있는 대상에게 충성을 바친다. 회사에서는 당연히 상사의 뜻을 따르는 것이 옳다. 하지만 하나님과 상사의 뜻이 엇갈릴 때는 상사보다 크신 분인 하나님께 순종하는 것이 맞다고 생각했다. 그 당시에도 과로로 인한 암으로 고생하시며 모습을 감추고 계시던 고 강권석 행장님은 수시로 오셔서 기도를 부탁하셨는데 신우회가 은행발전과 경영진을 위해 늘 기도하는 것을 알고 계셨기 때문이다. 그렇게 소중한 일이 누구 한사람의 지시로 위축되어서는 안 된다고 생각한다.

만약 내가 대부분의 사람들처럼 이 세상에서 사는 8-90년의 삶이 전부라고 생각했다면 다른 선택을 했을 것이다. 하지만 하나님 없이는 어떤 성취도 허무한 것이라는 것을 이미 알고 있었기 때문에 하나님께 순종함으로 인해 받는 어떤 고난도 당할 각오가 되어 있었다. 그 고난은 천국으로 가는 여정 뒤의 면류관과 천국의 영광에 비하면 아무 것도 아니라고 믿었기 때문이다. 내 인생을 책임지는 진짜 상사가 누구인지 알 때 담대함을 얻을 수 있다.

제6장

COMMITMENT

헌신 없는 성공은 없다!

-본부장 시절에 깨달은 지혜-

Commitment

All-in

　　몸과 마음을 바쳐 있는 힘을 다하는 것을 헌신(獻身)이라 한다. 나의 모든 것을 거는 것이다(All in). 전부가 아닌 반만 걸고(Half in) 반만 쏟아(Half out)서는 온전한 헌신이라 할 수 없다.

　　마크 배터슨은 그의 저서 「올인」에서 온전히 헌신하려면 지금까지의 모든 삶에 마침표를 찍어야 한다. 더 극적인 종결을 원한다면 느낌표를 찍어도 좋다. 무슨 일이든지 첫걸음 떼기가 가장 어렵다. 체중감량, 진학, 저술, 사업~~ 그러나 첫걸음으로는 부족하다. 뒷걸음처 과거로 돌아 갈 가능성을 없애야한다. 그렇게 목표를 추구해야한다. 그렇게 중독증을 이겨내야 한다고 쓰고 있다.

　　농부였던 엘리사는 쟁기를 불태워 그의 소를 삶아먹었다. 엘리야를 따르기 위해 꼭 쟁기를 불태워야 했던 것은 아니지만 그는 그렇게 함으로써 한 가지를 명확하게 표현했다. 과거로 돌아가는 것이 불가능해진 것이었다. 엘리사의 All in의 순간이었다. 그는 단지 새것을 받아들이는데 그치지 않고 옛것 들을 다 처분했다. 그렇게 헌신한 그는 그의 스승 엘리야 보다 갑절의 능력을 받는다.

　　헌신 없는 성공은 없다. 본부장이 되면서 나도 좌고우면하지 않고 주어진 모든 일에 All in하였다. 성공을 원하는가? 그리하면 헌신하라 그것이 선지자의 삶에 모든 것을 걸기위해 All in한 엘리사의 "C" 즉, Commitment(헌신)의 비밀이다. 마치 값비싼 향유옥합을 깨어 예수님의 발 앞에 모두 부었던 마리아처럼, 모든 것을 바쳐 조국에 헌신한(爲國獻身 軍人本分) 안중근 의사처럼!

#35
열악한 영업환경

"금수저니 흙수저니 하는 수저색깔 타령만 하지 말고
흙수저 물고 태어나서 금수저 인생을 사는 이야기를
만들어내야 한다."
– 류동길

뜻밖의 발령
– 강남지역 본부장

다른 사람을 위해 열심히 밥상을 차렸는데 그것이 온전히 내 것이 될 때, 시쳇말로 횡재했다고 한다. 어떻게 보면 나의 본부장 발령은 어부지리로 얻어걸린 것처럼 보인다. 어떻게 보면 맞는 말이기도 하다. 기업은행이 브랜드 이미지를 바꾸고, 개인고객을 대상으로 다양한 상품을 개발하는 등 많은 노력을 기울였지만 개인금융부문에서 확실한 승기를 잡지 못했다. 그래서 행장께서는 개인금융부문을 강조하고 수신기반 확대에 주력하기 위해 개인고객의 메카라 불리는 강남지역에 부행장 중 한분을 본부장으로 임명하기로 했다. 회사의 의지를 보여주기 위한 일종의 전략적 인사였던 것이다.

그런데 문제는 엉뚱한 데서 불거졌다.

부행장을 추가로 뽑을 수 없게 된 것이다. 지역 본부장으로 간다고 해도 부행장의 직위가 바뀌는 것은 아니다. 하지만 자리는 본부 부행장에서 지역본부로 바뀌기 때문에 본부에서 떠난 부행장의 일을 담당할 사람이 필요했다. 그러기 위해서는 부행장 자리를 늘려야 하는데 정부에서 허가를 해야 가능한 일이었다. 이미 규정에 따라 정해진 임원은 다 채워진 상태기 때문에 당시 재경원에서 정원을 한명 더 늘려줘야 인사가 가능했다. 그 막중한 임무를 맡고 매일 출근하다시피 재경원에 가서 담당자를 설득하고, 자료를 제출했지만 일주일이 지나도 허가가 떨어지지 않았다.

그때가 마침 공공기관 경영합리화 정책을 추진하던 터라 금융권의 구조조정이 핫이슈로 떠오르고 있었다. 임원의 수를 줄여야 할 마당에 기업은행의 임원 정원을 늘려주면 다른 국책은행도 추가 정원을 인정해야 하고, 그렇게 되면 은행권 전체에 영향을 미치기 때문에 정원 추가는 절대 안 된다는 것이었다. 끝내 임원 정원추가는 허가되지 않았고, 전략인사는 불가능해졌다.

그런데 그 본부장자리는 공석이었기 때문에 누군가는 가야만 했다. 결국 내가 그 자리로 가게 되었다. 다른 사람의 자리를 만들기 위해 숨 가쁘게 달려왔는데 결과적으로 내가 갈 자리를 만든 셈이었다.

이런 과정을 지켜본 사람들은 복이 많다. 관운이 트였다하며 부러워하기도 하고, 축하해주기도 했다. 육사 동기생 중에서도 별을 다는 것이 7%가 안 될 정도로 어려운 일이라 하는데 그 바늘귀를 나 같은 사람이 통과했다는 것은 감사한 일이라고 생각한다.

하지만 현실은 녹록하지 않았다.

우리나라에서 돈 많은 사람들이 제일 많이 모여있는 강남지역 본부는 개인고객부문을 대표할 만큼 시장성이 크다. 하지만 그만큼 영업하기도 까다롭고 어려운 곳이었다. 기업은행의 주요 고객인 기업들은 비싼 임대료 때문에 강남주변의 판교 테크노밸리 혹은 구로디지털단지 등으로 대거 이동하고 있었다. 그러다보니 기업 고객의 신규 유치는 하늘의 별 따기였고, 개인부자들은 PB(Private Banking)들이 영업하는 시중은행의 점포와 거래를 하고 있었기 때문에 비집고 들어갈 틈이 적었다.

기업은행은 거액 예금자를 상대로 고수익을 올릴 수 있도록 컨설팅해주는 금융 포트폴리오 전문가인 PB 육성을 위해 최선의 노력을 다해 장족의 발전을 하고 있었지만, 기존에 고객기반을 확보한 시중은행과 경쟁하기엔 벅찬 상황이었다.

본부장 발령이 '인생지사 새옹지마'라는 말처럼 어떤 결과를 나타날지 모르는 상황에서 곳곳에 어려움이 산재해 있지만 지금까지 다른 사람들이 못한 플러스알파를 만들어 내리라는 새로운 각오로 강남지역 본부로 향했다.

#36
리더십

"고용주는 '나'라고 말하고 Leader는 '우리'라고 말한다.
 고용주는 실패에 대한 책임에 눈길을 돌리고
 Leader는 그 방법을 보여 준다.
 고용주는 '일하라'라고 말하고 Leader는 '일합시다'라고 말한다
 – 셀프리지 백화점의 창업자 고든 셀프리지

카리스마 리더십 vs 서번트 리더십

강남지역 본부에 첫 출근했던 날은 잊을 수가 없다. 회사에 도착해서 엘리베이터에서 내리는 순간, 마치 군인들이 도열해 있는 것처럼 직원들이 두 줄로 서서 일제히 인사를 하는 것이 아닌가. 정말 깜짝 놀라고 당황스러웠다. 본래 숫기가 없는 편이라 기사가 운전해주는 차를 타고 출근하는 것도 어색하기 짝이 없었는데 직원들까지 나와 조폭 스타일로 인사를 하니 무척 당황스러웠다. 대체 이게 무슨 분위기인지 알 수가 없었다.

더 알 수 없었던 건 직원들의 태도였다.

복도에서는 그렇게 적극적으로 인사했던 직원들이 회의 시간에는 약속이나 한 듯 입을 꾹 다물고 아무 말도 하지 않는 게 아닌가. 이런 저런 질문을 해 보아도 다들 대답이 시원찮았다. 어떤 사안에 대해 자신의 의견이나 생각을 말하는 사람은 더더욱 없었다. 처음에는 내가 인사부장 출신이라 경직돼 있지 않는가 생각해서 적잖이

언짢기도 했다.

하지만 그런 딱딱한 분위기에서는 일하기가 너무 어려웠다.

그래서 한 사람씩 만나서 그토록 경직되어 있는 이유를 알아봤더니 전임 본부장의 스타일이 나와는 정반대였기 때문에 조직에 기강이 잡히고 긴장된 분위기가 형성된 것이었다. 전임 본부장은 강한 카리스마로 가는 곳마다 좋은 성과를 내는 유능한 리더였다. 조직 충성도와 성과를 중시하는 스타일이었기 때문에 직원들이 항상 긴장하고 모든 것을 일 중심으로 생각하는 것이 습관화된 것이다. 그 덕분에 개인고객부문의 불모지인 강남지역에서 좋은 성과를 올리며 다른 지역에 모범이 될 수 있었다.

하지만 나는 천성적으로 부드러운 편이라 카리스마 리더십은 맞지 않았다. 오히려 서번트 리더십에 가까운 편이었다. 게다가 성과를 잘 내는 것보다 조직원이 행복한 것이 더 중요하다고 생각하기 때문에 군대처럼 일사불란한 조직보다 개방적이고 따뜻한 분위기를 원했다.

분위기 쇄신을 위해 먼저, 아침 엘리베이터 인사를 없앴다. 그런 것이 조직의 기강을 잡고, 긴장감을 주어 일에 집중할 수 있게 하는 효과가 있는지는 모르겠지만 나는 기강보다는 자유로움이, 긴장보다는 활발한 대화가 더 중요하다고 생각한다. 회의도 마찬가지다. 정답을 말하기 위해 신중한 것보다는 조금 부족해도 자신의 의견을 적극적으로 이야기하여 함께 답을 찾아가는 과정을 더 중시한다. 하지만 직원들의 굳게 닫은 입을 열기가 쉽지 않았다. 입을 열기 위해서는 먼저 마음을 여는 게 중요했고 그러기 위해서는 나의 진심을 보여주는 게 우선이었다.

행복한 일터의 조건
– 직원의 마음을 얻어라!

누구나 이상적으로 그리는 조직상이 있을 것이다.

나의 경우는 '행복한 일터'를 이상적으로 생각한다. 인생 대부분의 시간을 회사에서 보내는 직장인의 행복은 회사생활에 대한 만족도에 따라 달라진다고 생각하기 때문이다. 나는 '직원들이 모두 행복한 일터'를 원한다. **행복은 전염성이 강하기 때문에 사람을 불러 모으며, 긍정적인 에너지를 발산하기 때문에 좋은 결과를 낳는다고 생각한다.**

고객을 상대해야 하는 은행에서는 항상 고객만족이 우선이다. 하지만 나는 직원만족을 우선에 둔다.

'근자열 원자래(近者悅 遠者來)', 즉 가까이 있는 사람을 기쁘게 하면 멀리 있는 사람까지 저절로 찾아온다는 공자의 말도 있지 않은가. 똑같은 메뉴를 파는 식당이 있다면 나는 직원들의 표정이 밝고 행복해 보이는 곳을 택한다. 대체 무엇이 그들을 행복하게 하는지 그 이유가 궁금하기 때문이다. 나는 강남지역 본부가 그런 곳이 되길 바랐다. 직원들의 행복이 고객의 호기심을 자극할 수 있을 정도로 가득하길 바랐다.

그래서 조직의 무게중심을 일에서 사람으로 바꾸고, 대화의 초점을 성과에서 행복으로 바꿨다. 그리고 팀장과 함께 44개 점포를 돌면서 직원들을 만나기 시작했다.

지점 셔터를 내린 마감시간 후 지점을 방문하여 직원들과 허심탄회하게 이야기를 나눴다. 행복하게 살기 위해서는 어떻게 해야 하는지에 대해 같은 마음으로 고민하며 대화의 눈높이를 맞췄다. 처음에는 아무리 내가 행복을 강조해도 대화가 잘 풀리지 않았다. 하지만 실적 때문에 고민하는 직원에게 내 경험담을 이야기해주면서 그 상태에서 좀 더 잘할 수 있는 방법이 무엇인지 함께 고민하는 모습을 보여 주다보니 점점 고민을 토로하는 직원들이 많아졌다. 대부분 고민이 업무와 관련된 것이었기 때문에 내 경험은 그들에게 좋은 본보기가 될 수 있었다. 그리고 직원들의 능력이 좋고 나쁨을 평가하지 않고 각자가 지닌 능력을 발휘할 수 있는 방법을 찾아 격려해주니까 조금씩 자신감을 되찾고 마음을 열기 시작했다.

직원들이 마음을 여는데 '본부장의 행복편지'도 큰 역할을 했다.

직원들과 보다 가깝게 교감하기 위해 일주일에 한번, 월요일마다 행복편지를 보냈다. 누구나 공감할 수 있는 소소한 일상의 이야기를 쓰면서 자연스럽게 내 생각을 전달했다. 처음에는 행복편지를 보내도 시큰둥하던 직원들이 우리 집 강아지 얘기며 삼성동 길거리에서 콧털 깎기를 파는 노점상 아저씨 이야기를 보면서 내가 직접 쓴다는 사실에 마음을 열기 시작했다. 다들 팀장이나 다른 사람이 대신 써 준다고 생각해서 제대로 보지 않다가 본부장이 직접 쓴다는 것을 알고부터는 '행복편지'의 애독자가 된 것이다.

비록 A4 한 장짜리 글지만 그것을 쓰기 위해 새벽 3시가 넘도록 고민하고, 또 고민했던 내 진심이 직원들에게 전달된 것이다. 쓸 때는 힘든데 막상 쓰고 나면 대단치 않은 내용이다.

그 중 하나가 우리 집 강아지 얘기다. 조카가 길에서 주운 강아지를 키우다가 입대하면서 우리 집에 맡겼는데, 처음에는 가족들 곁에 오지도 않던 우울한 강아지가 좋은 것을 먹이고, 씻겨주고, 기도까지 해주니까 현관문 밖에 가족들의 인기척만 들려도 신나서 짖어대고 온몸을 부비며 애정표현을 하는 사랑스런 강아지로 변한 이야기를 썼다. 그리고 아침저녁으로 반갑게 맞아주는 강아지처럼 상사나 부하직원, 고객을 대해야겠다는 짧은 소감을 적었다. 톰 소여가 담장 칠하는 '벌'을 받았을 때 생각의 구조를 바꾸자 친구들이 서로 하고 싶어하는 재미있는 '놀이'로 바뀌었다는 이야기도 했다. 이런 일상적인 이야기가 직원들에게는 잔잔한 울림으로 다가갔던 것 같다. 행복편지와 스킨십 면담을 통해 직원들의 마음과 입이 열리면서 조직에 활력이 생기기 시작했다. 행복한 일터가 되기 위한 첫 걸음을 뗀 것이다.

마음만 얻지 말고 '숫자'를 줘라!

행복한 일터의 가장 중요한 요건은 '일'에서 재미를 느끼는 것이다. 44개 점포를 돌면서 직원들과 이야기해보면 생각만큼 성과가 나오지 않는 것에 대한 고민이 가장 컸다. 직장에서의 행복을 좌우하는 건 뭐니 뭐니 해도 일에서 얻는 만족감이었던 것이다. 조직의 분위기도 마찬가지다. 성과가 오르고, 실적이 쌓이면 조직의 분위기가 좋아질 수밖에 없다. 일에 있어 성취감을 느끼고, 그 성취감을 원동력 삼아 다음 단계로 발전해 나갈 수 있는 조직을 만드는 것이 리더의 역할이다.

그래서 직원들의 사기를 높이고, 일을 잘 할 수 있도록 격려하는 데 초점을 맞췄다. 현장에서 나온 이야기는 목록으로 만들어 두었다가 반드시 메일이나 문자로 그 결과를 알려주었고, 능력이 탁월한 직원들은 부문별로 나누어 어떤 부분이 뛰어난지 매일 메시지를 보내어 격려했다. 그리고 부문별 우수사례를 뽑아 행내 메일로 보내 모두 공유할 수 있도록 하였다. 일에 집중하여 잘 할 수 있는 환경을 최대한 만들어주려고 노력한 것이다.

그런데 아무리 노력해도 실적은 크게 오르지 않았다.

최선을 다하는데도 결과는 신통치 않았다. 도대체 무엇이 잘못됐는지 이유도 알 수 없는 답답한 상황이 계속됐다. 하나님께 지혜를 구할 도리밖에 없었다. 하지만 응답은 더뎠다. 하지만 하나님은 나의 기도를 땅에 떨어뜨리지 않는 분이셨다. 그때 이미 응답을 예비해두고 계셨다.

그날도 지점을 방문하던 중이었는데 한 고객이 상담을 하러 왔다.

제약회사에 다니다가 회사를 차린 사람이었는데 제약회사에서 최우수 영업맨으로 이름을 떨쳤던 사람이었다. 게다가 새로 차린 회사도 실적이 좋아 기초를 탄탄하게 쌓고 있었다. 영업이 다 어렵지만 제약회사 영업은 그 중에서도 가장 힘들기로 유명하다.

'을 중의 을'이라고 꼽히는 제약회사 영업세계에서 우수 영업맨으로 활약했다는 건 뭔가 특별한 비결이 있을 것 같았다. 신생 회사의 매출을 올리기란 쉽지 않은데 대체 어떻게 직원들을 독려했는지 그 비결이 궁금했다. 그래서 솔직하게 영업 비결을 물어보니 "마음을 얻은 후에 숫자를 줬다"는 것이다. 그 말이 가슴에 크게 부딪혀 왔다.

나는 직원들의 마음을 얻는 데는 성공했다.

그래서 '행복한 일터'라는 내적 가치를 공유하고 그 목표를 향해 달려가자고 의기투합했지만 막상 어떻게 가야 할지 구체적인 방법은 가르쳐 주지 못한 것이다.

숫자를 주기 위해서는 각 지점별로 목표를 설정하고 구체적으로 코칭을 하는 MBO방식이 필요했다. 그래서 각 지점장들에게 매달 실적을 분석하여 다음 달 목표를 설정하고 그것을 달성하기 위해 무엇을 해야 할 지 행동목표를 정리해서 오라고 했다. 그리고 매일 하루에 두 세 팀씩 만나 브리핑을 듣고, 각 지점의 능력에 맞게 목표를 수정해 주었다. 실현 가능한 숫자를 주고 그것을 현실화시킬 수 있는 구체적인 방안에 대한 코칭도 실시했다. 각 지점별로 정리해 온 내용은 훌륭한 코칭 자료가 되었다. 어떤 지점의 우수사례를 다른 지점의 문제를 해결하기 위한 처방으로 활용한 것이다.

또한 각 파트별로 구체적으로 적용할 수 있는 마케팅 자료를 만들어 공유하고 그것을 실제로 적용했는지 조사하여 매일 실적이 좋은 우수직원을 선발하여 행내 메일에 띄워주었다. 예를 들어 중소기업대출의 경우, 기준을 세워 어느 지점의 누가 얼마를 했다는 것을 칭찬 소식지로 알렸다. 월별 개인실적이 승진에 영향을 미치기 때문에 매일 실적을 확인하여 그것이 승진하는데 도움이 될 수 있도록 데이터베이스화한 것이다. 자신이 만든 성과의 숫자가 승진으로 이어질 때 가장 힘이 난다는 것을 알기 때문에 보상체계를 확실하게 한 것이다.

그리고 한 달에 한 번씩 전체 지점장 회의에서 그 달에 가장 취약한 분야로 꼽았던 부분에서 높은 성과를 낸 우수사원을 뽑아 포상하고, 능력이 뛰어난 직원은 인사부 담당자에게 추천해서 승진할 수 있도록 하였다. 구체적인 자료와 칭찬, 그리고 우수 직원을 계속 추적하여 확실하게 승진으로 이어질 수 있도록 지원하니까 실적이 눈에 띄게 향상되었다.

개인성과 뿐 아니라 지점의 실적도 상승곡선을 타기 시작했다.

지점장 회의를 할 때 기간별 목표와 구체적인 방안을 제시하고 상담역할을 자처하다보니 점차 지점별로 목표 성취에 가속도가 붙기 시작했다. 이런 상승 분위기에 힘입어 강남지역 본부는 6개월 만에 총량 부분에서 15개 지역본부 중에서 2등을 하는 쾌거를 올렸다. 꼴등에서 2등으로 팔목성장 한 것이다. 그것도 이자이익과 같은 영업이익부분이 아니라 총량부분에서 2등을 했다는 것은 강남지역 본부의 전 직원 모두가 열심히 발로 뛰었다는 것을 의미한다.

강남지역 본부는 대출목표에 있어서 큰 핸디캡을 갖고 있다. 건설회사가 많아서 연말이 되면 부채비율을 낮춰 신용평점을 높일 목적으로 대출을 다 갚는다. 그러다보니 연말이 되면 대출실적이 다 빠져나가는 특성이 있다. 그래서 마이너스 성장이 불가피한데도 불구하고 총량부분에서 2등을 했다는 것은 대단한 성과다. **마음을 얻어 조직의 단합력을 키우고, 숫자를 주어 동기부여를 할 때 비로소 조직의 잠재능력이 최대한으로 발휘된다.**

독이 되는 칭찬 vs 약이 되는 칭찬

상식처럼 통용되는 지식도 때로는 맞지 않을 때가 있다.

'칭찬은 고래도 춤추게 한다'는 말이 바로 그것이다. 물론 칭찬은 고래를 춤추게 한다. 그런데 그 고래가 혼자 있지 않고 떼를 지어 있다면 어떨까? 과연 다른 고래들이 누군가가 칭찬받는 모습을 보며 함께 기뻐하고, 같이 춤을 출까? 내가 경험한 바로는 그렇지 않았다. 오히려 꼬리를 슬쩍슬쩍 움직이며 추임새를 넣던 고래마저도 꼬리를 내리게 만드는 경우가 많았다.

각 지점별로 코칭을 하면서 직원들의 사기를 높여주기 위해 처음에는 칭찬 요법을 썼다. 평소에도 질책보다는 칭찬하길 좋아했지만 잘하는 직원을 높여주면 다른 사람에게도 동기부여를 할 수 있을 거라는 생각에서 시작한 것이다. 그래서 코칭하면서 파악한 직원의 실적에 대해 모든 직원들 앞에서 그 직원을 일으켜 세워 크게 칭찬해주었다. 처음에는 칭찬의 효과가 있는 것 같았다. 칭찬받은 직원은 더 열심히 하는 것 같았고, 다른 직원들도 자극을 받는 것 같았다. 그런데 시간이 좀 지나자 칭찬받지 못하는 직원들의 표정이 점점 어두워졌다. 그들을 질책하지도 않았는데 스스로 위축되어 뒤로 물러나 있는 사람들도 생겼다.

상사가 부하에게 하는 공개칭찬은 위화감을 조성하기 쉽다.

약이 될 줄 알았던 칭찬이 오히려 독이 된 것이다. 그래서 개인에 대하여는 공개칭찬 대신 개별적으로만 칭찬하기로 했다. 둘이 있게 될 때 칭찬하거나 문자나 메일을 통해 내가 그 직원에게 얼마나 관심을 갖고 있고, 또 본인이 조직에 얼마나 큰 힘이 되는 존재인지를 알려주었다. 그러자 공개적으로 칭찬할 때보다 반응이 훨씬 좋았다. 지점장의 관심만 받아도 어깨가 으쓱한데 본부장이 직접 문자나 메일을 보내니 얼마나 좋았겠는가. 본부장이 보내는 은밀한 메시지는 직원들에게 남모르는 자부심을 갖게 했다. 그래서인지 더 친밀한 관계를 유지할 수 있었다. 그보다 더 좋은 것은 칭찬받지 못하는 직원들의 동요가 사라졌다는 것이다. 스스로 소외감이나 열패감을 느끼지 않으니 나를 대하는 태도도 한결 자연스러워졌다.

하지만 그것만으로는 부족했다.

일에 대한 동기부여를 할 수 있는 확실한 방법이 필요했다. 그래서 생각해 낸 것이 보상체계였다. **보상은 칭찬보다 힘이 세다. 보상**

이야말로 직원들을 분발하게 하는 확실한 동기부여다. 그래서 매달 집중적으로 공략해야 하는 취약부분에 대한 핵심성과지수의 점수배점을 달리해서 그 분야에서 뛰어난 성과를 보인 직원들은 1등부터 3등까지 선발하여 우수 직원 포상식을 가졌다. 실적은 누구나 납득하는 평가기준이었기 때문에 뒷말도 없었고, 질시나 자기비하의 조짐도 없었다. 오히려 서로 영업방법을 의논하고, 아이디어를 주고받는 분위기가 조성됐다.

나는 특정 개인을 칭찬하기보다 그런 분위기를 격려하여 직원들이 마음껏 아이디어를 낼 수 있는 분위기를 만드는데 초점을 맞췄다. 그러다보니 정말 생각지도 않은 수확을 얻게 되었다. 한 직원의 아이디어로 강남지역이 갖고 있던 고질병이 해결된 것이다.

강남지역의 가장 큰 문제는 개인기반이 취약하다는 것이다. 그래서 신규고객 부분에 점수를 많이 배점하여 그 문제를 돌파하기로 했다. 강남처럼 신규고객을 확보하기가 까다로운 곳도 없기 때문이다. 대한민국 1% 부자들로 분류되는 고객들은 이미 시중은행과 거래를 트고 있기 때문에 웬만한 포트폴리오로는 꿈쩍도 하지 않았고, 만나기조차 쉽지 않았다. 빌딩 입구에서부터 경비원에게 제지당하여 쫓겨나기 일쑤였다. 그러다보니 사무실 근처에도 못 가는 경우가 허다했다. 아무리 의욕을 갖고 맨 땅에 헤딩하듯 맨투맨 영업에 나서도 굳게 닫힌 문은 좀처럼 열리지 않았다. 영업방식에 대한 아이디어가 넘쳐났지만 특효약은 나오지 않았다.

그런데 그 직원은 **영업방식 대신 영업대상을 바꾼 것이다.**

돈이 몰리는 곳 대신 사람이 몰리는 곳을 공략하여 신규고객을 확보할 수 있었다. 강남지역을 가만히 들여다보면 인력송출회사나 네트워크 마케팅 기업처럼 사람이 많이 모이는 회사들이 많았다. 그 직원은 그 회사를 찾아가 신규고객 유치에 성공한 것이다. 부자가 아니라서 한 번에 큰돈을 확보한 것은 아니지만 많은 사람을 신규고객으로 유치했다. 또한 그 회사에 대출한도를 높이는 등 혜택을 주어 급여이체를 기업은행으로 돌리게 했다. 덕분에 액수는 크지 않아도 정기적으로 돈이 입금되어 안정적인 수신확보가 가능해졌다. 거기에 새로 들어오는 사람들까지 기업은행 통장을 개설하게 하여 머릿수를 늘려갔다. 그러다보니 예금 규모는 크지 않아도 머릿수가 많아져 총량 증가에 큰 기여를 했다.

다들 영업방식으로 고민할 때 영업대상을 바꿈으로써 신규고객 확보에 물꼬를 튼 것이다. **칭찬이 동기부여의 원동력인 것은 맞다. 하지만 칭찬보다 더 확실한 동기부여는 보상으로 이어지는 칭찬이다.** 직장인의 이야기를 다룬 TV 드라마에서 "직장인에게 승진과 월급 빼면 뭐가 있겠냐?"라는 대사가 참 인상적이었다. 그것만으로는 다닐 수 없는 게 직장이지만 그것 빼고는 다닐 이유가 없는 게 직장이다. 내적가치나 칭찬 등의 동기부여도 중요하지만 최종적으로는 월급과 승진으로 그 사람의 능력을 인정해주는 게 필요하다. 그래야 가장 확실한 동기부여가 된다.

균형 있는 역할분담이 필요하다

은행의 이점 중 하나가 집에서 가까운 지점을 선택할 수 있다는 것이다. 강남지역 본부의 경우 직원의 대다수가 강남 일대에 살았기 때문에 여유롭게 사는 직원들이 많았고, 자칭 고위층의 자제도 여럿 됐다. 다들 똑 부러지게 일은 잘했지만 개인적인 성향이 강했기 때문에 조직을 이끌어 가는데 어려움이 있었다. 다들 조직보다 개인을 우선시하려는 성향이 있었기 때문이다. 개성을 존중하는 것도 중요하지만 조직의 한 사람이라도 규범을 어기거나 무시하면 그 분위기는 금세 전체로 전염되어 조직이 무너지기 쉽다.

내 성격상 직원들을 강하게 질책하거나 원칙을 내세워 꼼꼼하게 따지는 건 힘든 일이었다. 하지만 자식을 키우는데도 엄부자모(嚴父慈母)가 필요한 것처럼 조직에도 그런 역할분담이 필요하다. 나와 지점장을 포함한 직원들 사이의 다리가 되어 줄 수 있는 사람으로 냉철한 판단력과 실행력을 가진 사람을 만나길 바랐다. 그리고 무엇보다 강남지역 본부를 잘 아는 사람이었으면 좋겠다는 바람을 갖고 있었다.

그러다가 인사부장 때 눈여겨 본 직원인데 강남지역본부에서 일하다가 지점에 나가있는 팀장이 생각났다. 이미 강남본부에서 여러 본부장을 모시고 악역을 담당해 인기는 없었지만 강남본부에 꼭 필요한 직원이라 생각했다.

일에 대해 꼼꼼하고 성실한데다 부하직원들을 대할 때도 이성적이고 강하게 대하기 때문에 나와는 반대성향인데다 강남지역 본부에 5년 정도 있었기 때문에 직원들과도 잘 통할 수 있었다. 그야말로 총괄 팀장으로의 역량을 모두 갖춘 적임자였다.

그래서 그 팀장을 강남지역 본부로 스카우트하여 총괄팀장을 맡겼다.

조직의 허리를 튼튼하게 하자 일의 능률이 쑥쑥 오르기 시작했다.

내 생각을 팀장에게 말하면 그는 중요도에 따라 완급조절을 하면서 지점장들에게 전달하고, 그 일이 잘 수행될 수 있도록 여건을 만들었다. 그리고 상황을 계속 확인하면서 일의 완성도를 높였다

팀장은 개인 성향이 강한 직원에게는 따끔한 충고도 해주고, 큰 형처럼 직원들과 술을 마시며 고민상담도 해주었다. 그리고 그런 정보들을 취사선택하여 내게 알려주어 나와 직원과의 거리를 좁힐 수 있도록 해 주었다. 본부장이 각 지점에서 아무도 모르게 혼자 노력하는 직원들의 노고를 다 알 수는 없다. 그런데 팀장이 그 다리 역할을 잘 해준 것이다.

내가 지점을 방문할 때마다 차안에서 직원들의 생일이나 근무상황 등 꼭 챙겨야 할 특기사항을 얘기해주어 직원을 만났을 때 "요즘 고객관리를 잘한다는 얘기를 들었네"라는 말을 할 수 있게 해 주었다. 말 한 마디의 힘은 굉장했다. 직원들은 감동했고, 나에 대한 신뢰도 높아졌다. 아무도 몰라 줄 거라 생각했던 일을 상사가 지켜보고 알아주는 것처럼 뿌듯한 일은 없기 때문이다. 그런 **작지만 구체적인 관심은 상사에게 마음을 열 뿐 아니라 일을 더 열심히 하게 만드는 원동력이 된다.**

모든 일을 혼자서 다 감당할 수 없다. 제일 좋은 것은 자신이 잘할 수 있는 것을 더 잘할 수 있는 환경을 만드는 것이다. 그러기 위해서는 자신의 부족한 부분을 채워줄 수 있는 사람과의 협력이 중요하다. 만약 카리스마 있게 악역을 담당한 총괄팀장이 없었다면 나의 부드러움은 빛이 바랬을 것이다. 그 반대도 마찬가지다. 서로 조화를 이루는 조직을 만들면 경쟁력은 필연적으로 따라온다.

여성 지점장들의 활약

지금은 여성대통령에 IBK은행장도 여성인 시대지만 아직도 우리사회의 유리천장은 여전히 견고한 편이다. 맥킨지 자료에 따르면 기업의 여성임원 비율은 유럽 17%, 미국 15%, 중국이 8%인 반면 우리나라는 1%에 불과하고 고위직 여성비율이 아시아에서 '꼴찌'라한다. 그러나 나는 44개 점포 중 7명의 여성지점장을 받아들였다. 여성 리더의 비율이 무려 16%로 국내 어느 조직보다 높았다. 모험이 아니냐는 시각도 있었지만 나의 생각은 달랐다.

여성은 남성보다 관계를 형성하고 마음을 읽으며 감정을 교환하는 감성지수, 꼼꼼함, 섬세함, 성실성, 순수성과 투명성 등이 뛰어나다. 하드웨어 시대에서 소프트웨어 시대로 Hierachy 보다 Collaboration을 더 필요로 하는 시대가 되면서 부드럽고 유연한 여성적 사고가 더 탁월한 능력을 발휘 할 것이라고 나는 믿었다. 기대했던 대로 여성지점장들은 7인 7색의 독특한 방식으로 각자 주어진 점포를 잘 이끌어 나갔다.

한 지점장은 서로 다른 고객들을 하나의 가족개념으로 엮어서 만날 때 마다 서로가 가진 장점들을 공유하게 하고 거기서 시너지가 나오게 하는 놀라운 능력을 보였다. 무려 1만장의 명함을 관리한다는 그는 지금 모 공공기관의 임원이 되어있다. 또 한 지점장은 특유의 모성적 리더십으로 쳐져있던 점포분위기를 다잡아 직원들을 한 방향으로 뛰게 하면서 좋은 성과를 내더니 지금은 부행장으로 승진하여 조직에 큰일을 맡고 있다. 외모가 뛰어나 비쥬얼 담당이라 하던 지점장은 대부분이 남성 CEO인 거래고객들의 마음을 휘어잡더니 지금은 본부장으로 승진하여 역시 한역할 담당하고 있다. 다른 지점장들도 한결 같이 섬세한 고객 응대로 고객들로부터 칭찬이 끊이지 않았다. 게다가 여성 팀장과 PB들 중에서도 남성 못지않은 우수한 직원들이 많았는데 여신 업무는 남성의 전유물이라는 편견을 깨고 현재 본부장까지 승진한 팀장도 있고, "강재연(강남의 재력 있는 개인고객에 대한 마케팅 연구)이라는 책까지 발간할 정도로 적극적인 PB 팀장들도 있었다.

고객들로부터 부하직원들의 칭찬을 듣는 것은 정말 기분 좋은 일인데 특히 모험적으로 받아들인 여성지점장들이 칭찬을 받는 것은 더 할 나위 없이 좋았다. 더 좋았던 것은 고군분투하는 외로운 본부장에게 다른 남자지점장들과 달리 가끔 한번 씩 날리는 멋있다는 둥 어떻게 그런 생각까지 했냐는 둥 하는 사소한 칭찬의 멘트였다. 나도 어쩔 수 없는 사람이고 남자였나 보다.

다만 한 가지 두고두고 아쉬움으로 남아있는 일이 있다.

고객들에게 마치 친 며느리, 친 누나, 친 동생처럼 대하며 발군의 1등을 거듭하던 지점장의 일이다. 너무 잘하다 보니 고객 중 한명이 직원들과 식사하라고 약간의 돈을 통장에 넣어 주었는데 그 돈을 즉시 쓰지 않고 연로한 그 고객에게 스웨터도 사드리고 감기가 들면 약도 사드리고 했는데 선의로 쓰던 그 통장이 감사에서 사적 금전대차로 지적이 되어 보직 해임된 사건이다.

나도 잘 아는 그 고객님은 요즘 세상에서 찾아보기 힘들 정도로 훌륭한 인격의 소유자로 여러 번 부정이 아님을 소명하였으나 고객의 돈을 맡아 관리하는 은행원이라는 직업의 특성상 선의라는 정황이 수용되지 못하였다. 누구보다 아쉽고 가슴 아파 하신 것은 그 고객님이고 지금도 가끔 만나 뵈면 안타까움을 감추지 못하신다. 내가 은행을 은퇴 한 이후의 일이라 그 징계를 더 가볍게 해주지 못 한 나도 못내 그 일은 아쉬움으로 남아있다.

원석을 다듬으면 인재가 된다

천재는 타고나야 되지만 인재는 충분히 만들어질 수 있다.

스스로 노력하고 기회를 얻어 인재가 되는 경우도 있지만, 그 사람의 가치를 알아보는 이를 만나 자신도 몰랐던 능력을 발휘하는 경우도 있다. 부장급 이상이 되면 자신의 팀에 인재를 얼마나 확보하느냐가 매우 중요해진다. 아무리 자신이 청사진을 멋지게 그려놓아도 실무자가 그것을 이해하지 못하고, 제대로 수행하지 못하면 아무런 성과도 낼 수 없기 때문이다. 그래서 부장급 이상이 되면 부하직원의 능력에 대해 필요이상으로 예민해지기도 한다. 원석에 가까운 부하 직원들을 어떻게 보석으로 만드는가가 바로 부장급 이상이 갖는 최대 고민 중 하나다.

나 역시 그런 경험을 했다. 강남지역 본부에서 자신을 알아볼 사람을 기다리고 있는 원석을 발견한 것이다. 내가 인사부 대리로 있을 때 노조 일을 했던 직원이었는데 의식도 있고 똑똑해서 어떤 일을 맡겨도 잘 해 낼 능력이 충분했다. 그런데 승진이 지체되어 동기들이 차장급인데도 불구하고 대리로 있으면서 능력 발휘를 전혀 못하고 있었다. 그렇게 된 데는 여러 가지 이유가 있겠지만 내 생각엔 노조 활동을 한 것이 승진하는데 발목을 잡은 것 같았다.

노조를 하다 보니 업무를 제대로 파악하지 못한데다 강성으로 낙인찍혀 인사고과도 제대로 받지 못했을 것이다. 번번이 차장인사에서 누락되다보니 본인도 승진은 아예 포기하고 그저 회사에 다니는 것에만 만족하는 것 같았다. 그런 상태로 두는 건 본인에게도 조직에게도 좋을 게 없었다. 조직에 기여하지 않는 직원이 있다는 건 서로에게 마이너스가 되는 일이다.

그래서 충격요법을 쓰기로 했다.

지점장에게 미리 귀띔을 하고 그 직원을 44개 지점 중에서 제일 실적이 안 좋은 곳으로 보냈다. 인사철도 아닌데 갑자기 발령을 받은 데다 누가 봐도 가장 힘든 곳으로 보냈으니 그로서는 청천벽력 같았을 것이다. 아니나 다를까 발령을 낸 지 하루 만에 그 대리로부터 장문의 문자가 왔다. 인사발령을 받고 너무 서러워서 산에 올라가 울었다며 도대체 자신이 왜 이러고 살아야 하는지 모르겠다며 하소연했다.

그래서 본부장실로 잠깐 들르라고 한 후 나의 계획을 이야기해주었다. 내가 그를 파악하기로는 큰 틀의 영업 쪽이 맞을 것 같았다. 만약 그가 몇 가지 과제를 성실하게 수행하면 워낙 영업 실적이 낮았던 지점이었기 때문에 그의 능력이 눈에 띌 것이고, 그를 승진시키는데 아무 장애가 없을 거라고 생각했다. 결과적으로 그를 승진시키기 위해 전략적으로 단행한 인사발령이었다.

대놓고 '비빌 언덕'이 되어주겠다는 상사의 말을 들은 그는 용기백배하여 돌아갔다. 그리고 그 지점에서 일당백의 몫을 해냈다. 전국 의사협회를 찾아가 제휴카드를 성사시키고, 한국프로골프협회(KPGA)와 제휴카드를 만들어서 회원 수를 늘리는 일도 추진했다. 덕분에 골프의 전설 최상호 프로와 라운딩할 기회도 생겼다.

다른 직원들은 시켜도 하지 못할 일을 그 대리는 찾아서 한 것이다. 불과 한 달 전만해도 매너리즘에 빠져 있었는데 자신에게 맞는 분야를 맡기고, 동기부여를 확실하게 해 주니까 물 만난 고기처럼 신바람 나게 한 것이다. 그 결과 내가 제시했던 조건을 다 만족시켜 그 지점의 영업실적이 부쩍 올랐다. 나 역시 인사담당자에게 그에 대한 평가를 좋게 하여 그 해에 4급에서 3급으로 승진할 수 있도록 해 주었다.

부장급 이상이 되면 부하 직원들을 바라볼 때 '아대가자(我待賈者)'를 떠올려야 한다. **직원들은 모두 '나를 알아주는 사람을 기다리는'원석이다. 거듭 강조하지만 원석을 빛나는 보석으로 만드는 능력은 세공사의 손에 달렸다. 직원을 탓하기 전에 인재를 볼 수 있는 안목을 갖추었는지 스스로 점검해 봐야 한다.**

부하직원의 성공에 관심을 갖는 리더십

직급이 높아지면서 갖춰야 할 조건이 많지만 그 중 하나가 유연성이다. 예전에는 상사의 특성에 따라 조직이 움직여 주었지만 지금은 그렇지 않다. 일하는 분위기를 조성하기 위해서는 부하 직원들의 특성에 맞게 업무를 분담시키는 리더십을 발휘해야 한다. 보스라고 불리던 과거의 리더는 부하와 거리를 유지하면서 잘못을 따지고 지시하고 명령하고 통제하는 권위적 보스 형태의 리더십을 가지고 있었다. 사람보다는 과업 지향적이었고, 과정보다는 결과를 중시했기 때문에 부하의 성장에 크게 관심이 없었다.

하지만 시대가 달라졌다. 요즘에는 부하의 발달 정도를 세심히 관찰하여 초보 단계에서부터 구체적으로 지시하고 지도하여 부하의 성장을 지원하는 리더를 원한다. 위임하는 게 좋다고 초보자에게 그냥 일을 맡겨 놓으면 무엇을 해야 할지 몰라 당황하거나 스스로 무능력하다고 낙심하여 일을 그르치는 경우가 많다. 반면에 충분히 스스로 할 수 있는 직원에게 일일이 지시하면 성장을 막을 뿐 아니라 스스로 일에서 보람을 찾지 못하게 된다. 무조건 잘해주거나 무조건 위임하는 것보다는 팔로어의 성장 단계에 맞추어 지시, 지도, 지원, 위임을 적절히 활용하여 동기를 부여하고 그들과 함께 움직이며 책임을 나누어지는 것이 필요하다. **진정한 리더가 되기 위해서는 눈에 보이는 능력만으로 부하 직원을 평가해서는 안된다. 그들이 잠재적으로 지니고 있는 능력을 끌어올려 부하 직원과 조직이 함께 발전할 수 있도록 해야 한다.** 그러기 위해서는 업무를 추진하는 과정에서 수시로 자신의 리더십 그리드를 점검하여 내가 과업과 사람 어느 한군데로 치중되어 있지 않은지 점검함으로서 균형 잡힌 리더가 되려고 노력하는 게 필요하다.

　나는 직원들의 업무진도를 미리챙기는 습관을 가졌다.
　업무를 지시하고 중간보고를 할 때까지 기다리지 않고 중간에 꼭 확인을 했다. 그 시간까지 일을 해결하지 못했으면 혼자서는 감당할 수 없는 일이라고 생각하고, 업무의 뼈대를 잡아준 후 스스로 마무리 짓도록 했다.
　내 경험상 일을 붙들고 있는 것은 두 가지다.
　하나는 그 일에 대한 이해도나 능력이 부족해서이고, 다른 하나는 상사의 의도를 몰라서 어떻게 할까 갈팡질팡하는 것이다. 그럴 때는 그 문제를 해결하고 나머지에 힘쓸 수 있도록 길을 터주는 것이 필요하다. 아무리 유능한 직원도 머리를 짜내 아이디어를 생각해도 해

답을 얻지 못하는 경우가 많기 때문이다.

물론 스스로 문제를 해결할 수 있도록 기다려주는 게 제일 좋다. 문제는 시간이다. 회사 일은 결과도 중요하지만 주어진 시간 내에 하는 것이 무엇보다 중요하다. 그런데 무엇이 문제인지 알지도 못한 채 계속 결재를 받지 못하고 거절당하면 문제 해결능력이 생기기보다 좌절하는 경우가 더 많다. 문제가 생겼을 때는 먼저 무엇이 문제인지 명확하게 알려주고, 그것을 해결할 수 있는 시간을 주되 일정 시간이 지나면 함께 풀어나가는 것이 좋다.

중간보고만큼이나 중요한 중간 체크

실무자 때 중간보고가 중요했던 것처럼 리더일 때는 중간체크가 중요하다. 나 같은 경우는 중간확인 작업을 할 때까지도 일이 잘 안되어 있으면 큰 틀을 잡아주고 엉켜있는 부분의 고리를 풀어주었다. 그리고 나머지는 직원이 알아서 마무리할 수 있도록 했다. 막힌 부분에서 고민하기보다 자신이 잘하는 부분을 더 고민하여 업무의 완성도를 높이기 위해서였다. 이런 방식은 자칫 직원들을 수동적으로 만들 수도 있다.

하지만 일의 주도권을 누가 갖느냐에 따라 일에 대한 태도가 달라진다. 리더가 한발 앞서 가면서 그 길을 따라오라고 하면 직원은 수동적일 수밖에 없다. **리더가 해야 할 일은 가야 할 길의 방향을 제시하고, 그 길목에 놓인 걸림돌을 치울 수 있는 방법을 알려주는 것이다. 그 길을 걷는 것은 철저히 직원이 홀로 해야 한다.**

큰 틀을 잡아준다는 것은 결국 그 일을 왜 해야 하는지 목적과 의도를 분명하게 알려주는 것이다. 그리고 '질문'을 통해 끊임없이 직원들의 생각을 깨워, 스스로 해결점을 찾아갈 수 있도록 하였다. 그럴 때는 열린 질문을 하는 것이 좋다.

"어떤 점을 개선해야 한다고 생각하나?", "고객이라면 이 일을 어떻게 하겠는가?" 등과 같은 열린 질문은 능동적으로 해답을 찾아갈 수 있게 만든다. 시간은 이때 필요하다. 스스로 답을 찾을 수 있을 때까지 충분히 기다려주면 자신의 경험과 지식을 바탕으로 다른 사람의 도움 없이 업무를 완수한다. 그때의 성취감은 고스란히 직원의 몫이다. 이런 경험을 계속 쌓다보면 자신도 모르게 일의 방향성을 파악하게 되고, 일의 처리 능력도 향상되어 업무에 대한 자신감이 붙게 된다.

솔선수범으로 문제 돌파!

강남지역 본부에 있을 때 기업은행의 캐치프레이즈가 '서민금융시대 1천만 개인고객 달성'이었다. 그 당시 개인고객이 7백만 만 정도였기 때문에 일 년 동안 3백 만 명을 새롭게 유치해야 했다. 하지만 단기간에 그 정도 신규고객을 확보하기가 쉽지 않았다. 그래서 생각해낸 것이 숨어있는 1센티미터의 고객 찾기, 그동안 기업은행이 거래하지 않았던 군대와 학교, 공공기관에 주목했다. 그리고 학교를 첫 번째 공략대상으로 삼아 집중적으로 유치하라는 지시가 떨어졌다.

공교롭게도 강남지역에는 학교가 많지 않았다. 게다가 유치대상으로 꼽힌 마이스터고나 특성화고는 대진 디자인고와 로봇고, 수도공고 정도 밖에 없었다. 하지만 목표할당은 지역의 여건을 감안하지 않고 주어지기 때문에 무조건 달성하는 수밖에 없었다. 일단 영업지역 내에 있는 세 개의 학교를 유치한 후에 주변에 특성화고나 마이스터고와 관계된 사람들의 목록을 만들어 일일이 전화를 걸었다. 다행히 영업 범위를 전국으로 확대해주었기 때문에 전국 어디든 고객을 유치할 수 있는 가능성만 있으면 어디든지 달려갈 생각이었다. 전국구로 뛰어도 과업을 달성하기 어려운 일이었기 때문에 내가 직접 나서기로 한 것이다.

특성화고 취업은 나와 특별한 인연이 있기 때문이다. 상품개발부에 있을 때 '일자리 박람회'와 고졸생의 일자리와 관련해서 서울 노동청에서 주최한 강연회에 강사로 나섰던 경력도 있고, 그걸 계기로 특성화고 학생 취업에 관심을 갖게 되어 인사부로 옮긴 후에 특성화고 학생 취업을 제안하기도 했다. 이런 경험과 경력이 학교를 설득하는데 힘을 실어줄 것으로 판단했다.

직원들의 모교, 고향 학교 등 실낱같은 연관이 있는 사이면 어디든 찾아가서 교장을 만나 설득하고 또 설명했다. 그 결과 장미란 선수의 모교인 원주공업고등학교와 중소기업 취업 활성화를 위한 산학협력 체결의 첫 테이프를 끊었다. 기업은행은 잡월드를 통해 우수중소기업 취업처를 발굴하고 학생들의 취업을 돕는 대신 원주공고는 학교와 관련된 금융 업무를 기업은행을 통해 하기로 한 것이다. 중소기업 인력난과 특성화고의 취업난, 그리고 은행의 고객확보라는 세 마리 토끼를 동시에 얻을 수 있는 좋은 기회라는 걸 부각시면서 적극적으로 산학협력을 추진하였다. 그 후 27개의 특성화고를 유치할 수 있었다. 그 중에는 지금 내가 몸담고 있는 유한대학 재단인 유한공고도 있다. 얼마나 흥미있는 일인가!

프랑스 철학자 몽테뉴가 인디언 추장을 만났을 때 일화다.

몽테뉴가 "추장님, 당신의 특권은 무엇입니까?"라고 묻자 추장은 "전쟁이 일어났을 때 맨 앞에 서는 것이지요"라고 답했다는 것이다. 달성하기 어려운 과업을 수행할 때는 리더가 먼저 솔선수범하는 것이 중요하다. **발로 뛰는 모습을 보여주고, 문제를 해결하는 과정을 보여주는 것이 교육이자 신뢰를 쌓는 지름길이다. 말로만 방법을 제시해서는 리더를 믿기 어렵다. 맨 땅이라고 생각했던 현장에 뛰어들어 정면돌파하는 모습을 보여줄 때 그 리더의 능력을 믿고 의지하게 된다. 진정한 솔선수범은 말이 아니라 행동으로 보여줘야 한다.**

"뭐 어때?"의 배짱
– 내가 책임지면 직원들은
마음 놓고 근무한다

본부장 시절 가장 고역은 본부 경영전략 회의였다. 한 달에 한 번씩 본부에 들어가서 은행장 이하 임원과 본부장, 부장들까지 전부 모여 경영전략회의를 했는데 그때 실적 평가도 함께 이루어진다. 한두 사람도 아니고 7-80명 앞에서 형편없는 실적을 내보일 때면 정말 쥐구멍이라도 찾고 싶은 심정이 된다. 하지만 그 창피함을 감수하지 않으면 무리수를 두게 된다. 은행에서는 종종 실적을 높이기 위해 편법을 사용하기도 한다. 예를 들어 청약예금 10만좌 개설이라는 할당량이 떨어질 경우, 가족이나 친지, 주변 지인들을 총동원하여 통장을 개설한 후 다음 달에 추가로 납입하지 않고 해지시켜버린다. 비록 다음 달에 하루에 몇 천 개씩 해지된다 해도 그 달의 할당량은 채울 수 있기 때문에 그런 선택을 하는 경우가 종종 있다.

하지만 나는 그런 편법으로 실적으로 높이고 싶지 않았다. 눈 가리고 아웅 해 봤자 고질적인 문제는 해결되지 않은 채 직원들에게 부담만 주기 때문이다. 사실, 강남지역 본부에서 처음 연말을 맞이했을 때는 실적을 위한 특단의 조치를 취해야 하는 게 아닐까 라고 생각할 만큼 상황이 안 좋았다.

건설회사가 주요 여신 고객이었는데 연말이 되자마자 대출을 갚아버리는 것이다. 재무재표를 건전하게 만들기 위해 급전을 융통해서라도 부채를 없애는 것이다. 졸지에 은행 대출실적은 다 빠져버려 휘청거릴 수밖에 없었다.

그럴 때 방법은 하나다. 지점장들을 닦달하면 고객에게 구걸하여 마이너스 통장을 통해 대출을 일으켜 그 달을 넘긴 후에 상환하는 방법이다. 어느 정도 관행처럼 굳어진 일이라 그렇게 일을 처리한다고 해도 크게 문제될 것은 없었다.

하지만 그 유혹을 뿌리치고, 장기적인 대비책을 마련하는데 주력하기로 했다. 상황을 모면하는 것보다 문제를 해결하는 것이 더 시급하고, 사람들의 평판보다는 하나님께 판단 받는 것이 더 두려웠기 때문이다. 무엇보다 진정한 평판은 후임자들의 평판이라고 생각했다. 그래서 온갖 좋은 아이디어를 다 짜내어 이번 해 연말에 대출이 빠져 나가는 것을 막아보려고 했지만 허사였다.

최선을 다했지만 결과가 나쁠 때는 일단 감수해야 한다.
나는 그렇게 담담하게 상황을 받아들인데 반해 직원들은 오히려 나를 걱정하면서 은행에서 통용되는 다양한 방법과 실적이 나쁠 때 받을 수 있는 불이익에 대해 이야기해주었다. 하지만 그때마다 나는 편법에 대한 유혹을 물리치고, 좀 어렵더라도 다른 부문에서 성과를 올리는 길을 채택했다.

목표를 달성하기 위해 유효하고 효율적으로 경영하는 것이 경영의 본질이고 리더의 역할이다. 유효하다는 것은 할 수 있는 일인가를 따지기에 앞서 해야만 하는 일인가를 판단하는 게 중요하다.

'Do the right things' - 해서는 안 될 일을 밀어붙이는 것이 아니라 옳은 일을 해야 한다는 것이다. 효율적이라는 것은 'Do things right - 일을 옳게 하는 것'이다. 최소자원을 투입하여 최대 효과를 내는 경제원칙과 함께 편법, 탈법, 위법, 사리사욕이 아닌 정당하게 일하는 것을 말한다.

그 일을 하기 위해 나는 건설회사의 대출에만 매달리지 않고 근본적으로 강남지역에서 실적을 높일 수 있는 방안을 모색했다. 그러자 방법이 하나 떠올랐다. 빌딩 부자를 공략하는 것이었다. 강남의 특성은 수많은 빌딩이 있다는 것인데 기업은행이 주거래인 빌딩은 손에 꼽을 정도 밖에 안 된다. 그래서 경영전략회의 때 3천 억 펀드를 조성해줄 것을 요청했다.

강남지역 본부에 3천 억 원을 주면 빌딩 소유자에게 0.5%의 우대금리를 주어 기업은행 고객으로 유치할 수 있을 거라는 생각에서였다. 단순 계산으로 따지면 은행이 손해 보는 것 같지만, 그 빌딩 소유자를 유치하면 그 빌딩 안에 있는 기업들을 다 확보할 수 있다. 그동안 접근이 어려웠던 건물에 마음대로 드나들 수 있고 주인의 주거래 은행과 거래하는 것이 편하기 때문에 유치도 손쉬워진다. 장기적으로 보면 빌딩 하나를 통째로 확보할 수 있다는 계산이 나온다. 작은 것을 주고 큰 것을 얻을 수 있는 일이었다.

결국 그 제안이 받아들여져 영업의 날개를 달 수 있는 여건이 조성되었다. 그 결실을 보기 전에 퇴직하게 되어 아쉽기는 하지만 후임자들이 적극 추진하였다면 상당한 효과가 있었으리라고 생각한다.

나는 앞으로 나아갈 수 있는 일이라면 무엇이든 시도해 보는 것이 중요하다고 생각한다.

퇴직 후 강남지역 본부직원들과 회식할 기회가 있었는데 직원들 말이 내가 입버릇처럼 하는 말이 '뭐 어때?'였다며 서로 성대모사를 하고는 떠나갈 듯 웃어댔다. 나는 인식하지 못했는데 가만히 생각해 보니 '뭐 어때?'를 입에 달고 산 것은 사실이다. 상식적이지 않다는 말이나 상황이 좋지 않다며 만류할 때 나는 '뭐 어때?'라고 하며 밀어붙인다. 그 말은 내가 책임지겠다는 뜻이고, 사람이나 상황이 두려워서 뒤로 물러서서는 안된다는 의미다. 본부장이 강력한 의지를 갖고 총대를 멜 때 그에 반대하는 직원은 없다.

'뭐 어때?'는 믿음을 가지고 정면돌파 하겠다는 나의 의지를 표명한 것이지만 직원들에게는 주변 환경에 휘둘리지 않고, 오직 조직을 위해 판단을 내리는 상사라는 이미지를 심어준 것 같다. 그런 직원들의 신뢰가 있었기에 강남지역 본부가 6개월 만에 지역본부 평가에서 최상위 실적을 달성할 수 있었다.

품위 있는 새로운 직장문화

우리나라 직장인 열 명 중 여덟 명 정도가 만성피로에 시달릴 만큼 직장인들의 만성피로 문제가 심각하다고 한다. 그 원인으로는 잦은 회식과 과도한 업무가 1,2위를 다툰다. 팀워크를 다지기 위한 회식이 직장인에게 부담이 되는 모순된 상황이 벌어진 것이다. 그래서 회식 본연의 목적에 초점을 맞춰 새로운 문화를 만들어가기로 했다. 먼저 장소를 씨푸드 뷔페 같은 곳으로 바꾸고 공식적으로 회식은 1차에서 끝내는 것으로 했다. 신입행원들은 따로 패밀리 레스토랑으로 불러내어 한마디 격려한 뒤 편안하게 식사를 즐길 수 있도록 계산하고 나왔다.

사실 본부장과의 관계도 중요하지만 동료 그리고 선후배와의 관계를 돈독하게 하기 위한 것이 회식이다. 그렇기 때문에 평소에 하지 못했던 말을 하려면 술의 힘을 빌어야 한다고 말하기도 하지만 나는 그렇게 생각하지 않는다. 취중진담의 순기능보다 역기능을 더 많이 봤기 때문이다. 스트레스는 끌어안고 있는 문제가 해결될 때 해소된다. 그래서 평소에 소통의 창구를 열어놓아 술을 빌지 않고도 얘기할 수 있는 분위기를 만든다면 굳이 2차, 3차까지 갈 필요가 없다. **나는 진정한 팀워크는 일의 성취를 통해 생기고 업무와 관련된 스트레스는 일을 하면서 풀어나가는 게 중요하다고 생각한다.** 그런 의미에서 회식은 업무의 피로를 풀 수 있는 자리여야 한다. 물론 이런 나의 뜻에 모두가 공감한 것은 아니다. 여직원들은 환영했지만 개중에는 다른 의견을 가진 사람들도 있었다. 하지만 개인적인 성향이 강해지는 추세에 옛 스타일을 고집하는 것은 맞지 않다고 생각하여 기존의 회식문화에서 탈피하는 것만은 강력하게 추진했다.

그와 더불어 송년회도 콘서트 형식으로 진행했다.

고급 모델하우스를 빌려 최고 경영자 클럽의 임원들과 강남 지역 본부 지점장들을 모두 초대하여 콘서트 형식의 잔치를 벌인 것이다. 이런 방식은 송년회 문화를 격조 있게 해 줄 뿐 아니라 팀워크를 높이는데도 큰 도움이 된다. 인사부장 시절 새로 입행하는 신입행원들은 우리 세대가 깜짝 놀랄 정도로 끼와 역량이 뛰어나다는 것을 알게 되었다.

기업은행은 독특하게 입행기수별로 신화, 창조, 열정 등 기수 명칭을 정하는데 각 기수 특성에 맞게 그룹사운드, 댄싱팀 등이 다양하게 만들어져 운용되고 있었다. 이들을 보며 인사부 팀장들에게 월급을 올려주는 것도 좋지만 끼를 발산할 기회가 주어져야 한다고 늘 말한 것이 씨가 되었는지 때마침 본부에서 지역 본부별로 대항전을 마련했는데 방송국에서 진행하는 예능 프로 못지않게 재미있는 이벤트가 펼쳐지기도 했다.

개성이나 취향을 중시하는 젊은 직원들은 근무시간을 마치고 따로 개인교습을 받거나 동아리 활동을 하는 경우가 많다. 주로 음악이나 춤, 공연 등에 시간할애를 많이 하는데 회사에서 공식적으로 모여 연습하고, 함께 즐길 수 있는 시간을 갖다보면 서로 공통된 관심사 안에서 쉽게 친해질 수 있다는 장점이 있다. 그것이 결과적으로 끈끈한 인간관계를 형성하게 되고, 팀워크를 향상시킨다.

물론 술로 뭉쳐진 관계를 부인하는 것은 아니다. 다만, 카리스마 리더십이 더 이상 통하지 않는 개성존중의 시대에 일방적 소통을 강요하는 옛 회식 문화를 고수하는 것은 한번쯤 숙고해 볼 필요가 있다.

37

공적인 일과
사적인 일

화이부동(和而不同)
남과 화목하게 지내지만 자기의 중심과 원칙을 잃지 않는다
 - 논어

사랑하는 형의 장례에서
느낀 고마움

나의 형제는 3남 2녀다.
위로 남자 3형제인데 그중에 나는 차남이다. 너무나 우애가 좋았지만 같은 부모님의 자녀라는 게 믿기지 않을 정도로 성격은 서로 참 달랐다. 내가 좀 규율을 중시하고 계획적이며 내성적이라면 형은 외향적이고 매사에 여유와 유머가 있으며 대인관계가 좋아 누구나 좋아하는 성격인 반면 맺고 끊는 것은 좀 약한 편이었다. 동생은 화통하고 낭만적이며 막힘이 없는 반면 좀 즉흥적이고 욱하는 성격이 있다. 나와는 달리 두 형제는 사람을 좋아하다보니 술도 너무나 좋아했다.

형은 장남으로서 언제나 집안의 대소사를 이끌었고 먼 친척들 까지도 다 찾아뵈며 할 도리를 다하는 스타일이었는데 2011년이 시작되자마지 비보가 날아들었다. 그동안 대장암으로 투병했지만 점차 좋아지고 있었는데 갑자기 악화되기 시작하더니 끝내 세상을 떠

나고 만 것이었다. 형이 떠나고 나서야 장남의 빈자리가 얼마나 큰지 깨닫게 되었다. 그리고 직장 동료 선후배들도 너무나 많이 와서 위로해 주었는데 그때 내가 혼자가 아니구나 하는 것도 깊이 깨닫게 되었다. 공과 사는 따로 떨어져 있는 것이 아니다. 일에 있어서는 구분이 있어야 하겠지만 마음으로는 서로 하나되는 화이부동(和而不同)의 정신이 바로 공과 사를 조화 시키는 근본 정신이 되어야 한다.

장례를 치르고 나서 나는 초등학교 때 배웠던 '형우제공(兄友第恭)'의 일화를 생각하며 위로해 주신 모든 분들께 답례의 글을 이렇게 올렸다.

"형은 아우네 살림이 걱정이 되어 그날 밤 볏섬을 지고 아우네 광에다 부려 놓았습니다. 아우도 형님네 살림이 걱정이 되어 밤에 몰래 일어나 볏섬을 지고 형님네 광에다 부려 놓았습니다. 이튿날 광의 볏섬이 그대로 있음을 이상히 여긴 형제는 다시 밤이 되자 볏섬을 지고 서로에게 주러가다가 중간에서 만났습니다. 두 형제는 부둥켜 않고 뜨겁게 울었습니다.

오늘 이 예화가 더 마음 깊이 와 닿습니다.

정말 좋은 형이었는데 살아계실 때 더 잘하지 못한 것이 아쉽군요. 바쁜 중에도 조문해 주셔서 많은 위로가 되었습니다. 어려운 일이 있을 때 마음을 나누는 것이 얼마나 소중한 일인지도 알게 되었습니다. 앞으로 애경사가 있을 때 꼭 연락 주십시오. 감사합니다.

　- 노희성 올림"

아들을 불합격시킨
본부장 아버지

부모라면 내 입에 들어가는 밥보다 자식이 먹는 것을 보는 게 더 배부르다는 말을 이해할 것이다. 내가 잘되는 것보다는 자식이 잘되길 바라는 게 부모 마음이다. 그런데 부모가 자식의 앞길을 막는 일이 생긴다면 어떻게 해야 할까?

부모로서는 절대로 겪고 싶지 않은 일을 강남지역 본부에 있을 때 경험했다. 아들이 나도 모르게 기업은행에 지원하여 입사시험에 합격한 것이다. 그 사실을 인사부장이 전화를 해줘서 알게 되었다. 아들이 입사시험에 합격했는데 그때 마침 외교부 자녀 취업특혜 문제가 불거져서 여론이 들끓고 있는 상황이라 자칫 오해를 사기 쉽다는 것이었다. 아들의 취업에 내가 전혀 관여하지 않았다는 것을 증명해야 하는데 방법이 떠오르지 않는다며 전화를 걸어왔다. 사실 증명할 방법이 없었다.

아들의 지원 여부를 몰랐다는 나의 말은 아무런 도움이 되지 않을 게 뻔했다.

방법은 두 가지였다.

하나는 내가 그만두고 아들을 입사시키는 것이고, 다른 하나는 아들이 포기하는 것이었다. 내 문제는 제쳐두고 일단 둘 중에 무엇이 아들에게 더 이로운지, 미래에 더 도움이 될 지에 대해 깊게 고민했다. 여러 측면에서 아들이 양보하는 것이 더 좋을 거라는 결론이 나왔다.

내가 아무리 그만둔다고 해도 아들이 입사하는 순간, 낙하산이라는 오명을 쓸 수 있는 가능성이 높았다. 그런 위험을 무릅쓰고도 반드시 기업은행에 입사해야 할 이유가 있다면 모를까. 특권층에 대한 여론이 악화된 상황에서 무리한 선택을 할 필요는 없다고 판단한 것이다.

하지만 나의 후광을 입지 않고 혼자 힘으로 입사하려고 지원서에 내가 부모인지 적지도 않고 나에게 지원 사실도 알리지 않았던 아들에게 기업은행 입사를 포기하라는 말을 하기가 쉽지 않았다. 하지만 시간이 많지 않았기 때문에 망설일 시간이 없었다. 그래서 아들에게 상황을 설명하고, 내 의견을 이야기했다. 역시 아들은 쉽게 받아들이지 않았다. 내게 어떤 도움도 받지 않았는데 그런 역차별을 당하는 상황이 억울하다는 것이었다. 고민 끝에 아들은 기업은행 입사를 포기했지만 나와 한 달 동안 말을 하지 않았다.

그 기간이 내게도 너무나 고통스러웠다.

내가 자식의 꿈을 꺾은 것 같아서 괴로웠다. 아들을 위로할 방법이 없었기에 하나님께 그의 인생을 책임져 달라는 기도만 계속했다. 하나님께서는 기다리는 자에게 반드시 출구를 허락하신다는 것을 믿었기에 아들이 인내심을 갖고 이 시기를 잘 넘기기만을 바랐다.

다행히 아들이 다른 금융회사에 취업하면서 부자간의 관계도 해빙무드를 맞았다. 그리고 입사한 곳의 업무가 적성에 딱 맞아서 좋은 성과를 내며 일하는 모습이 자랑스럽다. 그 후 아버지인 내가 직접 축가를 부르는 멋진 결혼식을 치르고 지금은 너무도 사랑스런 며느리와 눈에 넣어도 아프지 않을 정도로 예쁜 손녀와 행복한 가정을 꾸려나가고 있다.

역사에 가정은 없다지만 만약 아들의 기업은행 합격소식을 들었을 때 나는 당당하니 상관없다며 입사를 밀어 부쳤다면 어땠을까?

아들이 제 뜻대로 능력을 펼쳤을지 아니면 많은 오해와 추측이 난무하는 가운데 맘고생을 심하게 했을지 모를 일이다. 중요한 건 내가 볼 수 있는 인생길은 하나뿐이라는 것이다. 그 길을 벗어나면 인생의 여정에서 낙오될 것 같지만 하나님께서는 항상 더 좋은 길로 우리를 인도하신다. 그걸 믿기 때문에 과감하게 선택할 수 있었다.

인생은 한번뿐이고, 한꺼번에 여러 가지 동시 선택할 수 없다. 항상 선택에 따르는 기회비용이 있기 때문에 후회하지 않으려면 그 기준을 잘 세워야 한다. 나는 나의 이익, 조직의 이익과 같은 상대적인 것을 판단기준으로 삼지 않고 성경을 프리즘으로 삼아 선택하려고 노력했다. 나를 위한 길이 아니라 하나님을 위한 길을 선택할 때 그 길의 안전은 하나님께서 책임지시기 때문이다.

어떤 친구와의 결별

은행을 은퇴한지 얼마 후 친구들과 주말에 골프장에 가서 운동을 한 적이 있다. 운동 후 골프텔에서 쉬고 있는데 그 지역의 지점장이 선배가 왔다고 인사차 들렀다. 반갑게 이야기하던 중 그 지역에서 아파트를 건설, 분양을 한다던 대학동창이 갑자기 생각나 전화를 하였다. 은행 거래에 도움이 되었으면 좋겠다 했더니 다짜고짜로 필요 없다고 하며 무례하고 쌀쌀하게 전화를 끊는 것이 아닌가!

대부분 도움이 될 거래처를 소개하면 좋아하는 것이 상식인데 왜 그랬을까 의아해하며, 집에 돌아와 그에게 전화를 해보니 인사부장

재직 시절에 딸을 은행에 취업시켜달라고 했는데 안해 주어 매우 섭섭했다는 것이었다. 청탁을 한 후 여러 번 확인 전화를 했는데 내가 전화를 안 받은 것은 자기를 고의적으로 피한 것이라고 주장하면서 언성을 높이는 것이 아닌가! 다음해인가? 지방에서 있었던 그 딸의 결혼식에 까지 가서 축하해 준 기억 밖에 없는데 참으로 황당한 일이었다.

사실 인사작업이 시작되면 바쁜 업무 등을 고려하여 공적인 전화 외에 사적인 전화는 내려놓는다. 은행 내부에서는 다 이해하고 있는 것인데 그는 그런 사실을 모르니 오해를 할만도 하겠구나 생각했다. 그러나 인사라는 것은 한 사람의 진로에 크게 영향을 미치는 행위로서 공정성이 가장 큰 원칙이다. 재직시절 나는 모든 인사에 있어 어떠한 부당한 청탁도 받아들이지 않았다. 외부청탁은 물론 노동조합의 청탁도 들어주지 않았기 때문에 은행장도 나의 원칙을 지지해 주었고 항상 깨끗한 인사를 했다는 평도 많이 들었다.

그런 가운데서도 상담을 원하는 모든 직원이나 청탁자들의 말을 그들의 입장에서 다 듣고 가급적 반영하려고 노력했지 마치 칼자루를 든 것처럼 휘두른 기억이 없다. 지금은 쉽게 이야기하고 있지만 하나하나 청탁을 기분 나쁘지 않게 거절하는 일이 얼마나 어려운 일인지를 모르는 사람은 알 수 없을 것이다.

부정과 비리가 판치는 이 세상에서 외롭게 원칙을 지켜나가려는 나의 노력을 폄하하고 무조건 친구의 부탁은 들었어야 한다는 그의 인생관에 나는 동의하지 않는다.

"세상은 다 그렇고 그런거야! 청탁 없이 임원 되는 것 봤어?"

이런 말들이 난무하는 세상이지만 내가 후회 없고, 부끄럼 없고 떳떳한 삶을 살 수 있는 것은 손해를 보더라도 내가 지킨 원칙들과 나 자신을 위해서도 청탁해본 적 없는 것 때문이라 생각한다.

MQ! 도덕지수, 깨끗함이 어떠한 힘보다 가장 상위에 있는 큰 힘이라고 나는 생각한다.

그 친구를 이해하기는 한다. 그러나 신뢰가 깨진 그를 진정한 친구로 인정하고 계속 받아들이고 싶은 생각은 없다. 그 후 그 친구가 카톡방에 올리는 모임공지, 가벼운 농담의 글들 등을 보고 왠지 함께 할 친구는 아니라는 생각에 나는 그 방을 조용히 떠났다. 그를 설득 할 만큼 한가하지도 않고 그가 아니라도 세상에는 너무나 본받고 싶은 좋은 친구들이 많기 때문에, 좋은 나무를 위해 잔가지를 치듯이 내 생애 처음으로 유익하지 않은 친구를 내 마음 속에서 멀리 떠나보냈다. Good bye~* 물론 조금이라도 상대의 상황과 입장을 알아보려는 마음으로 다시 손을 내민다면 마다하지는 않겠지만!

#38
복이 있는
사람의 방식

"복이 있는 사람은
악인의 꾀를 좇지 아니하고
죄인의 길에 서지 아니하고
오만한 자의 자리에 앉지 아니하며"
– 다윗의 시편

막다른 길에서의
현명한 선택

강남역 본부장으로 부임한 지 1년이 되었을 때 정년이 되었지만 6개월 더 임기가 연장되었다. 그리고 6개월 연장임기를 마칠 무렵 마침 부행장 자리 하나가 공석이 되었다. 가장 유력한 부행장 후보로 나도 물망에 올랐다고 주위에서들 말했다. 경력이나 다른 여타의 조건을 보면 나도 빠지지 않는 부행장 후보라고 생각 했지만 부행장 인사는 단순히 업무만 가지고 하는 것이 아니고 다른 영향도 많이 받기 때문에 그야말로 뚜껑을 열어봐야 알 수 있는 것이다.

때마침 유력한 헤드헌팅회사에서 갑자기 내 사무실로 오더니 모 외국계은행 중소기업금융담당 임원을 뽑는데 업계 전체를 스크린 해봐도 나밖에 적임자가 없다고 지원해달라는 제안을 해왔다. 은근히 현 직장에서의 에스컬레이션에 자신감이 있었던 나는 정중하게 거절하고 돌려보냈다.

부장급 이상이 되면 일도 중요하지만 정무적인 기능이 더 중요하다고들 한다.

나를 아꼈던 상사 한 분 께서는 고맙게도 저녁을 사주시면서 지금이라도 정계 쪽에 선을 대라며 그런 노력 없이는 다 된 밥에 코 빠뜨릴 수도 있다고 말씀하셨다. 본부장 임기가 끝나가고 인사철이 가까워 오면서 주변에서 이런 충고가 쏟아졌다.

나와 친분이 깊은 고객 중 한 분이 정치권 최고 유력자와 깊은 친분이 있는 분이 계셨는데 그분도 내 인사에 관심이 많았다. 그래서 당국에서 나를 어떻게 평가하는지 알아보니 평이 매우 좋다하시며 가만히 있어도 승진할 수 있겠다며 좋아하셨다. 하지만 사람 일은 어떻게 될지 모르니 당신이 좀 더 힘써 보겠다고 하시고 부하 직원들 까지 불안해하며 '좀 뛰시라'고 권유했다.

부행장으로 승진하지 않으면 모든 임기를 마치고 은행을 그만둬야 할 상황이었다.

단순히 승진이 걸린 문제가 아니라 내 인생의 1막을 정리해야 하는 순간이었다. 현실과 타협해야 하는 건 아닌가라는 생각이 나도 모르게 솟구쳤다. 주변에서 도와주겠다는 사람들이 많았기 때문에 내가 손만 내밀면 인맥을 연결하는 것은 문제도 아니었다. 그런 가능성을 점치다보니 부행장 자리가 손에 만져질 듯 가깝게 느껴졌다.

그런데 그 자리에 앉아있는 내 모습이 당당해 보이지가 않았다.

비록 몸은 높은 곳에 앉았지만 마음은 좌불안석일 것 같았다. 사람의 방법을 의지하여 그 자리에 올랐기 때문에 마음이 편치 않을 게 뻔했다. 아무리 생각해도 인맥을 동원하는 건 신앙인으로서 할 일이 아니라는 생각이 들었다. 지금까지 내 삶을 돌아보면 단 한 번도 나의 능력으로 된 것이 아니었다.

그래서 잠잠히 기다리기로 했다. 처음에는 하루에도 몇 번씩 천당과 지옥을 오가며 세상 방법을 쓸 생각이 왔다 갔다 했다.

그리고 인사 발표 날이 되었다.

오후에 인사부장으로부터 전화가 왔는데 목소리를 듣자마자 승진에서 제외됐다는 감이 왔다. 아니나 다를까 "아깝게 됐습니다"라는 말이 들려왔다. 막상 현실로 닥치니까 어떻게 해야 할 지 아무 생각도 떠오르지 않았다. 간단하게 짐을 정리하고, 직원들과 마지막 인사를 나누었다. 미안하고 고마운 마음을 전달했다.

그러자 승진을 하지 못해 내심 서운했던 마음이 담담해졌다. 대단치 않은 실력으로 은행에 들어와 본부장이라는 자리까지 올라오기까지 하나님께서는 좋은 동료와 상사, 부하직원을 만나게 하셨고, 분에 넘치는 성과를 낼 수 있도록 때마다 지혜를 허락하셨다.

그런 마음으로 짐을 챙겨 회사를 나섰는데 막상 대낮에 어디로 가야 할지 막막했다. 아내가 어떤 반응을 보일지 몰라서 한참을 문 앞에서 망설였다. 그러다가 집 앞 공원으로 내려가 하염없이 돌다가 마음을 추스리고 집에 들어갔다. 그리고 이번에 안됐다고 말했다.

그러자 아내는 "30년 동안 정말 수고했어요. 그 정도 했으면 됐지 뭘 더 바래요. 존경해요. 여보!"라며 나를 위로했다. "존경한다"는 말은 너무도 나를 감동시켰다. 나와 가장 가까이 살아온 사람에게서 듣는 이 한 마디가 나의 30년을 규정하여 주는 것 같았다. '내가 헛살지는 않았구나!'라는 생각에 마음속에서 눈물이 솟아올랐다.

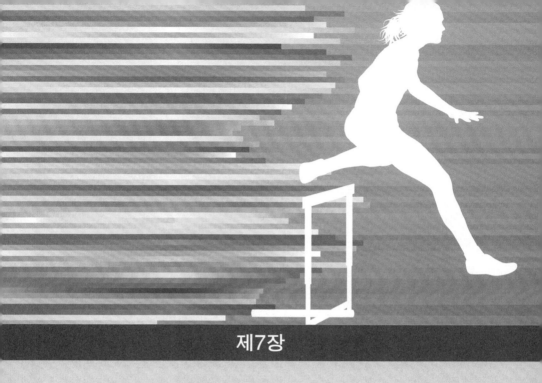

제7장

CHANGE

바꾸지 않으면 변하지 않는다!

-교수로의 변신에서 새로 배워가는 지혜-

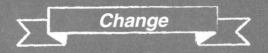

솔개의 換骨奪胎(환골탈태)

솔개는 조류 중 가장 장수하는 새로 알려져 있다. 최고 약 70살의 수명을 누릴 수 있는데 이렇게 장수하려면 40살 즈음이 되었을 때 매우 고통스럽고 중요한 결심을 해야만 한다고 한다.

발톱은 노화하여 사냥감을 잡아채기 어렵게 되고 부리도 길고 구부러져 가슴에 닿을 정도가 되고, 깃털이 두껍게 되어 하늘로 날아오르기가 힘들게 된다. 이 때 솔개에게는 두 가지 선택이 있을 뿐이다. 그대로 죽을 날을 기다리든가 아니면 약 반년에 걸친 매우 고통스런 갱생과정을 수행하는 것이다.

갱생의 길을 선택한 솔개는 산 정상부근으로 높이 날아올라 그곳에 둥지를 짓고 고통스런 수행을 시작한다. 먼저 바위에 부리를 쪼아 빠지게 만든다. 고통가운데 서서히 새로운 부리가 돋아나면 그 부리로 발톱을 하나하나 뽑아낸다. 새로 발톱이 돋아나면 이번에는 날개의 깃털을 하나하나 뽑아낸다. 이리하여 약 반년이 지나 새 깃털이 돋아난 솔개는 완전히 새로운 모습으로 변신하게 된다. 그리고 다시 힘차게 창공으로 날아올라 30년의 수명을 더 누리게 되는 것이다.

정광호의 「우화경영」에 나오는 이 솔개의 "C" 즉, Change(환골탈태)의 비밀이 생태학적으로 사실인지는 모르겠으나, 100세 시대를 맞아 인생2막을 준비해야하는 우리가 두렵고 떨리는 마음으로 받아들여야 하는 생생한 교훈이다.

바꾸지 않으면 변하지 않는다. 지금은 은행원이었던 내가 학교에 몸담게 되었고, 마치 솔개처럼 뼈 속 까지 바꾸기 위해 노력하고 있는 중이다. 내 ID도 ibanker(나는 행원이다)에서 ipro(나는 교수다)로 바꾸었다.

그대여! 주저앉아 있지 말고 지금 당장 일어서서 도전하고 헌신하고 변화하자! Chance속에 들어있던 "c"(common, 常놈, 흙수저)의 삶이 Challenge와 Collaboration과, Create와, Commitment를 통해 Change속에 들어있는 "g"(good, great, 금수저)의 삶으로 바뀔 것이다!

결승선 다다라서 -
은퇴!
망망대해의 쪽배

"현명한 토끼는 3개의 굴을 준비한다."
(교토삼굴 狡兎三窟)
- 풍훤

ibanker에서 ipro로 바뀐 ID
- 나도 모르는 사이에
준비된 삼굴

몸이 기억하는 습관은 참 무섭다. 매일 같은 시간에 일어나 준비해서 회사로 출근했던 습관은 퇴직 후에도 유효했다. 그리고 그 습관을 기억하고 있는 나를 볼 때 마음이 복잡했다. 기업은행 본부장이라는 계급장을 떼고 내 이름만으로 사람들 앞에 나서는 것도 익숙지 않은 일이었다. 내가 누리던 후광효과도 내가 가진 능력을 발휘할 수 있는 무대도 사라져버린 것이다. 회사를 그만두고 바로 다음 날부터 할 일이 없는데 하루라는 시간이, 내 앞에 놓인 인생이 망망대해에 던져진 조각배처럼 정처 없고 막연해 보였다. 하나님만 믿고 절벽 가까이로 다가갔는데 결국 절벽 아래로 밀어서 떨어뜨린 하나님의 뜻을 알 수가 없어 답답했다.

그러면서 미래에 대한 아무런 대비 없이 회사를 그만둔 것에 대한 불안감이 엄습했다.

그때 동기들 사이에 가장 많이 했던 얘기가 '교토삼굴(狡兔三窟)'이다. 영리한 토끼는 세 개의 굴을 준비하여 위기를 대처한다는 뜻인데 직장생활을 하면서 퇴직 후를 대비해 세 개의 굴을 마련해야 한다는 이야기를 하곤 했다.

그러나 내 직장생활을 돌이켜 보면 '교토삼굴'과는 거리가 멀었다. 어찌 보면 미련하게 직장생활을 한 것이다. 그래서 한 달 정도 쉰 후에 퇴직자를 대상으로 하는 리프레시 교육을 받기 시작했다. 늦게나마 퇴직 이후의 삶을 계획해보기 위해 교육을 받기 시작했는데 4개월이 지나도 별다른 그림이 그려지지 않았다. 명함이 없다는 것도 불편했고 실업급여를 타는 내 모습도 너무 작아보였다.

그러던 중 헤드헌터를 통해 본부장 승진을 앞두고 있을 때 스카우트 제의를 했던 외국계 은행에서 또다시 연락이 왔다. 아무리 살펴봐도 나만한 경력자를 찾기가 어려운데 마침 퇴직했으니 면접을 보면 안 되겠냐는 것이었다.

처음 제의가 들어왔을 때는 현직에 있었기 때문에 거절했지만 퇴직 후라 선택의 여지가 없기에 면접을 보기로 했다. 인사담당 임원, 아시아 총괄본부장, 업무 그룹장 등 다 외국인들이었는데 나름 훌륭하게 면접을 치러 최종면접까지 올라갔다.

그런데 모 호텔에서 진행된 최종 면접에서 암초를 만났다.

채용을 전제로 소속 지점장(RM)들을 다수 구조조정을 해야 한다는 것이었다. 그것이 마지막 관문이자 옵션이었다. 아무리 일이 그리웠지만 생업이 달린 가장들을 구조조정을 해야 한다는 걸 받아들이기가 어려웠다. 또 마음 한구석에서 내가 사랑하는 IBK기업은행과 경쟁관계가 된다는 것이 내내 마음에 걸렸는데 이런 부담을 안고 일을 하는 것은 아니라는 생각이 들었다. 그래서 그 옵션은 받아들일 수 없음을 말하고 그 은행에 들어가는 것을 포기했다.

그런데 이듬해 1월에 기업은행에서 연락이 왔다.

인력지원사무국장으로 발령이 난 것이다. 인사부장 때 '시니어 프로'조직을 만들면서 인사부장이 겸직토록 하면서 공석으로 비워 놨었는데 내가 만든 조직에 내가 오게 될 줄은 몰랐다. **그래서 '있을 때 잘해' 라는 노래도 있는 모양이다.**

시니어프로들은 다 한가닥하던 지점장 출신들이라서 관리 할 필요도 없이 다들 알아서 일을 잘하기 때문에 업무 부담은 전혀 없었다. 그렇게 편하고 보수도 좋은 일을 기한을 정하지 않고 보장받았으니 그야말로 특혜를 받은 거나 다름없었다.

그러던 중 대학생 때 같이 교회 청년회에서 활동했던 친구가 갑자기 내 사무실을 방문 하였다. 아주 친하게 지내던 그 친구와는 군대에 가면서 연락이 끊겨 서로 왕래가 없다가 상품개발부장 시절 연락이 닿아 거의 30년 만에 만났고 그때 서로 지나온 세월을 이야기하고 헤어진 적이 있었다. 그때 들었던 나의 이야기를 생각해보니 자기가 재직 중인 대학교에서 뽑으려하는 교수의 스펙과 너무도 일치해 서울에 온 김에 알려 준다는 것이었다.

그때만 해도 은행원이 교수로 가는 일은 아주 드물었다. 그래서 교수로 채용될 가능성도 없는데다 멀리 충주시에 있다는 그 학교가 어떤 곳인지 전혀 몰랐기 때문에 기분 좋게 거절했다.

막상 거절을 하고 나니 그 학교가 어떤 곳인지 호기심이 생겼다. 처음 교명을 들어보는 학교인데 인터넷으로 검색해보니 두 대학이 합쳐서 새로 출범하는 국립대학교였다.

일할 수 있는 여건도 좋고, 대우도 기업 못지않았다. 그래서 마감을 이틀 앞두고 부랴부랴 서류를 준비해서 지원을 했다. 크게 기대하지 않았는데 얼마 후 서류전형에 합격했다며 프레젠테이션과 면접을 하러 오라는 연락이 왔다.

다른 것은 몰라도 프레젠테이션은 자신 있었다.

대학이 외부인사를 교수로 영입하려는 목적은 단 하나, 학생들의 취업문을 넓히고 산학협력을 강화하기 위해서였다. 바로 그 목적에 들어맞는 프레젠테이션을 준비하면 합격은 떼 놓은 당상이며 골프로 말하면 스윗스팟에 맞추는 것이라 생각했다.

그래서 이미 매일경제 신문과 함께 추진했던 산학협력 사례는 물론 일자리 박람회, 잡월드 등 기업은행에 있으면서 진행했던 프로젝트를 중심으로 대학이 앞으로 나아가야 할 방향과 내가 이 대학으로 오게 되면 학교에 도움이 될 내용이 무엇인지에 대해 발표했다. **고객을 빠져들게 하는 매력 마케팅의 3요소 즉, 극적인 차별성 (Dramatic Difference), 분명한 효익(Overt Benefit), 이행의 신뢰성(Real Reason to Believe) 3가지를 아낌없이 담았다.**

그러자 발표회장 분위기가 달라졌다.

대기업 임원, 국영기업체 공단 임원, 국책은행에서 임원으로 있던 박사들과 견주어도 내 발표내용은 현저히 차별화된 것으로 가장 현실적인 대안으로 받아들여졌다. 게다가 인사부장을 했기 때문에 직원을 채용하는 과정을 꿰고 있었고, 힘든 카이스트에서 공부했으니 강의도 잘 할 것이라는 것도 높은 점수를 받는데 한 몫 했다.

기업의 채용 트렌드를 알고 있고, 그 마인드를 갖고 있는 자 야말로 학교가 원하는 사람이 아니었겠는가?

결국 쟁쟁한 후보들 대신 의외의 인물인 내가 신임교수로, 그것도 국립대학교 정교수로 채용된 것이다. 게다가 기업은행과 군대, 석사 받은 경력까지 모두 인정받아 교수로서는 최고의 대우를 받는 조건으로 가게 되었다. 은행장에게 후배에게 자리를 물려주게 된 것과 그동안 베푼 후의에 감사의 마음을 전하고 돌아 나오는데 마음이 날아갈 듯 기뻤다.

아무런 연고 없이 은행에서 최초로 국립대학교 교수로 가게 되었다는 소식은 일종의 센세이션을 불러일으켰다. 후배들 사이에서는 학위취득 붐이 일어났다. 내가 교수로 가면서 후배들에게 학교라는 새로운 길을 보여준 것이다. 비록 '교토삼굴'과 관계없이 직장생활을 했지만 하나님께서는 나를 통해 후배들의 길도 열어주시는 놀라운 계획을 갖고 계셨다.

내가 맡은 바 일에 충실할 동안 하나님은 나를 위해 굴을 예비해 두신 것이다. 기업은행에서 일했던 경력 어느 하나도 땅에 떨어지지 않고, 교수가 되는 밑거름이 되었다. 한눈팔지 않고 주어진 일을 해내는 동안 하나님은 내 앞길을 예비해두신 것이다.

나를 절벽 가까이로 부르실 때도, 그 아래로 밀어버리실 때도 몰랐던 그분의 뜻이 그제야 퍼즐 맞춰지듯 명확해졌다. 절벽 위에 있을 때 나는 나에게 날개가 있다는 것을 알지 못했다. 절벽 너머의 세상도 보지 못했다. 추락해야 날개가 있다는 것을 알 수 있다. 그리고 그 날개를 펼쳐야 새로운 세상으로 날아오를 수 있다. 그래서 나의 ID는 ibanker(나는 행원이다)에서 ipro(나는 프로 교수다)로 바뀌게 된 것이다.

새로운 경주의 출발점에서

대학교수가 된 은행원

"눈으로 남을 볼 줄 아는 사람은 훌륭한 사람이다.
그러나 귀로는 남의 이야기를 들을 줄 알고
머리로는 남의 행복에 대하여 생각할 줄 아는 사람은
더욱 훌륭한 사람이다"
– 유일한 박사

**노블리스 오블리제,
유일한 박사와의 만남**

국립대학교에 교수로 재직하면서 1년 동안은 감사할 일만 생겼다. 대우도 만족스러웠고, 서울에서 매일 출퇴근하기가 어려웠는데 동기가 인근에 있는 전원주택을 선뜻 내주어서 집 문제도 쉽게 해결되었다. 주거문제가 해결되자 하나 둘 씩 주변에 인맥이 형성되기 시작했다.

아는 사람이 아무도 없다고 생각했는데 막상 그곳에 가보니 동문들도 여럿 있었고, 심지어는 기업은행에 잠깐 근무했던 교수도 있었다. 적막강산 속에 외로울 줄 알았는데 좋은 관계까지… 감사할 뿐이었다. 나의 특기를 살려 다양한 산학협력 활동과 학생들의 진로지도를 할 수 있다는 것이 너무나 즐거웠고 많은 성과도 내었다.

그러나 이런 즐거움은 오래가지 못했다.

새로 시작된 총장선거에서 알량한 권력을 잡기 위해 몇 명의 교수들이 물을 흐리기 시작해 흙탕물을 만들어 놓기 시작 한 것이다. 아무리 맑은 물에 사는 훌륭한 교수들이라 하더라도 예의도 배려도 없는 미꾸라지 몇 마리가 물을 흐리니 이것을 뒤집어 쓸 수밖에 없었고 결국 이전투구 양상으로 흘러가고 있었다.

심지어 교수들 사이에서 "미꾸라지 몇 마리는 줄을 세울 수 있어도 교수 3명은 줄을 세울 수 없다"는 자조 섞인 말까지 흘러나오는 지경이 되었다. 선물과도 같았던 대학교수라는 자리는 고통의 자리로 바뀌었고 거의 매일 그런 사람들의 얼굴을 마주대해야 한다는 것이 숨이 막혔다. 학생들의 미래를 위해 전력투구를 해도 모자랄 판에 이 먼 거리 까지 와서 정치권에서도 보기 힘든 이런 흙탕물속에서 계속 호흡을 해야 한다는 것을 용납하기가 점점 어려워져가고 있었다.

그때 전혀 생각지도 않은 곳에서 새로운 길이 펼쳐졌다.
그 당시 리더십 수업을 준비하면서 우연히 진정한 노블레스 오블리주의 정신이 깃든 「유일한」 박사의 유언을 보게 됐다. 그리고 묘비명도 보게 되었다.
"눈으로 남을 볼 줄 아는 사람은 훌륭한 사람이다.
그러나 귀로는 남의 이야기를 들을 줄 알고
머리로는 남의 행복에 대하여 생각할 줄 아는 사람은
더욱 훌륭한 사람이다."
이 말이 가슴을 치면서 크게 울려왔다.
그러면서 이렇게 훌륭한 분이 설립한 학교와 기업은 어떤 곳인지 궁금증이 생겼다.

먼저 인터넷으로 유한대학교를 검색했는데 마침 교수 채용공고가 팝업으로 떴다. 지원마감을 일주일 앞둔 시점이었다. 가뜩이나 다니던 학교에 환멸을 느끼고 있었고 유일한 박사의 유언에 고무된 상태라 두 번 생각도 하지 않고 바로 지원서를 제출했다.

2월 하순에 개강을 며칠 앞둔 시점에 합격통지가 날아왔다. 막상 합격을 하고 나니 생각지도 않던 여러 가지 조건들이 맘에 걸렸다.

일단 급여가 적었다. 국립대에 있을 때와 비교하면 훨씬 낮은 수준이었다. 4년제 국립대 교수라는 직함을 버리고 전문대학을 택하는 것도 막상 쉽지 않았다. 혼자 결정할 문제가 아니라서 아내와 의논하고 친구들의 의견도 물었다. 그리고 계속 하나님께 좋은 결단을 내릴 수 있게 해달라고 기도했다. 내게 유리한 선택이 하나님의 뜻이라고 생각하기 쉽기 때문에 그런 생각들을 다 내려놓고 바른 선택을 할 수 있도록 지혜를 달라고 기도했다.

아내를 비롯해 친구들 모두 예외 없이 돈이나 지위보다는 인생 2막에 의미 있게 사는 것이 최고라며 좋은 기회를 놓치지 말라고 충고했다. 가장 결정적인 것은 그 일이 있기 얼마 전 돌아가신 아버지의 살아왔던 삶의 모습과 유훈이 마음에 부딪혀 왔다는 것이다.

나의 아버지는 광복 후 청년운동을 하다가 6.25가 터지자 장교로 임관하여 낙동강 전선으로 가셨다. 팔공산 전투에서 치열한 공방전을 치르며 큰 공을 세우고 무공훈장을 타셨지만 총탄에 다리를 부상당하셨기 때문에 주위에서는 최고수준의 국가유공자 지정을 받아야 한다고들 했다. 그러나 아버지는 걷는데도 지장 없이 완치되었고 군인으로 마땅히 해야 할 일을 했는데 무슨 국가유공자냐며 지정을 마다하셨다 한다.

아버지는 그 정도로 올곧은 분이셨다. 경복궁 내에 있는 육군 최정예 부대인 수도경비사령부 30단을 창설한 대대장이기도하고 논산훈련소 부 연대장 등 남들이 말하는 돈방석 자리에도 계셨으나 부패한 군을 통탄하며 중령으로 예편하셨고 지금은 동작동 국립묘지에 안장되어 계시다.

일부 사회 지도층 인사들부터 자녀들을 군대에 안 보내려는 게 현재의 세태인데 아버지는 군의 요직에서 직접적으로 영향력을 미칠 수 있는 좋은 위치에 계셨는데도 형제, 직계자손 전체 21명을 솔선하여 전원 현역으로 보냈고, 그것도 대부분 전방에서 근무하였다. 2012년 12월 막내아들이 백두산부대 GOP를 내려온 것을 끝으로 3대에 걸친 모든 남성 가족이 현역으로 병역을 마쳤다. 2013년에는 우리 집안이 국방부로부터 "병역명문가"로 지정되기도 하였다.

비록 자녀들에게 부유한 삶을 누리게 해 주지는 못했지만 세상에 부끄럼 없는 올곧은 삶을 보여주셔서 자녀들에게 돈보다 중요한 긍지를 갖게 하셨고, 돌아가실 때는 "이웃들과 더불어 살라"는 마지막 당부말씀을 남기셨다. 눈앞의 작은 이익 때문에 바른 길을 버리거나 부끄러운 선택을 하지 않았던 아버지의 삶은 유일한 박사의 삶과 닮아있었고 나의 선택에 결정적인 기준이 되었던 것이다.

새롭게 부임했던 학교에서 비즈니스 마인드로 일을 하면서 적지 않은 칭찬을 받다 보니 너무 교만해 질까 봐 안 좋은 사례들을 보게 하셔서 새로운 문화에 적응하라고 내게 주어진 연단의 과정이라 생각하기로 했다. 그리고 이 과정을 통해 못 볼 것을 보게 한 일부 저질 교수들도 다 삼인행 필유아사(三人行 必有我師), 내 인생의 또 다른 스승이라 생각하기로 했다.

ALL바른 대학, 유한대학교

'ALL바른' 대학을 표방하고 있는 유한대학교로 옮기면서 나는 인생의 커다란 전환점을 맞이했다. 처음 국립대로 갈 때만 해도 학교는 내 인생의 두 번째 직장이라고 생각했다. 정년을 다 채워도 10년도 채 남지 않은 기간 밖에 보장받지 못했는데도 학교에 대한 기대가 컸던 것이다. 하지만 그곳에서 여러 가지 일을 경험하면서 직장이 중요한 것이 아니라 직업이 중요하다는 것을 깨달았다.

평생직업이 평생직장을 대신한 지 오래됐는데도 불구하고 나는 인생의 이력서를 갱신하지 않은 채 한 곳에 안정적으로 머물 생각을 했던 것이다. 이제는 교수라는 직함에 내 미래를 묶어두지 않고 열어두기로 했다. 학교를 베이스캠프로 하여 경험할 수 있는 다양한 일을 통해 새로운 진로를 모색하기로 한 것이다. 내 인생의 무게중심은 학교에 두지만 나의 가능성에 제한을 두지 않기로 했다.

그러자 학교에 적응하는 게 수월해졌다.

물론 정도를 걷는 깨끗한 학풍과 내가 존경하는 분의 혼이 담긴 곳이라는 자부심, 혁신적인 총장님, 친절하고 인간적인 교수님들 때문에 더 편안하게 느낀 것도 있겠지만 나도 모르게 먼저 대학에서 터득한 다른 문화에 대한 적응력이 나름 학교에 잘 다닐 수 있었던 비결이라고 생각한다.

유한대학교에 온지 1년이 다 되어갈 때쯤 학과장께서 유한대학교 혁신방안 마감이 보름 정도 남았으니 머리를 맞대고 검토하여 제출해 보자고 했다. 나는 공문을 보지 못한데다 평소에 교수들과 교류가 적었기 때문에 그 사실을 전혀 몰랐는데 학과장이 학교나 학과의 발전을 위한 것이라면 무엇이든 좋으니 제안서를 한번 내보자고 권유했다.

시간이 많지 않았지만 은행에서 기획으로 뼈가 굵은 나로서는 보름이면 기획안 하나를 만들기에 충분한 시간이었다. 우수 학교 평가의 요체는 취업률로 나타나니 학생 취업률을 극대화하기 위해 학교의 시각을 떠나 비즈니스 마인드로 접근하자는 내용을 골자로 하는 혁신안을 제출했다.

기획안은 전체 톱4로 선정됐다.

선정된 4개의 과제 제출자는 총장을 비롯해 전 직원과 교수들이 모인 자리에서 PT를 하게 되었다. 그리고 참석자 전원의 평가점수 합산으로 나의 발표 안은 최우수상으로 선정되어 시무식 때 2백만 원의 상금과 상장을 받게 되었다. 아마도 은행에서 바라보았던 기업들의 애로와 학교현장 양 측면을 생각하며 작성한 것이기 때문에 나름 현실성은 있는 방안으로 받아들여 진 것으로 보인다. 전혀 의도하지 않았지만 이번일로 내가 학교에 알려지게 된 계기가 되었다.

유한대학교에 들어 올 때 나의 처우는 산학협력 중점조교수로 2년마다 평가하여 재임용을 결정하는 계약제이다. 2014년 3월에 유한대학교에 들어온 것이 엊그제 같은데 2년이 벌써 지나 재임용 평가를 받는 시기가 돌아왔다. 나의 2년간 평가 점수는 100점 만점에 100점, 학교 다닐 때도 받기 힘든 점수로 2018년 2월 까지 다시 2

년간 더 다닐 수 있게 되었다.

그러던 중 놀라운 일이 또 벌어졌다.

2016년에 들어서서 학교에서는 과거의 학력, 논문, 잠간의 면접 등으로 평생임기를 보장하는 것은 불합리하므로 사회에서 충분한 경력을 쌓아 인정받고, 학교에 들어와서도 자기 역할을 충실히 하여 검증을 받은 사람들을 정년트랙으로 전환하여 필요한 보직을 부여한다는 방침을 발표하였는데 그 일환으로 나를 정년트랙 교수로 전환하고 경영과 세무회계과 학과장(전공주임)으로 발탁한 것이다.

이것은 보수적인 대학사회에서는 매우 파격적이고 혁신적인 것으로 과거에는 생각조차 할 수 없는 일이다. 그러나 이 방침은 구조조정의 격랑 속에 있는 대학들이 가야 할 방향을 선도한 조치이며 변화의 새로운 물꼬를 트는 일이라 볼 수 있다. 생각지 않게 변화의 소용돌이 속에 그 변화에 앞장서야 하는 위치로 갑자기 올라섰기 때문에 처음에는 매우 당황스러웠다. 과연 내가 어떻게 처신해야 하나 곤혹스럽기 까지 했다. 그러나 이 상황은 할 수 있고 없고를 따지기 전에 피할 수 없는 하나의 조류였다.

나는 매년 초 마다 한해의 주제말씀을 정하는데 올해는 극동방송 이사장이신 김장환 목사님의 신간 365일 묵상집 「반드시 승리하리라」 첫머리에 있는 창세기 39장 3절의 요셉이야기 "…여호와께서 그와 함께 하심을 보며 또 여호와께서 그의 범사에 형통케 하심을 보았더라"는 말씀을 주제로 정하여 업무노트 첫 장에 기입하고 페이스북에 올렸었다.

올해는 내가 환갑을 맞이한 해이다. 은퇴 후에는 마음을 비우고

다 내려놓아야한다는 친구들도 많은데 이 나이에 전혀 다른 조직에 와서 짧은 기간에 보직교수로 쓰임 받는다는 것은 얼마나 소중한 일인가? 어떤 측면으로 봐도 부족한 내가 쓰임 받을 수 있는 것은 그동안 요셉과 같이 많은 장애물과 웅덩이를 넘게 하면서 연단하신 것이라는 것을 깨닫고 나는 다시 한번 섬세한 하나님의 손길을 느끼지 않을 수 없었다.

부족한 나를 좋게 보고 발탁해주신 총장님과 관계자 분들 그리고 그동안 세심하게 가르쳐 주고 학교에 잘 적응하도록 지원해 주셨던 학과장님과 학교 교수님들, 잘 따라 준 학생들 모두에게 감사한다. 성과로 보답해야하는 숙제를 받았으니 앞으로 그 기대에 맞추어 하나하나 풀어나가자고 다짐해 본다.

인생 2막,
새로운 인생을 꿈꾸며

현재 내 명함에는 'ALL바른 대학 유한 대학교 교수'가 선명히 찍혀 있다. 남들은 이 명함을 보고 현재 나의 사회적 위치만을 볼 수 있겠지만 나는 '교수'라는 단어 속에 담겨 있는 하나님의 이끄심에 감사한다.

은행에서 잡월드와, 산학결연 사업을 진행하면서 청년들의 진로에 대해 관심이 많았었지만 은행이라는 우물 안에서 살 때는 그 물이 어디에서 어떻게 소용될 지 알 수 없었는데 우물에서 나를 퍼 올려 학생들이 자라는데 필요한 물이 되었다. 막상 학교에 와보니 취업 뿐 아니라 갈 길 잃은 우리나라 청년들의 직업가치관과 진로를 찾는데 도움이 되어야겠다는 생각이 들었다.

대학시절, 나를 괴롭혔던 고민이 '내가 어떤 삶을 살아야 할까?' 였는데 오늘을 살아가는 청년들도 마찬가지라는 걸 직접 보게 됐기 때문이다. 한 발 앞서 인생을 걸어간 선배로서, 그리고 황무지가 장미꽃 같이 피는 거룩한 길을 갈 수 있는 방향성을 청년들에게 가르쳐주고 싶은 마음이 생겼다. 그래서 2015년에는 진로지도계의 고수들인 좋은 분들과 뜻을 같이하여 사단법인 직업진로지도협회를 함께 설립하여 새로운 미래를 준비하고 있다.

30년 가까이 전력투구한 은행 업무를 통해 교수직이 예비되었듯이 지금 하고 있는 일을 통해 또 어떤 미래가 준비될는지 모를 일이다. 물론 지금보다 더 낮은 곳에서 훈련받을 수도 있고, 더 높이 쓰실 수도 있다. 하지만 그것은 내가 마음대로 결정할 수 있는 일이 아니다. 내가 할 수 있는 건 새벽보다 아름다운 황혼을 꿈꾸며 하나님이 예비하신 내 인생의 최고의 순간을 기다리는 일이라고 생각한다.

"인생이라는 장애물 경주"

인생을 장애물 경주에 비유하기도 한다. 평탄한 길만 있는 것이 아니고 늘상 문제에 부딪히기 때문이다. 언제 어디서 어떤 형태로 문제가 다가올지 예측할 수 없기 때문에 훨씬 더 난해하다. 그러나 인생이라는 경주는 먼저 출발 했다고 선착하는 것이 아니고 1등이 한명만 있는 것도 아니다. 벅찬 장애물이 나타나면 좀 늦더라도 돌아가면 되고 높이를 얕보다가 걸려 넘어지면 툭툭 털고 일어나 다시 도전 할 수도 있고 도저히 넘을 수 없는 '넘사벽'이나 깊고 넓은 골짜기가 나타날 때는 누에고치처럼 잠수를 타다가 결정적인 순간에 찬란한 나비가 되어 날아오를 수도 있기 때문에 아름다운 경주이기도 하다.

장애물 경주 중 가장 긴 3,000미터 경기는 28개의 허들과 7개의 웅덩이로 경기를 치른다. 이 책을 쓰면서 내가 넘어온 허들과 생각지도 못한 물웅덩이를 세어보니 그보다 훨씬 많았다. 그 것들을 어떻게 넘어왔을까 생각해보니 고맙게도 주위에는 늘 가족들과, 함께 땀 흘리던 선배, 동료, 팀원들이 있었다.

C급 흙수저인 내가 은행에 입사하여 말단행원에서 본부장이 되기까지 30년 가까이를 달리는 동안 그들과 함께 넘어왔던 크고 작은 '역경'들은 어느 날 '경력'이라는 이름으로 바뀌어 있었다. 그리고 은퇴 후에는 그것을 디딤돌로 하여 오래 꿈꾸어 왔던 대학 강단에 서게 되었다. 앞으로 펼쳐질 대학교수로서의 또 다른 레이스 에서도 수많은 장애물이 다가올

것이 틀림없다. 그러나 지금까지 그래왔던 것처럼 학생들과 함께 넘어갈 그 길도 분명 가슴 벅찬 레이스가 될 것이다.

"조금은 다르게 걸어온 길"

비밀코드 'C'를 발견하며 넘어온 나의 장애물 넘기 Story를 한마디로 요약하라고 한다면 "조금은 다르게 걸어온 길"이라고 하고 싶다. 높이뛰기를 그저 앞으로만 뛰던 시절, 가로대를 등지고 뛰는 배면도약으로 기록의 한계를 넘어섰던 포스베리 선수와 같이 조금 다르게 생각했을 뿐인데 그 조금 다른 생각이 말을 바꾸고 행동을 바꾸고 습관을 바꾸고 삶을 바꾼 것이다.

큰일을 맡지 못하면 도태 된다고 사람들은 말한다.

그러나 나는 "작은 일에 충성하라"는 말씀에 더 귀 기울였다. 세상은 좋아하는 일을 해야만 행복하다고 한다. 그러나 나는 그냥 하는 일들을 좋아하려고 노력했다. 성공하기 위해 상사에게 잘 보여야한다고들 하지만 나는 상사보다는 후임자나 부하들의 평가가 진짜라고 생각했다.

세상은 남을 밟고 일어서라 하지만 나는 남들을 위하다보면 저절로 성공이 따라온다고 생각했다.

세상은 무슨 방법을 써서라도 이겨야한다고하지만 나는 이삭의 우물과 같이 본질이 아닌 것은 져주었다. 세상은 억울한 일은 끝까지 복수하라 하는데 나는 억울한 일은 빨리 잊고 미운 그를 인생의 스승으로 생각하였다.

세상이 악인의 꾀를 내어서라도 오만한자의 자리에 앉으라 할 때 나는 부끄러운 방법을 동원하는 것을 수치로 여겼다.

세상은 성공을 위하여 쉼 없이 전진하라고 할 때 엿새 중 하루는 꼭 구별하여 삶의 주인께 드리고 삶의 지침을 받았다.

　세상은 시험과 고난이 올까봐 조바심치지만 나는 합력하여 선을 이루시는 하나님을 믿고 다가오는 연단을 달게 받았다. 그리고 변칙과 편법이 승리의 비결이라 할 때 나는 그 것들을 멀리하고 기본과 원칙을 지키기 위해 노력해 왔다.

　지금까지의 삶이 큰 성공이 아닌데도 후회가 없고 부끄럼 없고 거리낌이 없는 이유는 바로 기본과 원칙에서 멀어지지 않았기 때문이 아니었나 생각해 본다.

"발 아래 작은 등불"

　다음 장에서는 지금까지 살아오면서 나 스스로 가졌던 물음에 대한 답변 그리고 후배, 제자들로부터 받았던 질문과 대화들을 모아 한편으로 엮어 보았다. 진로와 승진과 은퇴라는 문제들을 만나 헤쳐 나왔던 나 나름의 방법들이기 때문에 무슨 거창하고 전문적인 비법은 아니다. 그냥 현장에서 느낀 가장 기본적이고 원칙적인 실전해법들이라고 할 수 있다. 서언에서 말씀드린 대로 독자들의 발걸음 아래 드리워진 어두운 부분들을 비출 수 있는 작은 등불이 되기를 바랄 뿐이다.

THE KEY SOLUTION 『3C』

취업, 승진, 은퇴의 잠겨진 문을 여는 열쇠

제1장

Break the
CELING

취업의 '천장'깨기!

-꿈과 비전, 가슴 뛰는 직업을 구하는 지혜-

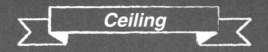
Ceiling

벼룩(Flea)이라는 작은 곤충은 가히 최고의 높이 뛰기 선수라 해도 과언이 아니다. 자기 몸의 몇 십 배나 되는 60Cm를 뛰어 오를 수 있기 때문이다.

그러나 그들이 뛰어오를 수 있는 높이 보다 더 낮은 유리 상자에 넣어 놓으면 뛰어오를 때 마다 통증을 느낀 벼룩들이 점점 도약을 조절하면서 부딪히지 않을 정도로만 뛰어오르게 된다.

놀라운 것은 그 후 '유리천장'을 치워도 마치 상자 위가 여전히 막혀 있기라도 한 것처럼 제한된 높이 이상으로는 튀어 오르지 않는다는 것이다.

유리천장에 부딪치면서 실패를 학습하게 된 벼룩들처럼 우리도 몇 번 겪었던 실패가 습관이 되어 스스로 "내 능력은 여기까지야"라고 한계를 짓고, 그 한계를 숙명으로 받아들이는 경우가 많다.

'유리천장'은 여성들의 승진을 가로막는 사회적인 편견을 말하는 용어이기는 하지만 벼룩의 경우처럼 암암리에 우리 삶에 투영된 '자기제한'의 모습이라고도 할 수 있다.

벼룩의 'C' 즉, 자기제한이라는 보이지 않는 천장(Ceiling)을 깨는 것이 진로와 취업의 장벽을 넘어 힘차게 도약 할 수 있는 첫 번째 비밀이다.

1

꿈이 뭐였나요?
그리고 그것은 이루어졌다고
생각합니까?

"후회는 한일보다 하지 못한 일들 때문에 하게 된다.
그러니까 밧줄을 던져라.
항구에서 떠나 무역풍을 타고 탐험하고 꿈꾸고 발견하라."
– 마크 트웨인

소망과 땀과 인내가 꿈을 이루게 한다

어린 시절 일찍이 헌신할 분야를 발견하고 영롱한 꿈을 꾸는 사람은 성공 할 확률이 높다. 그러나 나는 성인이 되어서 까지도 꿈이 뭔지도 잘 몰랐고 주위에서 가르쳐주는 사람도 없었다. 나의 삶을 되돌아보면서 나의 앞길을 지도하는 분이 있었더라면, 그리고 좀 더 많은 경험을 했었더라면 어땠을까 하면서 아쉬움을 느끼기도 한다.

은행에 들어와서도 임원이 되어야하겠다 거나 하는 그런 꿈을 꾸어본 적이 없다.

그때그때 주어진 일들을 충실하게 하는데 힘을 기울였을 뿐이다. 꿈을 꾸지도 않았는데 나름 후회 없는 삶을 살아 온 것 같아 다행이라고 생각한다. 그러나 인생2막을 시작하고 있는 지금은 꿈을 꾼다. 젊은이나 은퇴자들이 길을 잘못 들어 치러야하는 기회비용을 줄여 좀 더 행복한 삶을 살게 하는 것이 나의 새로운 꿈이다. 그래서 지금은 '진로지도'를 새로운 소명으로 생각하고 하나 둘 씩 준비해나가고 있다. 새로운 꿈을 꾸면서 꿈에 대해서도 다음과 같이 정리해 보았다.

1. 꿈이란 무엇일까?

꿈(dream)이란 원하는 어떤 것을 말한다. 그 꿈이 이루어지기를 바라는 것을 기대, 소원(anticipation, wish, hope)이라 하고, 하나님의 도움을 구하는 것을 기도(prayer)라 하며 기도를 통해서 이루어지기 어려울 것 같은 꿈이 이루어지는 것을 기적(miracle)이라 한다. 꿈을 큰 그림(big picture)으로 형상화 하여 내 것으로 만든다면 그것이 비전(vision)이다. 마치 운동선수가 꿈의 무대 올림픽에 나가 시상대 맨 위에 서서 국기를 바라보며 눈물 흘리는 모습을 상상하는 것과 같다. 꿈이 소명(calling)이라면 그것을 미션(mission)이라 한다. 미션은 나의 유익이 아니라 부르신 자의 뜻에 순종하고 기꺼이 헌신하게 하는 고귀한 꿈을 말한다.

그러나 기대가 아무리 간절한 것이라도 비현실적이거나 막연한 것이라면 몽상 또는 공상(fantasy)이라한다. 또 어떤 것이 노력이나 희생 없이 이루어지기를 바란다면 그것은 투기(speculation)나 요행(fluke)이다. 더구나 옳지 않은 것을 옳지 않게 이루려 하는 것이라면 그것은 꿈이 아니라 나쁜 욕망이요 자신에 대한 사기(fraud)에 불과 할 것이다. 그리고 기대가 나의 것이 아니고 부모나 타인의 대리만족을 위한 것이라면 그 것은 '남의 꿈'이지 내꿈이 아니다. 남의 꿈에 밀려가거나 남의 꿈을 쫓아가는 사람은 결코 꿈을 이룰 수 없다.

2. 긍정의 마음으로 꿈을 정탐하라

모세는 약속의 땅 가나안에 들어가기 전 무작정 들어가지 않고 12명을 선발하여 그곳을 정탐하도록 하였다. 정탐꾼의 임무는 "그 땅에 사는 거민들의 강약과 다소, 토지의 후박(厚薄), 수목의 유무, 사람들이 거하는 성읍이 진영인지 산성인지 등을 알아보는 일과 그 땅의 실과를 가져오는 일" 등 구체적인 것이었다.

모세의 12명의 정탐꾼들은 탐지를 마치고 어떻게 보고했을까? 놀랍게도 정탐꾼 중 대다수인 10명은 그 땅을 악평하고 거기에 사는 사람들은 장대하여 그들 앞에서 자신들은 마치 '메뚜기' 같아서 잘못 들어갔다간 다 죽는다고 보고했다. 반면에 그 약속의 땅은 심히 아름다우며 거기 사는 백성들은 우리의 '밥'이라고 긍정적인 보고를 한 사람은 2명뿐이었다. 그 보고를 들은 백성들은 누구의 보고를 믿었을까? 예나 지금이나 사람들은 부정적인 소식에 빠져들기 쉬운 것 같다. 사람들은 믿음과 긍정을 택하지 않고 불신과 부정을 택했다. 망연자실한 그들은 지도자를 원망하며 불만을 터뜨렸다. 그 후 그들은 어떻게 되었을까? 부정적인 의견을 믿은 백성들은 단 며칠이면 들어갈 수 있는 가나안 땅을 한 발자국도 밟아보지 못하고 무려 40년간이나 광야를 전전하다가 예외 없이 모두 죽었다. 젖과 꿀이 흐르는 가나안 땅으로 입성한 사람들은 오직 긍정적인 정탐꾼 2명과 차세대 사람들이었다.

이 모세 이야기에서 받을 교훈은 무엇일까? 첫 번째는 소원을 품고 꿈과 비전을 바라보는 것도 중요하지만 가고 싶어 하는 그 꿈을 막연하게 생각하면 안 되고 실제로 꿈꾸는 그곳이 어떤 곳인지 잘 따져보는 일이 중요하다는 것이다.

두 번째는 예나 지금이나 똑같은 사안을 보고서도 안 될 이유만 찾는 부류가 있고 어려운 상황에서도 가능성을 찾아내는 사람들이 있는 데 결국 꿈을 이루는 사람은 긍정의 눈을 가진 사람들이라는 것이다.

3. 꿈, 비전, 미션은 어떻게 이룰 수 있을까?

꿈을 잘 정탐하였다면 그 꿈을 형상화하여 이루어 졌을 때의 모습(Vision)을 그린다.

그 비전을 날짜와 함께 적으면 목표가 된다. 기약 없는 꿈은 꿈이라 할 수 없기 때문에 '언제까지'라는 기한이 필요하다. 목표를 잘게 나누면 그것은 계획이 되며, 그 계획의 실행 방법을 찾으면 전략이되고 그 전략에 땀과 노력을 더하여 실천에 옮기면 드디어 그 꿈은 어느 날 실현되어 현실로 눈앞에 나타나게 될 것이다.

꿈의 성취를 위해서는 우선적으로 시간과 돈과 지식과 열정과 땀과 노력을 투자할 결단이 필요하다. 아쉽게도 이러한 결단을 하는 사람은 10%가 넘지 않는다고 한다. 그래서 실행에 나선 당신이라면 이미 선두주자라고 봐도 과언이 아니다. 그러나 꿈의 성취는 거저 되는 것이 아니다. 많은 인내가 필요하다. 기다리는 동안 포기하고 싶을 때가 올 것이다. 그러나 터널의 끝은 반드시 오며 그 터널은 바로 지름길이라는 것을 잊지 말자. 꿈★은 반드시 이루어진다.

2

직업에 대해
후회해 본적은 없나요?

"생활은 이 두가지 뿐이다.
하고 싶으나 할 수 없는 것과 할 수 있으나 하지 않은 것이다"
- 괴테

Sweet Spot을 찾아 정조준 하라

입사 직후 갈등의 시기를 빼고는 나의 직업을 후회해 본적은 없다. 왜냐하면 '내가 하고 있는 일'을 사랑하기로 했었기 때문이다. 구직자에게 자신에게 맞는 가슴 뛰는 직업을 찾는다는 것은 마치 사랑하는 이성을 만나는 것과 같다고 생각한다. 모든 직업을 다 가져 볼 수는 없는 것이기 때문이다.

그래서 나는 우물 안 개구리가 되지 말고 가능한 한 많은 경험을 하기를 권한다. 그러다가 이상형을 만났을 때와 같이 가슴이 벌렁거린다면 바라만 보지 말고 적극적으로 프로포즈 해야 할 것이다.

STEP 1 : 될 수 있는 한 많이 부딪혀보자

가능한 한 어린 시절부터 학습, 여행, 관람, 견학, 현장실습, 인턴, 아르바이트, 독서, 공모전, 세미나, 연수 등 다양한 분야에서 직간접 경험을 많이 하는 것이 좋다. 직업흥미도 검사, MBTI검사 등 다양한 검사 도구를 활용하여 자아인식을 하는 것도 필요하다,

특별히 관심이 가는 분야나 나의 우상(Super star)이 있는 분야의 종사자나 전문가와 상담을 통해 내가 모르고 있는 나를 묻고 그를 멘토로 삼을 것을 권한다, 깊은 묵상을 통하여 내면의 소리도 듣는 것도 중요하다. 그러한 경험 가운데 몰입(沒入)되는 것, 에너지를 주는 것, 하지 않으면 못견디게 애통한 것이 있다면 그것은 일생을 걸어도 좋은일임에 틀림없다.

STEP 2 : 경력 닻(Career Anchor)을 내려 보자

'경력 닻'이란 MIT 교수 Edgar Schein박사가 주창한 것으로 사람이 진로를 결정 할 때 마치 배가 정박할 때 닻을 내리 듯 자신의 성장과정에서 갖게 된 기본가치, 능력, 동기나 욕구를 반영하게 된다는 것인데 ①기술 • 기능 ②일반관리자 ③자율 • 독립 ④안정 • 안전 ⑤기업가적 창의성 ⑥봉사 • 헌신 ⑦순수한 도전 ⑧라이프스타일 추구형의 8가지가 있다.

만일 내가 ①에 해당한다면 연구원이나 기술자 ②기업임원 ③전

문가, 프리랜서 ④봉급생활자 ⑤기업 창업자 ⑥성직자 ⑦탐험가를 선호 할 것이다. 자신이 선호하는 분야에 경력 닻을 내리면 즐겁게 일할 수 있는 가능성이 많다.

STEP 3 : 달란트(Talent)와 은사(Charisma)를 확인해 보자

달란트나 은사는 말 그대로 나에게 선물(Gift)로서 주어진 것으로 '남보다 잘 하는 것 또는 남보다 좀 덜 노력해도 잘 할 수 있는 것'이라 할 수 있다. 그 것은 DNA, IQ, 운동신경, 좌뇌, 우뇌와 같이 선천적인 것이지만, 성장환경을 통해서 후천적으로 길러지기도 한다.

은사가 잘 할 수 있는 '분야'라면 달란트는 잘 할 수 있는 '정도'가 아닐까 한다.

김연아가 역도를 한다면 장미란 같이 할 수 있을까? 장미란이 피겨스케이팅을 하면 김연아와 같이 할 수 있을까? 마치 그와 같이 사람마다 잘 할 수 있는 분야와 정도는 다 다르다. 실제로 어느 분야에 내가 잘 할 수 있는 은사가 있고 그 분야에 달란트가 많다면 성공가능성이 높아진다.

평생 집중할 만한 나의 직업을 찾을 때는 단순히 좋아해서는 안되고, 잘하는 것이어야 한다. 물론 좋아하다 보면 잘하게 되고 잘하다 보면 좋아하게 되겠지만, 꼭 두 가지가 일치한다고 할 수는 없기 때문이다.

STEP 4 : 아래 5개 척도에 비추어 보자

위 3단계를 통하여 자신이 헌신

할 수 있는 분야를 찾았다면 아래 5개 항목에 비추어보아 이것이 현실적으로 영위 될 수 있는 것인지 검증해 보아야한다.

구 분	정 도			비 고
	하	중	상	
1. 즐겁게 일 할 수 있는가?				직업 흥미
2. 남보다 잘 할 수 있는가?				직업 적성
3. 생계를 유지 할 수 있나?				경제력
4. 명예로운 직업인가?				직업 가치
5. 오래 할 수 있는가?				직업 전망

이 5개 항목을 체크하여 '하'가 하나라도 나타나면 직업보다는 취미로 하는 것을 고려해 봐야한다. 예를 들어 아무리 잘 할 수 있고 즐겁게 할 수 있어도 그 분야가 사양길에 있어 평생 생계유지를 하기 어려울 정도로 돈을 벌기 힘들다면 직업에서 갖는 즐거움도 생활에서 주는 스트레스 때문에 소진 될 수 있기 때문이다.

STEP 5 : 선명한 꿈을 꾸자
(Dreaming)

위 4단계를 통하여 자신이 헌신할 분야를 찾았다면 닭이 병아리를 품듯 꿈을 품기 시작해

야한다. 정치가, 예술가, 학자, 교사, 운동선수, 가수, 작가, 기업가, 성직자, 기자 등 어느 분야 던지 내가 그 분야의 최고가 될 것을 그리며 꿈을 잉태하여야한다.

"만약에 당신이 꿈을 꿀 수 있다면 그것을 이룰 수 있다. 이것을 기억하라. 디즈니랜드의 모든 것들이 한 마리 쥐와 꿈으로 부터 이루어 졌다는 것을"(Walt Disney)

STEP 6 : '노는물(Play ground)'을 바꾸자

비단잉어 'koi'는 어항에서는 7Cm, 연못에서는 20Cm, 강으로 가면 1m를 자란다고 한다. 이와 같이 자기가 속한 곳이 어딘지에 따라 자신이 클 수 있는 한계가 정해진다. 개천에서 용이 못나오는 이유가 그것 때문이다.

맹자의 어머니가 3번이나 환경을 바꾸어 주었기 때문에 맹자가 있는 것 아닌가. 자기가 꿈꾸는 분야에서 자신이 더 클 수 있는 곳으로 가자, "가난해도 부자의 줄에 서라." 탈무드의 지혜.

STEP 7 : 표적을 정조준 하자
(Hit tht bull's eye)

내가 잘할 수 있고 내가 좋아서 몰입할 수 있는 직업이나 직장을 찾았다면 그곳에서 원하는 것이 뭔지를 알아야한다. 그것을 모르면 마치 표적도 보지 않고 활을 쏘는 것과 같다. 아무리 내가 좋고, 잘해줄 수도 있다 해도 사랑하는 사람이 나를 싫어하면 아무 소용없는 것 같이 서로의 이해가 일치하는 점 즉 'Sweet Spot'을 찾아 정조준 하라. 그리고 마치 양궁선수가 비, 바람, 소음 등 환경적 난관을 가정하고 X-10을 맞추기 위해 하루에도 수백 발씩 쏘아가며 훈련하는 것과 같이 부족한 부분을 보완하고 최선을 다하여 준비하고 쏘아라! 그리하면 백발백중 가슴을 뛰게 하는 일터가 당신 것이 될 것이다.

STEP 8 : 실행력이 왕도다
(Power of execution)

어느 취업 캠프에 갔다가 외국계 기업이 꿈이었던 학생의 사례를 듣고 감동한 적이 있다. 채용박람회에 가서 참여기업 60개를 돌며 이력서를 전하고, 집에 돌아와 각 기업과의 상담 내용을 반영하여 꼭 채용해 달라는 부탁과 함께 다시 작성한 맞춤형 이력서를 보낸 사례였다.

은행에 꼭 들어오고 싶어 100개 지점을 방문하여 장단점을 비교분석한 사례를 면접한 경우도 있었고 계약직 텔러의 정규직 전환 면접 때 반상회에 5살짜리 아들을 데려가 함께 상품 권유를 하는 눈물겨운 동영상을 본 사례도 있었다. 이 세 사람이 과연 떨어졌을까? 아니다. 면접관들이 감동하여 말문이 막혔는데 어떻게 떨어질 수 있겠는가? 실행력이 왕도이며 취업 성공의 마침표다.

왜 취업이 어렵게만 느껴질까요?

#3

왜 취업이 어렵게만
느껴질까요?

"취업은 내가 못났다, 잘났다의 문제가 아니다 나와 회사가 맞느냐
맞지 않느냐 오직 그것이 문제이다."
– 신길자

생각만 바꾸어 준비하면 오히려 나를 스카우트하러 온다!

경기부진과 일자리 없는 성장이 지속되면서 높은 실업률이 사람
들의 마음속에 앞에 마치 높다란 장벽처럼 자리잡아가고 있다. 3포
세대, 5포 세대라는 말도 지면을 장식한다. 그러나 실제로 취업이
그렇게 어려운 것인가?

나는 아니라고 생각한다. 그런 부정적인 언어들에 속지 말기 바란
다. 대 공황기에도 일자리를 구하는 사람들이 있고 불황기에도 잘되
는 음식점이 있는 것처럼 비법 몇 가지만 알면 취업은 어렵지 않다.

남미 아마존의 육식성 물고기 떼에 물려 숨졌다는 사람 중 많은
수가 실제로는 미리 심장마비로 사망했거나 익사한 뒤에 공격받은
것이라 한다. 취업을 준비하는 과정도 실제로는 피라니아와 같다.

1. 준비하는 '순서'부터 고치자
(Rearrange the sequence)

'루빅스 큐빅'을 해 본 사람들은 알겠지만 순서를 모르면 아무리 시간과 노력을 들여도 맞추기가 어렵다. 취업 준비도 마찬가지다. 준비하는 순서를 거꾸로 하기 때문에 어려운 것이다.

무엇을 요리 할지도 정하지 않고 장을 보러간다면 쓸데없이 시간만 낭비하고 막상 필요한 재료는 사지 못하는 잘못을 저지르게 되고 말 것이다. 졸업이 다가올 때 까지도 목표하는 분야나 하고 싶은 업무나 들어가고 싶은 기업을 정하지도 않고 잡다한 스펙을 쌓는데 온힘을 기울이며 힘들다고 불평하는 경우가 그와 비슷한 것이다.

순서를 바로잡아라. 먼저 갈 곳을 정하는 것이 순서다. 그곳에서 요구하는 것이 뭔지, 내가 모자라는 것이 뭔지, 언제까지 무엇을 보충해야 하는지부터 알고 준비를 시작하면 보다 쉽게 취업 준비를 할 수 있다.

2. '초점'을 정확히 맞추자
(bring into focus)

송곳날이 무디면 힘을 들여도 잘 뚫리지 않는다. 빛이 아무리 뜨거워도 돋보기로 빛을 모아 정확한 초점을 만들지 않으면 불을 일으킬 수 없다. 그런데 대부분의 취업 준비생들이 목표를 정하지 않고 막연하게 취업준비를 하니 100번 원서를 넣어 100번 떨어지는 일이 발생하는 것이다. 스펙이 부족해서만 떨어지는 것이 아니고 과한 스펙도 떨어진다는 사실을 알아야 한다.

내가 아무리 골을 잘 넣는 공격수라도 수비수가 필요한 팀에 들어갈 수가 있겠는가? 나를 뽑을 사람이 원하는 것과 내가 열망하는 것 내가 잘할 수 있는 것 이 3박자가 맞아 떨어진다면 삼고초려 해서라도 나를 스카우트하러 올 것이다.

이력서, 자기소개서를 내거나 면접을 볼 때는 지원 회사의 인사담당자의 입장에 초점을 맞추어 '역할 전환'을 해 보아야 한다. 면접관 역할을 해보면 각 기업 면접에서 나올 질문 대부분을 예측할 수 있다. 나의 입장에서 "나는 이렇게 대우받고 싶다"라는 측면보다 "어떤 인재를 찾고 계십니까?"라는 회사의 입장을 먼저 잘 아는 게 승리의 지름길이다.

3. 매력 있는 맞춤 스토리를 만들자
(Make a charming story)

상대방에게 알리고자 하는 바를 흥미롭고 생생한 이야기로 설득력 있게 전달하는 것을 스토리텔링이라고 한다. 구직활동은 마치 중매 또는 소개팅과 같아서 나의 매력을 어필하지 못하면 애프터가 이루어지지 않기 때문에 상대방이 흥미를 느낄 수 있는 스토리를 만들어 이력서와 자기소개서에 담아야 한다.

"구슬이 서말이라도 꿰어야 보배"라는 말처럼 스펙, 여행, 봉사, 특기, 어려운 일을 극복한 사례, 이런 잡다한 에피소드들이 스토리라는 줄로 연결되지 않고 의미 없이 흩어져 있으면 아무런 감동을 줄 수 없다. 아르바이트 하나를 하더라도 그곳에서 내가 활약했던 사례가 지원하는 회사에 어떤 유익을 줄 수 있는지 스토리로 만들어라. 물론 사후적으로 꿰맞추는 것 보다는 준비하는 과정에서 하나 하나 스토리로 디자인해 나가는 것이 더 좋다.

기업의 채용트렌드는 인성면접시대에서 스펙채용시대로 스토리텔링시대에서 NCS시대로 바뀌어가고 있다. 그러나 아무리 NCS(현장맞춤형 국가직무능력표준)시대가 와도 결국 필요한 것은 역량을 판별하는 것이며 그것은 지원자의 스토리를 통해서 알 수 밖에 없는 것이다.

4. 피카소적인 접근방법을 쓰자
(Make use of Self marketing)

반 고흐와 파블로 피카소는 둘 다 미술사의 한 페이지를 장식한 전설적인 화가다. 두 사람 다 그 시대를 앞서가는 그림을 그려서 인지 세상 사람들이 잘 이해해주지 않았다. 그런데 반 고흐는 그림 몇 점 팔아보지도 못하고 힘들고 외롭게 죽어갔고 피카소는 억만장자로 삶을 즐기면서 살았다.

두 사람의 인생에 왜 이러한 차이가 발생했을까? 고흐는 외롭게 골방에서 자기연민에 빠졌다. 그의 그림이 아무리 뛰어나다 하더라도 그의 생전에 세상에 알려질 수 없었다. 그러나 피카소는 파리의 화랑들을 돌아다니면서 화랑 주인이나 큐레이터들에게 '피카소라는 작가 작품이 좋던데, 그 사람 그림을 구할 수 없나요?' 라고 시치미를 떼며 묻고 다녔다고한다. 피카소는 얼마 있지 않아 파리 미술계의 히로인으로 떠오르게 되었다.

　일자리가 부족한 상황에서 남들하고 비슷한 전략으로 임하면 실패할 가능성이 높다. 성공은 재능이나 열정이 대단한 사람들의 몫인 것 같지만 그 것만 가지고 성공 할 수는 없다. 이것이 피카소 적인 접근방법이 필요한 이유이다.

#4

다른곳으로 Jump하고 싶은 나 어떻게 하는 것이 좋을까요?

"가장 중요한 것은 내가 어디에 있는가가 아니라
어디로 가고 있는가를 아는 일이다."
– 올리버 웬델 홈즈

재직상태에서, 대안을 가지고, 레퍼런스체크에 유의하라!

가슴 뛰는 직업을 가지면 얼마나 좋을까?

가슴이 뛴다는 것은 사랑한다는 것을 의미한다. 사랑하는 직업을 찾으려면 다양한 경험을 하여야 하는데 현실적으로 쉽지는 않다. 그래서 대부분의 사람들이 자신이 뭘 하고 싶은지도 모르고 직장에 들어간다. 마치 결혼하고 나서 다른 이성이 더 좋아 보이는 것처럼 회사에 들어가고 나서는 '이 길은 아닌가보오'하면서 후회하는 것과 같다. 딴 마음을 품자니 외도하는 것 같아 업무도 손에 잡히지 않고 이런저런 눈치를 보다가 대부분 '가슴이 어떻게 평생 뛰냐! 그냥 맞추어 살지'하는 식으로 세월을 보낸다, 그렇게 자기 직업에 만족하지 못하는 사람이 어떻게 성공 할 수 있겠는가?

자기가 하기 싫은 일, 잘 하지도 못하는 일을 붙들고 우거지상을 하고 사는 모습처럼 애처로운 것은 없다. 그런 일이라면 나는 망설이지 말고 버리고 다른 곳으로 점프하라고 말해주고 싶다. 다만 물에서 나와 불로 뛰어드는 식으로 대안도 없이 뛰쳐나와 또 다른 고생을 자초하지 말고 차근히 준비하여 몸값을 높여나가는 것이 중요하다. 그럴 용기도 없다면 그냥 내가 하고 있는 일을 좋아하도록 노력하는 수밖에는 없다.

이직을 결정하려면 우선 나가야 할 이유와 남아 있어야 할 이유를 대 차변에 기입해보자. 일시적인 감정인지 근본적인 문제인지, 부딪히는 사람이 싫어서인지 일이 싫어서인지 최선은 다해 보았는지 그냥 도망가고 싶은 것인지 대안이 있는지 없는지를 객관적으로 따져본다. 결산을 해보니 대차대조표에 계속 남아있는 것이 적자인 삶이라면 남아서 구조조정을 할 것인지 부실기업을 정리와 같이 특단의 조치를 할 것인지를 결정한다.

남아있는 것보다 떠나는 것이 옳다고 결정되었더라도 아무 대안 없이 섣불리 사표를 던지지 말고 좀 싫더라도 있는 곳에서 최선을 다해 좋은 평을 가지고 떠날 수 있도록 차분히 마무리하면서 다른 곳을 찾아야 한다. 어느 한 곳에서 실패한 사람 치고 다른 곳에서 성공하는 모습을 본 적이 드물다.

'인크루트 인맥'이라는 곳에서 이직을 원하는 직장인들을 위해 '성공 이직 매뉴얼'을 소개한 적이 있다. 새로운 직업세계로 jump 하기 위해 어떤 점들을 유의해야 할지 요약해 소개한다.

STEP 1. 이직 전 준비과정

1. 이직 준비는 '재직 상태'에서 진행한다.
2. 목표기업을 정해 맞춤전략을 세우고 실력을 키운다.
3. 성과가 정리된 '커리어 포트폴리오'를 준비한다.
4. 가급적 공백기 없이 유사 직무로 '수직이동'하여 경력관리를 할 수 있도록 준비한다.
5. 잦은 이직은 마이너스… 가급적 3년은 채운다.
6. 레퍼런스 체크(Reference Check)를 대비해 현 직장에서의 평판을 관리한다.
7. 나를 도와줄 인적 네트워크를 구축하고 활용한다.

STEP 2. 본격적인 구직활동

1. 업무를 빼먹고 몰래 면접보러 가지 말고 휴가 등을 활용한다.
2. 이직사유는 '무엇 때문에'(과거형)보다는 '무엇을 위해'(미래형)라는 식으로 답변한다.
3. 기업은 철새 직장인을 환영하지 않는다. 근무할 '기간'보다는 기여 가능한 '목표'를 제시한다.
4. 퇴사할 땐 '매너'지켜라. '가르침 덕분에 기회를 얻을 수 있었다'고 말한다.

STEP 3. 이직 후 적응 과정

1. 내 업무만 잘 하면 문제없다는 식의 태도를 버리고 신입사원의 자세로 적응한다.
2. 텃세가 심해지지 않도록 새로운 기업의 문화에 빨리 적응한다.
3. 눈에 띄는 성과를 보여 내가 뽑힐 이유가 있었다는 것을 증명한다.
4. 짧은 재직기간은 향후 경력에 엄청난 핸디캡으로 작용하니 무조건 1년은 버틴다.

지금은 인생 100세 시대이므로 70세 시대와 비교하여 현재 내 나이에 70%를 곱한다. 만일 40세라면 28세라고 생각하면 된다. 새로운 삶을 원한다면 결코 지금 나이가 떠나기에 늦은 나이가 아니라는 확신을 가져도 좋다.

그러나 직장은 돈을 받아 가면서 무엇인가를 배우는 소중한 곳이다. 직장 생활은 그 자체로 유·무형의 자산을 축적하여 당신의 가치를 만들어 내는 곳이다. 따라서 잠시 머물다 가는 곳으로 생각하지 말고 있는 동안 경력 개발에 최선을 다하는 것이 필요하다.

최선을 다한 후 후회 없는 인생을 위하여, 그리고 새로운 삶을 위하여 떠나야 할 때가 오면 '본토 친척 아버지 집을 떠난 아브라함처럼' 떠나야 한다.

떠나고 싶은 당신! 떠나라!!

제2장

Cross the

CREVASSE

승진의 '크레바스' 넘기!

-직장에서 인정 받고, 칭찬 받고, 쓰임 받는 요령-

Crevasse

직장생활은 마치 험준한 산의 정상을 향해 올라가는 등산과도 같다. 정상에 올라 큰 희열을 맛보기도 하지만 그 과정에서 많은 희생을 치르기도 한다. 낮은 곳에서는 동료들과 즐겁게 대화를 나누며 쉽게 오를 수 있지만 정상으로 갈 수록 산세는 험준해지고 희박한 산소가 호흡곤란을 일으켜 점점 등산이 어려워진다. 그래서 결국 경험이 많은 소수의 원정대만 정상에 도전하게 된다. 모두 정상에 오르면 좋겠지만 그렇지 못한 것이 현실이다. 원정대가 실패하는 가장 큰 이유는 뭘까? 먼저 정상 부근의 가파른 절벽과 낭떠러지, 빙하, 갑작스런 눈사태나 극한의 추위 같이 반드시 극복해야 할 수많은 장애물들이라고 생각 할 수 있다.

그러나 그런 장애물들은 이미 준비를 단단히 하고 떠났기 때문에 가장 큰 실패 요인이라고 할 수는 없다. 실제로는 스스로를 과신하여 피로를 무시한 채 강행군을 고집하거나 아무도 알아차릴 수 없는 작은 실수들이 가장 큰 실패요인이라는 것을 알아야 한다. 넘어야 할 것 중에는 크레바스라는 것도 있다. 빙하 표면의 쪼개진 틈을 말하며 좁은 계곡을 흐르던 빙하가 피요르드(Fjord) 같이 넓은 장소로 나가는 곳에서 생긴다. 표면은 그리 넓어 보이지 않아 방심하기 쉬운 곳도 있으나 그 깊이는 수십, 수백 미터로 깊어 한번 빠지면 헤어나기가 어렵다. 그래서 그런 곳에 빠지지 않기 위해 동료들끼리 서로를 묶어 실족을 방지하기도 한다.

등산과 같이 훈련이 부족하거나, 작은 실수들을 반복하거나 오만하거나 나만 살면 된다는 극도의 경쟁심리로는 직장생활에서도 성공 할 수 없다. 빙하가 넓은 곳으로 나가는 곳에 크레바스가 있듯이 상위 직급으로 승진하려면 반드시 깊은 골짜기를 뛰어 넘어야 한다.

등산을 통해 많은 것을 배웠다면 이미 당신은 승진의 비법을 터득한 것이다. 성공적인 직장생활을 위해서는 옳은 때에 옳은 일을 옳게 해서 그 다음 시기에 진입을 잘 해야 한다. 시기를 놓치면 다음 단계가 그만큼 어려워지기 때문이다. 그대! 승진의 문턱에서 좌절하고 있는가? CREVASSE를 넘는 'C'의 비밀을 깨닫고 승진의 기쁨을 맛보기 바란다.

5

직장에서 인정받고 칭찬받고 쓰임받는 직원이 되려면?

"알아서 찾아 하는 자, 알려주면 해내는 자, 지적받은 후에야 하는 자,
해야 할 일도 안 하는 자, 가르쳐 줘도 못하는 자, 누가 쓰임 받는 직원이
될까?"
– 고승덕

'생각의 틀'을 바꾸어라

직장인에게 인정받는다는 것 보다 좋은 것은 없을 것이다.

반대로 인정받지 못하는 직장생활처럼 힘든 일도 없을 것이다. 사
실 인정받는 이치가 그리 어려운 것은 아니다.

"저 친구는 일도 잘하고 된 사람이야!"

이 두 마디면 모든 것이 끝난다.

그 두 마디를 듣고 싶은가? 그러면 인사고과 평가표대로 하면 된
다. 평가표는 지식, 성과, 태도의 3개 항목으로 되어있다. 이 항목을
다른 표현으로 하면 'ASK'라고 할 수 있다. 즉, Attitude(업무태도),
Skill(수행능력), Knowledge(업무지식)라고 할 수 있다.

그림에서 보듯이 업무능력이란 일을 하는 목적(purpose)을 분명
히 깨닫고 있으며, 일을 하는 과정(process)을 이해하고 있으며, 알

고 있는 데서 끝나지 않고 실제로 성과를 내도록 헌신(commitment)하는 것을 말한다. ASK가 서로 상호작용을 하면서 일 잘하고 됨됨이가 된 사람으로 인식되면 그 직원은 누구에게나 인정받고 칭찬받고 쓰임 받는 직원이 될 수 있는 것이다.

인정받는 처음단계는 좋은 업무태도다.

올바른 가치관, 긍정적인 성격, 자신감, 조직에 대한 충성도, 팀워크를 갖추어야한다. 다음단계는 업무지식이다. 업무를 모르는 사람은 어떤 형태로든 존중 받기 어렵다. 끊임없는 자기개발을 통해 직장에서 요구되는 업무지식을 습득하여야 한다. 다음 단계는 실행력이다. 이를 발휘능력이라고도 하는데 아무리 업무를 많이 알고 있어도 변변한 Out-Come이 없거나 문제가 발생 했을 때 이를 해결하지 못한다면 좋은 업무태도도 많은 업무지식도 무의미 한 것이 되어버리기 때문이다.

그런데 그 3가지 중 상사들이 가장 중요하게 생각하는 것은 뭘까? 그것은 일과 사람을 대하는 태도 즉 Attitude이다. 지식과 스킬은 빙산의 일각일 뿐이다. 결국 직업가치관, 신념, 자세 등이 바로 선 직원은 모든 일에 주인의식을 갖고 임하기 때문에 장기적으로 볼 때 나머지 문제는 자동적으로 해결되기 때문이다.

강남지역본부장 시절 고승덕 변호사를 초청하여 고객간담회를 가진 적이 있는데 그는 재료를 붕어빵 틀에 넣으면 붕어빵이 되고 국화빵 틀에 넣으면 국화빵이 나오는 것처럼 직원들의 Attitude는 '생각의 틀'이 좌우한다고 하면서 다음과 같이 설명하였다.

음식점에 밥을 먹으러 가서 종업원이 하는 태도를 보면 어느 틀에 속하는지 금세 알 수 있다. 좋은 틀을 가진 종업원이 일하는 식당에는 다음에도 또 가게 된다.

아래 4가지 틀 중에서 나의 생각은 어느 틀에 속할까? 가끔 일손을 놓고 점검해 볼 필요가 있다.

1. D급 틀(Drop) : 안 되는 이유만 찾으며 자신이 할 일도 미루고 빠져나갈 생각만 한다.
- 일을 시키면 마지못해하니 같이 일하고 싶어 하는 사람이 없다. 상사는 일일히 지시하고 점검해야 하니 피곤하다.
- 저성과자로 분류되어 인사 때 마다 서로 다른 데로 보내려 한다. 구조조정 1순위다.

2. C급 틀(Common) : 시키는 것만 꼬박 꼬박 하므로 특별히 인정받기는 어렵다.
- "열심히"는 하나 "잘"하려는 노력은 부족하다 일을 시키려면 자세히 일러줘야 하니 귀찮다.
- 80% 직원이 이에 속한다. 왜 시키는 일 다 했는데 승진이 안 되느냐고 불평하지만 상사가 보기에는 그저그런 보통 직원일 뿐이다.

3. B급 틀(Better) : 지시하면 "뜻을 헤아려"하는 직원으로 기대 이상의 아이디어나 성과를 낸다.
- "제대로"하려고 애쓰기 때문에 상급자는 지시가 간단해도 된다. 성장이 기대된다.
- 일을 맞기고 흐뭇하게 바라본다. 승진시키고 싶다

4. A급 틀(Ace) : 시키지 않아도 스스로 알아서 일하며 항상 더 나
은 방법을 찾으므로 지시가 필요 없다.

  - 조직과 고객이 원하는 것이 무엇인지 생각하고 자가 발전한다.
    무슨일이든 믿고 맡길 수 있다.
  - 조직을 이끌어가는 핵심인재로 분류되어 발탁의 대상이 된다.

인정받는 직원이 되고 싶은가? C에서 D를 지향하지 말라. 그리하
면 망한다. B에서 A를 지향하라 그리하면 반드시 인정받는 직원이
될 것이다.

6

사람들이 나를 따르게 하는 비결은 무엇일까요?

"사람들은 설령 자신이 바라는 목표를 달성하도록 이끌어 줄 수 있는 리더가 있더라도 자기 기분을 이해해 주지 않는 자에게는 충성을 바치지 않는다." – 링컨

수시로 3가지 '리더십의 거울'을 꺼내어 비추어 보자

기업의 모든 일은 결국 '사람'에 의해 실행되고 이루어진다. 따라서 리더의 성공 여부도 자신의 힘만으로 되는 것이 아니고 자기 사람들을 얼마나 성장시키느냐에 달려 있다. 성공하는 조직에는 직원의 역량을 이끌어내는 리더가 반드시 존재한다. 최고의 리더는 '성공한 리더'가 아니라 '사람을 남기는 리더'라는 말도 있다. 조직원들이 자발적으로 따르게 하는 3개의 손거울을 소개한다.

거울 1 : 일이냐 사람이냐? 를 비추어 보는 거울

리더십의 유형은 일에 대한 관심과 사람에 대한 관심에 따라 무관심형, 과업형, 인기형, 이상형으로 나눌 수 있다. 주위 직원들을

이 거울에 비추어 보면 어디에 속하는지 금세 비교가 된다. 지나치게 과업에 치중하여 워크홀릭에 빠져있는지, 일 보다 대인 관계에만 치중하여 인기에만 영합하고 있는지를 비춰 볼 수 있는 이 거울을 '리더십 그리드'라 하는데 나 자신도 이 그리드의 어디에 속하는지 늘 비추어 보고 일과 사람을 적절히 조화 시킬 수 있는 이상적 리더가 되어야 할 것이다.

거울 2 : 미숙한 부하냐 성숙한 부하냐? 를 들여다 보는 거울

좋은 리더는 부하의 위치에 따라 세심한 리더십을 적용함으로써 부하가 성장하는데 도움을 주어야 한다. 만일 신입사원에게 모든 것을 위임하면 어찌할 바를 몰라 스트레스를 받는다. 반면, 고참 사원에게 사사건건 지시하고 간섭한다면 일에서 보람을 찾아 즐겁게 일하지는 못 할 것이다. 일반적으로 위임형 임파워먼트 리더십을 좋은 리더십이라 하지만 무조건 위임하는 것이 좋은 것은 아니다. 부하의 성숙도에 따라 지시, 지도, 지원, 위임을 적절히 구사하여 부하를 성장시킬 줄 아는 리더가 진정한 리더라 할 수 있다.

거울 3 : 나는 지금 어디에 있는가? 를 점검해 보는 거울

리더십은 직급이 상승함에 따라 필요한 역량을 달리한다.

우선 의사소통 능력과 대인관계 능력은 어느 직급을 막론하고 공통적으로 필요하다. 그 두 능력을 갖추었다고 전제하고 일선 초급

관리자 일 때는 업무지식과 스킬 등 주로 「실무적인 능력」이 더 크게 요구되는 반면 최고 경영자로 올라 갈수록 상황을 판단하고 미래를 예측하는 「개념적 능력」이 더 필요하게 된다. 이것을 모르고 직급이 올라가는데도 시야가 넓어지지 못하는 직원은 대부분 하급 관리자에 머물고 말 것이다.

실무자 때 날고뛰던 직원이 승진하지 못하고 뒤처지는 사례를 보았는가? 아마도 이 거울을 비춰보지 못 해서 일 것이다.

3개의 거울을 수시로 보며 자신과 일과 부하의 위치를 점검하면서 해야 할 또 하나의 일은 '공감'이다.

사람들은 설령 자신이 바라는 목표, 조직이 요구하는 목표를 달성할 수 있도록 이끌어 주는 훌륭한 리더를 만난다 하더라도 자기의 기분을 이해해주지 않는 자에게는 충성을 바치지 않기 때문이다.

#7
어떻게 하면 좋은 성과를 내는
유능한 직원이 될 수 있나요?

"나 자신이 인정 받아야 나의 성과도 인정 받는다."
 – 류랑도

열심히 일 한다는 것과 평가를 잘 맞는다는 것은 별개의 문제

어느 간부회의장에서 CEO가 신임부서장들에게 신규 부임인사를
하도록 하였다. 저마다 새로 발탁해준 데 감사한다, 열심히 하겠다.
최선을 다하겠다는 식의 발언을 이어가고 있었다. 그때 한부서장이
짧고 다짐 섞인 말투로 "성과로 보답 하겠습니다"라고 말했다. 최고
로 임팩트 있는 인사로 선명한 인상을 남겼다.

제아무리 대인관계가 원만하고 부하들이 좋아하는 리더십을 가
졌다 하더라도 조직에서 원하는 성과를 올리지 못하면 유능한 직원
으로 인정받을 수 없다. 그러면 어떻게 성과를 잘 올리는 직원이 될
수 있을까?

1. 성과주의의 핵심은 성과지표 관리이다

피터 드러커는 직원은 "조직에 어떠한 공헌이 가능한가를 늘 자문하여야 한다. 공헌한다는 것은 책임감을 갖고, '성과를 올린다는 것'을 의미한다"고 말했다. 기업은 성과지표 관리를 통해 고성과 조직과 저성과 조직, 고성과 개인과 저성과 개인을 판별한다. 물론 기업들이 너무 많은 지표를 측정하고 관리하려다 보니 실제로 지향해야하는 목표 달성에 오히려 지장을 주는 우를 범하는 경우도 없지 않겠지만 일반적으로 성과지표에는 현재 조직이 가장 필요로 하는 것이 녹아져있다.

성과가 낮은 조직들을 보면 대부분 조직에서 제시한 성과평가지표의 구성을 제대로 모르거나 소홀히 생각할 뿐 아니라 직원들 간에 공유하고 있지도 않은 경우가 많다. 명심할 것은 무턱 대고 성과를 올리는 것과 평가를 잘 받는다는 것은 별개라는 것이다. 부지런히 뛰어 무엇을 많이 하긴 했는데 평가는 낮다. 그 이유는 열심히 하는 것에 앞서 무엇을 해야 하는지를 분명히 알지 못하기 때문이다. 운동선수가 룰도 잘 모르고 팀에서 그 포지션에 원하는 역할이 무엇인지 제대로 모르고 뛰다가 땀만 많이 흘리고 경기에서는 지는 것과 같다. 성과가 낮은가? 그러면 평가지표부터 잘 분석하고 숙지하라!

2. 잘 할 수 있는 것과 그렇지 못한 것을 구분하여 선택과 집중

평가지표를 분석해 보면 지역 상황, 영업여건, 직원 구성 등 내 외부 환경에 따라 잘 할 수 있는 것이 있고 그렇지 못한 것이 있다. 성과를 잘 내려면 두드러지게 성과를 올릴 수 있는 영역을 선택하여 힘을 집중하여야 한다. 우선순위를 결정하고 그 결정을 지키기 위해 스스로를 강제해야 한다.

성과는 혼자 잘해서 될 수 있는 것이 아니다. 유능한 리더는 약점을 중심으로 사람을 바라보아서는 안 된다. 미국의 강철 왕 앤드류 카네기는 '자기보다 뛰어난 사람을 일하게 하는 방법을 아는 남자, 여기 잠들다'라는 묘비명을 남겼다. 성과를 올리기 위해서는 부하의 강점, 동료의 강점, 상사의 강점, 자기 자신의 강점을 최대한 이용할 수 있어야한다. 강점을 찾아 시너지를 만들어 내는 것이 성과를 올리는 조직의 특징이다.

3. 협상력을 키워라

협상의 왕이라고 하는 허브코헨은 "세상은 거대한 협상 테이블이다"라고 말한다. 삶 자체가 선택과 협상의 연속이며 아침에 눈 뜨고 일어나면 타인과의 관계에서 협상이 시작된다. 협상의 정수는 '더 많이 얻어내는 것(getting more)'이다. 직장의 업무에 있어서 어느 분야 던지 결국 더 많이 얻어내는 것이 유능한 직원이다.

협상의 우위를 점하고 더 많은 것을 얻어내려면 협상을 하는 상황부터 잘 파악하여 상황에 맞게 대응하여야 한다. 중요한 것은 무엇보다 상대방 입장이 되어 보아야 한다는 것이다. 협상은 상대방의 필요(needs)와 욕구(wants) 수요(demand)를 파악하는 작업이다.

항상 협상가능 범위(조파. ZOPA : Zone of possible agreement)를 찾고 협상체결을 위한 최상의 대안책(배트나. BATNA : Best alternative to a negotiated agreement)을 마련해 대응하여야 한다.

예를 들어 내가 볼 때는 별 의미 없는 것인데, 상대방이 이를 절실히 원하고 있는 것을 발견했다면 비용 부담 없이 들어줄 수 있는 가장 좋은 패가 나온다. 그 때 내가 원하는 최상의 것을 상대방으로부터 얻을 수 있는 것이다.

상식과는 달리 협상에 있어서 대화와 타협만이 옳은 것은 아니다. 리차드 쉘에 의하면 협상 당사자들이 서로 정보를 많이 공유하고 있고 서로간의 신뢰가 쌓여 있을 때는 서로 Win-Win 할 수 있는 결과를 이끌어 낼 수 있다. 그러나 얻을 것이 별로 없고 연루되고 싶지 않거나 협상외의 방법으로 쟁점해결이 가능한 경우는 「회피전략」이 유리하다. 상호간 신뢰가 없고 인간관계 보다는 이익극대화가 중요할 때에는 강압적으로 밀어붙이는 「공격전략」이 유용하다. 반대로 상대방이 갑이고 우위에 있으며 충돌 보다는 관계유지가 중요할 때는 다소 손해를 보더라도 양보하는 「유화전략」을 써야한다.

더 많이 얻어내는 것을 협상의 정수라고 말했지만 사실 '더 얻어내는 것'의 패러다임이 변화하고 있다는 것에 주목해야 한다. 협상 1.0(분배적 협상) 시대에는 협상을 제로섬 게임 또는 전쟁으로 인식하여 주어진 파이에서 많이 빼앗아 오는 것을 '더 얻어내는 것'으로 인식하였다. 그러나 협상 2.0(통합적 협상) 시대로 발전하면서 서로의 파이를 키우는 것이 협상을 잘하는 것으로 인식하는 Win-Win 시대로 이어졌다. 최근의 발전적 트렌드를 협상 3.0(감성 협상) 시대라 한다. 단순히 파이를 키우는 것만이 아니라 협상 종료 후 상대방의 마음을 얻어 나 자체를 좋아하도록 만드는 것을 협상의 목표로 하는 것을 말한다.

좋은 성과를 내고 싶은가? 그렇다면 먼저 내가 조직에서 무엇을 해야 하는지 평가지표를 연구하라. 그리고 잘 할 수 있는 곳에 선택과 집중을 하여 직원 각자가 강점을 살려 함께 협업하도록 해야 한다. 그리고 상대방과 함께 Win-Win 할 수 있는 방법을 찾되 상대방의 마음까지 얻을 수 있다면 틀림없이 당신은 성과를 잘 내는 귀재가 될 것이다.

#8
고객들이 나를 좋아하게 만드는 노하우를 알려주세요!

"완벽한 친절은 그것이 친절인 줄도 모르고 행하는 친절이다."
  - 케네스 클라크

나에게 묻지 말고 고객에게 물어라

어느 프로 세일즈맨의 말이다.

"고객이 필요할 때 가장 먼저 생각나는 사람이 되어라. 인정에 끌려 팔아 주는 세상은 지났다. 상품이 아닌 가치를 팔고, 나 자신을 팔아라."

이같이 영업의 달인들을 통해 상식처럼 여겨지는 수많은 노하우들이 우리에게 전해지고 있다. 그러나 내가 아는 핵심 노하우는 먼데 있지 않고 가장 기본적인 것을 잘 이해하는 데 있다.

---

1. 잘하는 영업이란 무엇인지를 인식해야 한다

영업의 사전적 정의는 "이익을 남기기 위해 하는 사업"이다.

323

이익을 남기기 위한 영업에는 세가지의 당사자가 등장한다. '나' (판매자), 그것(상품), '너'(구매자) 이 3당자자의 역할을 잘 이해하면 답이 나온다. 상품을 사고 팔 때 어느 일방의 이익을 위해 다른 일방이 손해를 본다면 지속적인 거래가 이루어 질 수 없다. 판매자와 구매자가 다 같이 만족 할 수 있는 접점을 찾는 행위, 이것이 영업의 달인일 될 수 있는 가장 기초적인 일이다.

2. Needs와 Wants와 Demand의 차이를 알아야 한다

우리말로는 '욕구'라고 단순히 해석되기 때문에 잘못 이해하는 경우가 많지만 needs 와 wants 그리고 demands는 그 개념이 완전히 다른 것이다.

Needs는 말 그대로 소비자가 어떤 문제를 해결하는데 필요한 어떤 것이다. 예를 들어 음식이 없이 생존할 수 없기 때문에 나에게는 음식에 대한 니즈가 있다. 그런데 과거 경험, 광고 등의 영향으로 음식 중에도 내가 싫어하는 것과 선호하는 것이 따로 있다. 이렇게 니즈 중에서도 소비자의 선호가 포함된 니즈가 Wants다.

Demands는 소비자의 Wants를 바탕으로 보다 구체적인 요구가 발생하는 것이다. 여기에는 시간과 공간 그리고 경제적 요소가 모두 포함된다. 쉽게 말하면 소비자가 특정 상품을 특정 시간에 특정 장소에서 특정 가격대에 구매하려는 직접적인 요구, 즉 구매력을 갖춘 욕구를 Demands라고 한다.

너무 배고파서 뭐든 좀 먹어야겠다 생각했는데(Needs) 지글지글

끓는 불고기가 떠올랐다(Wants), 그러나 지갑을 보니 몇 천원 밖에 없어 눈앞에 보이는 포장마차에서 잔치국수를 시켜(Demands) 먹었다면 설명이 끝난다.

현대 마케팅의 1인자라 하는 필립코틀러 박사도 니즈와 원츠를 디멘드로 착각하여 시장규모를 산출하는 것은 큰 오류라고 했다. 영업을 잘 한다는 것은 고객이 실제 구매력을 가진 자인지 부터 판별할 줄 알아야 한다.

3. 구매자와 판매자 서로에게 이익이 되는 접점을 만들어야 한다

고객이 나를 좋아하게 만드는 방법은 영업의 세가지 당사자가 만나는 서로에게 이익이 되는 접점을 찾아야 한다.

① 상품의 측면 : 차별화된 가치를 만들어 내라
- 다른 상품과 비교하여 비교 할 수 없는 가격 경쟁력을 갖게 만들거나 구매자가 기꺼이 구매할 의사를 가질 수 있도록 광고 마케팅 등을 통하여 상품가치를 극대화 해야 한다.
② 판매자의 측면 : 자신만의 판매스킬을 가져라
- 상품을 잘 연구하여 구매 욕구를 불러일으킬 수 있도록 제안하는 Skill을 가져야 한다. 마치 홈쇼핑 호스트처럼 간결하면서도 핵심을 찌르는 상품설명을 할 수 있어야 한다.
③ 구매자의 측면 : 구매자가 만족할 3가지 키워드가 들어갔는지 확인하라. 그 키워드는 극적인 차별성, 분명한 효익, 이행의 신뢰성이다.

- 모든 제안, 협상시에는 이 3가지 요인이 다 들어갔는지를 확인하라. 구매자에게 이 3가지를 보여 줄 수 있다면 반드시 성공할 수 있다.

4. 다른 사람에게 추천의사를 갖게 하여야 한다

껍데기만 있는 백 개의 제도나 구호보다 진심(眞心)어린 행동 하나가 고객을 더 만족시키고 감동시킨다. 내 목표만을 위하여 세일즈하지 않으며 고객에게 구매를 강요하지 않는다. 그리고 마치 호텔 식당에서 물 잔이 비면 미리 보고 있다가 잔을 채우는 것과 같이 고객의 마음을 미리 읽는 '예측 서비스', 나의 모든 성향을 미리 파악하여 토탈 케어 하는 '컨시어지서비스', 사용 후 불만사항을 체크하는 '애프터서비스'를 빈틈 없이하여 기대 이상의 서비스를 제공한다. 기대 수준을 뛰어넘는 서비스는 다른 사람에게 까지 소개 할 수 있는 '추천의사'를 갖게 만드는 서비스의 종결이다.

나의 지인이자 '육일약국 갑시다'의 저자 김성오씨는 장사란 이익이 아니고 사람을 남기는 것이며 장사하는 내내 늘 "이 손님이 오늘 나를 통해 만족했을까? 이 손님이 다시 올까? 다음에 다른 손님을 모시고 올까?를 생각했다고 한다. 그의 그런 생각은 부산의 변두리 산비탈 45평 약국에서 200배 성장을 이루고 지금은 메가넥스트 대표로 새로운 신화를 창조하고 있다.

5. 거절도 기분 좋게 할 줄 알아야 한다

거절을 잘 못하면 영원히 관계가 끊어지지만 진심으로 대하는 거절은 오히려 관계를 더 좋게 하고 나중에 다른 기회를 가져다 줄 수 있다. 해 줄 수 있는 것이 없다고 무조건 회피하거나 면피할 생각만 하는 사람은 고객의 마음을 얻을 수 없다.

거절할 때 규정만 들먹이는 사람은 답답한 사람으로 인식된다. 답변을 미루거나 묵묵부답으로 일관하면서 스스로 떨어져 나가기만을 바라는 행위는 상대가 다른 대안을 찾을 기회마저 박탈하는 것으로 관계가 단절되는 최악의 거절 방법이다.

고객의 자존심과 시간을 소중히 생각하고 요구를 성의 있게 듣는 것만으로도 고객은 진심을 느끼게 된다. Yes, No를 분명히 하고 신속하게 하여 공연한 기대로 타이밍을 놓치는 일이 없이 다른 대안을 찾을 시간을 벌게 해 주어야 한다.

거절을 할 때는 안 되는 이유를 상세히 설명하여 다른 방법을 찾거나 보완 할 수 있게 해주고 대안을 마련하여 알려주어야 한다. 우리말로는 거절(拒絶)이 막고, 끊는 것이지만 영어로 생각을 달리하면 관계를 Re(다시) Fuse(융합)하는 것이 된다는 사실을 기억하자.

#9
갈등 때문에 괴롭다. 직장 내 갈등을 어떻게 해결하면 좋을까요?

"모든 사람들이 세상을 바꾸겠다고 생각하지만 누구도 자기 자신을 바꿀 생각은 하지 않는다."
– 레오 톨스토이

Not 'Me against you' but 'We against problem'

갈등이란 칡넝쿨(葛)과 등나무(藤) 넝쿨이 뒤엉킨 것 같이 풀기 어려운 상태를 말한다. 상사와의 갈등 동료 간의 갈등 부서 간의 갈등은 직장에서 피할 수 없이 나타나는 현상이다. 적당한 갈등은 경쟁을 촉진시켜 조직을 활성화시키기도 하지만 갈등상태가 되면 불신, 적대감, 질투 등 감정적 요인이 개입되어 개인이나 집단이 함께 일하는 데 애로를 겪게 되고 정상적인 활동이 방해된다. 그러므로 직장에서 트러블을 줄이고 즐겁게 일하려면 갈등이 어디서 오는지 그리고 어떻게 대처해야 하는지를 잘 알고 대처해야 한다.

1. 갈등은 어디서 오는가?

갈등의 원인을 찾아보면 다음과 같은데서 온다.

'기본'과 '원칙'의 힘 그리고 『C』의 비밀

① 부족하고 희소한 자원이나 자리를 서로 차지하려는데서 갈등이 온다.

② 성격, 관점, 가치관, 여건, 입장, 문화적 배경이 서로 서로 다른데서 갈등이 온다.

③ 능력과 성숙도, 기대이익과 요구수준에 차이가 있을 때 갈등이 온다.

④ 불확실성에 대한 인식, 리스크에 대한 판단, 이해관계가 다르면 갈등이 온다.

⑤ 의사소통이 불완전하거나 과대, 과소하면 갈등이 온다.

2. 갈등의 잘못된 해결

다음과 같이 갈등의 당사자 모두에게 피해를 주거나 일방이 지는 Lose-Lose, Win-Lose 게임은 일시적으로는 해결된 것처럼 보이나 또 다른 갈등이 잠재되어 있다가 터져 나오게 된다.

① fight, struggle(싸움, 투쟁) : 내가 옳고 당신이 틀렸다. 내게 맞는 신 너도 신어라.
  - 다름과 차이를 '틀림'으로 인식하여 극단으로 치닫는다. 큰 상처를 입는다.

② flight, cover-up, Neglect(외면, 은폐, 무마, 방치) : 더 이상 이야기하고 싶지 않다. 꺼져라.
  - 회피하거나 말썽만 덮어두면 문제는 해결되지 않고 잠재한다. 나중에 표면화 되면 더 큰 문제가 될 소지가 있다.

③ fabrication(조작) 나는 내 방법으로 당신을 현혹시킬 것이다.

 - 일시적으로 잠잠해지지만 결국 상대방이 속았다는 것을 알게 될 때 좌절감, 분노 등이 폭발하여 오히려 갈등을 키운다.

④ compromise, yield, negotiate(타협, 양보, 절충) : 피곤하다 적당히 넘어가자 조금씩 양보하여 차선책을 택하자.

 - 일시적으로 상황이 좋아질 수는 있지만 만족으로까지 이어지지는 않는다. 만약 가치판단이나 도덕적 문제가 타협되었다면, 그 타협은 그다지 오래 지속되지 않는다.

3. 갈등을 원만히 해결하려면?

이어령 박사는 '3척 젓가락'의 예를 들면서 천국과 지옥에는 산해진미가 똑같이 있지만 1m나 되는 그 긴 젓가락으로 나만 먹으려 하다가 아무것도 못 먹고 고통 당하는 것이 지옥이고 서로 서로 먹여 주어 다 같이 행복을 느끼는 곳이 천국이라 했다. 갈등을 원만히 해결하고 지옥을 천국으로 변화시키려면 아래 3가지를 명심하고 서로 간에 Win-Win이 되도록 하여야 한다.

① 우리 모두 가치 있는 의견을 가지고 있다는 생각을 한다.
 - 상대의 입장을 이해하게 되고 문제를 다른 측면에서 건전하게 바라보게 된다.
② '다름'과 '차이'는 '틀림'이 아니라고 생각 한다.
 - 다름과 차이는 모든 거래, 교환의 기초이며 서로 도와줄 수 있는 근거가 된다. 경쟁을 통한 변화와 성장의 원동력이며 혁신

창조의 모티브가 된다.

③ '우리'가 함께 문제를 해결할 당사자라는 생각을 한다.

- 사람보다 문제에 집중한다. 언제 시작되었나? 원인은 무엇인가? 누가 개입 되었나? 무엇에 관한 것인가?를 찾아내 해결책을 끌어낸다.

갈등이 나와 너의 대립이라는 생각을 버리고 너와 내가 함께 문제와 싸우는 것이라는 인식을 갖게 된다면 그때부터 해결의 실마리가 풀리기 시작할 것이다.

4. 나쁜 상사나 동료는 나에게 무엇인가?

삼인행 필유아사(三人行必有我師), 論語(논어)에 나오는 말로 직역하면 세 사람이 길을 가면 반드시 나의 스승이 있다는 뜻인데 다시 말하면, 스승은 도처에 있다는 의미다.

어진 이를 보면 그와 같아지기를 생각하며, 어질지 못한 이를 보면 자기를 되돌아보고 같아질까 조심해야 한다. 내게 큰 스트레스를 주거나 나쁜 모습을 보여주는 상사가 있다면 그를 나의 또 다른 스승으로 생각하자.

10

스마트하게 보고하고
웃으면서 걸어 나오는 비결은?

"정확한 타켓, 적절한 타이밍, 적합한 방법!
이 세 가지가 멋진 보고의 3형제다."
– 진영순

종류, 내용, 사람에 따라 보고 방법을 달리한다

어느 날 한 모임에서 '안산 자락 둘레길'을 걷는 중에 한 후배가 다가오더니 내게 물었다.

"같이 모 부서에 근무할 때 보니 선배님은 다른 팀장들이 들어가 깨지고 나온 기안문을 토씨 하나 안 고치고 가지고 들어가 결재를 받아 빙그레 웃고 나오고, 또, 전혀 다른 스타일의 상사가 부임해도 마찬가지였는데 그 비결이 뭡니까?"

그래서 "결재를 잘 맞는 방법은 내용도 중요하지만 몇 가지 알아 둬야 할 방법적인 스킬도 있지"라고 하면서 그동안 여러 경로를 통해 터득한 비법을 다음과 같이 알려주었다.

인정받는 것과 결재를 잘 맞는다는 것은 동의어라 해도 과언이 아니므로 직장에서 성공하려면 다음의 스킬들을 잘 이해하여야 한다. 직장생활이란 '내가 한 일', '내가 하고 있는 일', '내가 할 일'에 대해 상사나 관계자에게 구두 또는 문서로 설명하여 이해시키고 의사결정을 받아내야 하는 과정의 연속이다. 이 과정이 '문서'로 이루어질 때 앞의 두 개는 '보고서'라 하고, 뒤의 하나는 '계획안, 기획안, 품의서'라고 한다.

1. 종류에 따른 스킬

단순 전달인지, 보고인지, 품의 인지에 따라 다음과 같은 기법을 주사한다.

① '보고'는 지시받은 일의 경위나 결과, 시사점을 전달하는 것이다. 지시한 사람이 궁금해 하는 것이므로 타이밍이 중요하다. 따라서 찾기 전에 선수를 치는 것이 좋으며 늦어질 것 같으면 반드시 '중간보고'를 하여야한다.

② '품의'는 어떤 일을 시행하기 위해 의사결정을 받아내는 것으로 결재사항에 대하여 책임져야하는 것이므로 상사가 부담을 갖지 않도록 상사의 관점에서 충분한 검토가 이루어져야한다. 최상의 의사결정을 할 수 있도록 비교 대상과 여러 가지 대안을 마련하여 선택이 용이하도록 돕는다.

③ '전달'은 주관적 의견 가감 없이 어떤 현황이나 Fact를 있는 그대로 알리는 것을 말한다. 정보공유와 의사소통의 수단이므로 부담도 없고 충성도와 서로의 친밀도를 높일 수 있다. 상사가 좋아하는 분야를 미리 알아두었다가 적당한 때 좋은 정보를 알리면 효과 만점이다.

2. 보고할 내용에 따른 스킬

보고할 내용의 호·불호, 경·중에 따라 다음과 같이 연역적인 보고와 귀납적인 보고를 선택해야 구사할 줄 알아야 한다.

① 보고 할 내용이 좋은 것

목표 달성, 계약 성사 등 상사가 좋아 할 내용인 경우에는 우선 결론부터 말하고 과정을 설명하는 것이 좋다. 결론이 좋으면 과정보고는 생략하고 쉽게 사인하는 경우가 대부분이다.

② 보고 할 내용이 나쁜 것

목표미달, 제안서 탈락 등 나쁜 내용인 경우에는 배경과 내용부터 설명한 후 결과를 최후에 보고하되 반드시 해법을 제시하여야한다. 중대한 사건보고는 자기가 책임지려하다 돌이킬 수 없는 지경까지 가지 말고 '선보고 후조치'하는 것이 요령이다.

3. 보고 받는 사람의 상태와 성향에 따른 스킬

보고받는 사람의 컨디션, 성향 등을 사전에 체크하여 대응하는 것은 가장 기초적이면서도 현실적으로 가볍게 여길 수 없는 스킬이라 할 수 있다.

① 상사의 컨디션

컨디션이 좋을 때는 관대해지는 것이 인지상정이다. 그러나 스트레스가 많거나 극도로 피곤한 상태에서는 아무것도 듣고 싶지 않을 때가 있다는 것을 알고 결재 시기를 조절한다. 상사의 컨디션 체크를 위해 비서와 친해 놓는 것도 도움이 된다.

② 상사의 성향

상사가 큰 틀과 방향만 파악하려는 상사인가, 세부내용을 조목조목 따지는 상사인가, 혹은 대충 대충 하는 넘어가는 형인가, 구두보고를 선호하는 청각형인가, 도표나 그림을 선호하는 시각형인가, 논리와 숫자 위주의 좌뇌형인가 감성을 중시하는 우뇌형인가 상사의 스타일은 천차만별이다.

성향이 꼼꼼한 상사에게 자세히 설명하지 않으면 얼렁뚱땅하는 직원으로 찍혀 다음부터 결재받기 어려워진다. 귀차니스트에게 너무 조목조목 설명하려 들면 귀찮은 친구로 인식한다. 따라서 다음과 같이 상사들의 성향에 따라 적절한 방법으로 보고하되 보고 전 10분 정도 시간을 내어 내가 그 상사라면 뭐가 궁금할까?라고 생각해 보고 질문받을 만한 내용을 미리 준비하는 것이 좋다.

♣ 상사의 스타일에 따른 보고 요령

- 우유부단형 : 결정을 미루고 갈팡질팡하는 상사에게는 내가 먼저 결정을 내리고 그 결정에 동의하는지를 묻는 것이 좋다.
- 음흉형 : 겉으로는 다정하지만 속내를 알 수 없는 크레물린형 상사에게는 개방형 질문을 통해 대화의 주도권을 그에게 주어 답을 이끌어 낸다.
- 꼼꼼이형 : 너무 감성적으로 접근하지 말고 이성적으로 디테일하게 차근차근 설명한다.

- 귀차니스트형 : 관심이 별로 없고 피드백도 안 하는 상사에게는 제목만 말하고 제가 알아서 처리하겠다고 안심시킨다.
- 다혈질형 : 칭찬으로 좋은 분위기부터 만든다. 즉흥적인 반박이 있을 때는 위축되지 말고 자신의 페이스를 유지하며 우선 긍정한 후에 시간을 두고 조용히 반론을 제기한다.

4. 윗 사람의 체면을 살려줘라

아무리 완벽한 사람도 칭찬에는 약하다. 만일 보고 내용을 지적한다면 우선 '역시 대단' 하다고 감탄하라. 옳은 지적이면 고치면 되고 그른 지적이면 다음에 들어가 잘 설명하면 된다.

당신이 똑똑하다면 윗사람도 다 파악하고 있다. 지나친 잘난 척은 묘한 질투심을 유발시킬 수 있으므로 가능한 겸손 모드로 나가는 것이 좋다. 항상 그의 체면을 존중하고 공을 그에게 돌려라. 그것이 결재 잘 받고 인정받는 비결이다.

5. 보고하는 사람과 보고받는 사람의 신뢰관계가 중요하다

평소 때 업무적으로나 인간적으로 신뢰를 축적하여야 한다. 사람에 대한 신뢰가 보고 내용 자체보다 더 큰 영향을 미칠 수 있기 때문이다. 성공적인 결과를 많이 이루어낸 직원의 보고는 신뢰도가 높지만 실패를 많이 한 직원의 보고는 의심부터 하게 되는 것이 인지상정이다.

　또한 지각 보고, 허위보고, 보고 누락, 축소와 확대 보고, 요점이나 알맹이 빠진 보고, 상사 건너뛰기 등으로 인상이 흐려지면 그 상사와 같이 근무하는 기간 동안은 내내 보고, 결재 때마다 힘겨운 나날들을 보내야 한다는 것을 명심하라.

11

사원에서 임원까지
승진하는 비법이 무엇인가요?

"속이 빈 대나무가 높이 자랄 수 있는 것은 마디가 있기 때문이다. 때때로 돌이켜 보며 미래를 대비해야 한다."
 - 혼다 소이치로 -

말단 사원 때부터 전략적으로 접근하자

승진은 '직장생활의 꽃'이라고 한다. 승진을 원하지 않는 사람은 없을 것이다. 권한과 연봉이 동시에 상승하면서 가족들과 더 행복한 삶을 누릴 수 있는 기반이 될 수 있기 때문이다. 그러나 승진에 대한 직장인들의 태도를 보면 다 같지는 않다. 일반적으로 세 가지 유형으로 나누어 볼 수 있다.

- 첫 번째, 시간이 지나면 자연적으로 진급할 것이라고 막연하게
  생각하는 자.
- 두 번째, 승진을 전쟁이라고 생각하고 모든 것을 거는 자.
- 세 번째, 승진하기 위해 애쓰는 것은 가치가 낮은 것으로 여기
  며 다른 것에서 행복을 찾으려 하는 자.

어떤 유형이 옳다고는 말할 수는 없다.

그러나 승진에서 탈락한다면 한때 동료였던 승자들의 삶을 부러운 눈으로 지켜봐야 하고 심지어는 무능하게 여겨져 직장을 잃게 되기도 한다. 직장을 잃는다는 것은 한 가정의 가장의 입장에서 본다면 생사가 걸린 문제다. 더럽고 치사하니 때려치우겠다고 생각한다면 너무 무책임한 것이므로 어차피 직장을 그만두지 않고 성공하기 원한다면 승진은 반드시 통과해야 할 관문임을 인정하여야한다.

인사작업을 해본 사람의 입장에서 직원들이 궁금해 하는 일반적인 인사절차와 선발기준 그리고 직급별로 중요하게 생각해야하는 포인트를 요약해 본다. 직종과 경우에 따라 조금씩 다르겠지만 큰 틀에서는 대부분 유사 할 것이므로 자신의 경력관리에 적용해 보길 바란다.

1. 승진인사 절차의 이해

승진 작업의 일반적인 절차는 다음과 같다.

①자리수 산정 : 노동의 한계 비용, 예산정원 산정, 직무분석, 퇴직 예상인원 산정, 부서별 인력 수요 등을 종합하여 인력수급 계획을 작성한다. 인력수급 계획에 따라 채용, 이동, 승진 T/O(Table of organization)가 산정된다.

②대상 인원 선별 : 먼저 인사규정에 따른 승진 연한 과 인사고과를 통하여 승진 T/O의 일정 배수를 선발한다. 이와는 별도로 지역본부에서 지점장 의견을 취합하여 승진 희망자를 제출받는다. 인사부는 지역본부 의견, 소속 부점 경영 평가 수준, 인력자원 조사 정보, 자기신고 프로파일, 기타 정보를 종합 검토하여 승진 대상자를

선별한다.

③승진인사 : 승진 대상자 명단을 부점, 지역, 기수, 성별로 분류하여 인사권자에게 제출하면 인사권 자는 인사기준 부합 여부, 자격 부합 여부, 인사가 미치는 영향, 지역, 성별, 기수별, 형평성 등을 감안하여 승진자를 최종 결정한다.

2. 인사 고과제도의 이해

인사 고과평가 지표는 태도, 능력, 업적 3가지로 이루어져 있는데 능력은 발휘도, 업적은 달성도, 태도는 업무자세로 판정한다. 능력은 기본이지만 하위직급은 Attitude와 Skill 즉, 태도와 기능이 중요시되고 상위직급으로 올라갈수록 업적과 리더십이 중요해진다.

최근에는 많이 바뀌고 있지만 전통적으로 인사고과는 호봉 순으로 이루어지는 것이 일반적이므로 고참 직원이 많은 부점에서는 상대적으로 피해를 볼 수 있다. 다만 승진은 단계별 결정 방식이므로 일정 배수 안에 들어가 심사 대상 POOL에 들어간다면 고과점수가 다른 인사에 영향을 미치지는 않는다.

고과권자의 성향에 따라 관대화 경향, 가혹화 경향, 중심화 경향, 후광효과, 현혹 효과, 시간의 오류 등이 발생한다. 물론 고과의 오류를 줄여야 하겠지만 현실적으로 쉽지는 않다. 예를 들어 가혹화 경향이 있는 상사 밑에 있는 직원은 관대화 경향이 있는 상사 밑에 있는 직원에 비해 불리할 것이다. 또 과거 성과보다는 고과에 임박한 최근 성과를 기억할 확률이 높게 되는 '시간의 오류'도 무시하지 못한다. 따라서 고과제도와 고과를 하는 사람들의 성향을 잘 인식하여 전략적으로 대응할 필요가 있다.

3. 고과보다 중요한 것

최종 승진심사 시에는 서열 위주인 고과제도의 단점을 보완하기 위해 다면 평가를 통하여 이른바 "세평"을 심사한다. 아무리 업적이 좋아 심사 서열이 높다고 해도 인화를 저해하거나 사고의 소지가 있는 경우 등 세 평이 나쁘면 승진에서 제외된다는 것을 알아야 한다.

지점의 경우 지점장 그리고 사업본부장이나 지역본부장은 성과에 대한 최종 책임자이므로 이들의 의견은 지대한 영향을 미친다. 따라서 당해 고과권자가 요구하는 업무를 등한시하는 경우는 매우 불리하다. 항상 상사의 눈높이에서 업무를 추진하는 직원이 승진 확률이 높다.

4. 임원이 되어 별을 달려면

일반직원의 승진은 업무능력과 사람의 됨됨이로 승부하면 되지만 본부장이나 임원이 되려면 다른 측면의 접근법이 요구된다. 그 접근법을 2가지로 요약하면 다음과 같다.

①실력으로 승부하는 것이다. 일반적으로 임원이 되려면 공헌도,

리더십, 열정, 추진력, 뛰어난 전문지식, 원만한 대인관계, 소통력, 폭넓은 네트워크, 믿을 만한 사람이라는 평판, 설득력 있는 언변, 외국어 실력 등이 거론되며 미래와 상황을 판단하는 통찰력(insight)이 요구된다. 비교할 수 없이 탁월한 능력과 아울러 좋은 업무 실적을 보유한다면 어떤 인사권 자도 그를 무시할 수 없을 것이다.

②이른바 사내 정치(Office politics) 즉 '사내 인적 네트워크'로 승부하는 것이다.

사내정치는 개인에 대한 충성심(Loyalty)과 연결되어있다. 충성심은 업무능력이나 업적보다도 크게 작용하는 경우가 많다. 인사 결과를 놓고 볼 때 왜 저 친구가 승진 했을까?라고 의문을 갖는 경우는 십중팔구 사내정치다.

다만 사내정치로 승부하려면 유의 할 점이 있다. 먼저 인맥의 量만 믿다가 質에 패할 수 있다는 것이다. 승진에서 탈락한 사람은 실권자와 '그냥 아는 사이'인 반면 승진한 사람은 '잘 아는 사이'인 것이다. 또 하나는 인사권자의 성향, 도덕성 등에 따라 사내정치가 나쁜 것으로 비쳐져 역효과로 작용 할 수 있다는 것이다.

따라서 확실히 임원이 되려면 실력으로만 승부하거나 인맥으로만 승부하려는 생각을 버리고 실력을 기본 바탕으로 하여 정치력을 키우는 노력을 해야 확률이 높아질 것이다.

그러나 현실세계에서는 걷는 놈 위에 뛰는 놈, 뛰는 놈 위에 나는 놈이 있기 마련이다. 저자가 목격한 바에 의하면 나는 놈보다 더한 놈이 있다. 나는 놈 위에 붙어가는 놈이다. 비행기에 공짜로 타고 가는 파리들과 같이 붙어가는 놈들은 힘도 안 들이고 자리를 차지한다. 정치권이나 학연 지연 등 외부의 힘에 줄을 대 낙하산을 타고 내려오는 놈이 '붙어가는 놈'이다. 실력과 사내정치를 압도하는 힘은 낙하산 부대다.

대부분 컨텐츠가 부족한 이들이 오로지 승진을 위해 조직의 룰을 무너뜨리면서 자리를 차지하는 것은 성실하게 조직에 헌신하는 직원들의 가슴을 아프게 하는 일이지만 부인할 수 없는 현실이다.

낙하산이나 사내정치에 목매다는 부류는 설사 임원이 되어 '빽도 실력이다'를 되뇌며 아무리 자기합리화를 하더라도 부하들로부터 진정한 존경을 받기는 어렵다고 생각한다. 앞에서는 몰라도 뒤에서는 손가락질의 대상이 될 수 있다. 일을 못하면 더더구나 그렇다. 아마 자기 자신에 대하여도 떳떳하기는 어려울 것이다.

만일 당신이 반드시 임원이 되어야 하겠다고 마음먹는다면 말단 실무자 때부터 이런 흐름을 알고 있어야 하고 그 흐름을 타는 노력을 해야 한다.

결론적으로 말한다. 각자의 인생관에 따라 승진 전략을 짜야 하겠지만 역시 가장 당당하고 존경받을 수 있는 것은 실력으로 승부하는 것이다. 나의 경우 어떠한 정치나 다른 것에 편승해본 적도 없고 낙하산을 타본 적도 없다. 거리낌 없고 부끄럼 없고 후회 없는 직장생활을 마쳤다고 스스로 자부하는 이유는 바로 그 때문이다.

5. 묻고 싶지만 꺼내기 어려운 승진 관련 질문들과 답변

승진과 관련하여 몇 가지 인사 작업을 하며 체득한 몇 가지 팁을 더해본다.

●인사 청탁을 하면 인사부에 찍히나?

- 자기 능력을 벗어나 불순한 의도로 외부의 힘을 빌리려하는 청탁은 나쁘다. 그러나 나의 꿈을 보여주고 내가 준비해 왔던 내용을 직접 알리는 것은 바람직하다. 인사부 직원들도 그런 정보에 목말라 있다. 주저하지 말고 상담하라.

●신세를 지고 폐 끼치는 일은 가급적 피해야 하는가?

- 자기자본을 늘리는데 한계가 있다면 레버리지를 이용해야 자산이 늘어나는 것처럼 부탁하고 신세 지는 사람이 나의 좋은 인적 자산이 된다. 나를 도와준 사람은 내가 잘 되지 않으면 부채를 상환 받지 못하므로 오히려 더 잘 되기를 더 바란다.

도움을 받은 후에는 그 이상으로 보답할 줄 알아야 한다.

●상사는 강아지형 직원과 고양이형 직원 중 누구를 선호할까?

- 사람들은 누구나 칭찬에 목말라 있다. 자기 위치만 지키고 내게 관심을 보이지 않는 고양이형보다는 가끔 똥 사고 실수해도 살갑게 대하는 있는 강아지를 좋아한다.

- IQ가 별로 안 좋아도 EQ가 좋은 사람은 감성적으로 도와주고 싶게 만든다.

● '숨은 일꾼' 은 바람직한 것인가?

- 시대가 복잡해지면서 숨은 공로자는 묻혀 버리기 쉽다. 상사에게 발견될 수만 있다면 좋겠지만, 버스 떠나고 나서 발견되는 경우가 많다. 지나친 겸손은 쥐약이다. 물론한 것도 없이 허장성세로 어필한다면 오히려 감점 요인이겠지만 적당한 자기 PR이 필요하다.

● 실적만 좋으면 승진하나?

- 일반적으로 직원들에 대한 보상은 승진과 상여가 있다. 만일 어떤 자리에 필요한 업무요건과 업무역량이 일치한다면 그것을 적재적소 배치(Right people Right position)라 하는데 그보다 역량이 부족하면 연수를 강화하고 그보다 더 역량이 크면 더 책임 있는 일을 맡을 수 있도록 승진시키는 것이고, 업무실적의 차이는 승진보다는 급여, 상여 등으로 보상하는 것이 인사원칙이다.

승진은 역량뿐 아니라 업무를 추진하는 과정에서 의사소통 능력, 팀워크, 대고객 관계, 규정 준수 여부 등 각종 세평이 복합적으로 작용하므로 실적만 좋다고 승진하는 것은 아니다. 다만 승진 시기가 다가오면 업무능력이 평준화되는 경우가 많으므로 좋은 실적을 올리는 것이 승진에 유리하게 작용하는 것이 현실이다.

● 승진 탈락 시에는 처신을 어떻게 해야하나?

- 승진이 안 되었을 때는 반드시 이유가 있다.(내 역량이 모자라 거나, 고과가 나쁘거나 나보다 고참이 있거나 등등) 그 원인 중에 상당 부분이 내 안에 있음을 인정하지 않고 외부 탓만 하는 태도는 좋은 인식을 주지 못한다. 세상이 너를 버렸다고 생각하지 마라 세상은 너를 가진 적이 없다.

너무 어필 없이 조용히 지나가는 것도 불리하다. 담담히 부족함을 받아들이며 더 잘 하겠다는 의사표시와 함께 간접적으로 예의 있게 섭섭함을 드러내야 상사가 다음번에 부담감을 갖는다.

제3장

Open the
CURTAIN

은퇴의 '장막' 열기!

-100세 시대를 의미 있게 행복하게 사는 방법-

Curtain

필자가 노르웨이를 여행 할 때 표현주의 작가 뭉크의 "절규"라는 그림을 본 적이 있다. 이 그림은 소더비 에서 1354억 원에 팔려 한때 세계 미술 품 경매 최고가를 기록하기도 하였다. 아름답지도 않고 장식적이지도 않 은 이 그림이 왜 그렇게 비싸게 팔렸을까? 그것은 아마도 현대인의 불안 심리를 대변하고 있기 때문이 아닌가 생각된다.

우리는 왜 불안에 떨며 절규하는 삶을 살고 있을까? 한마디로 말한다면 한치 앞도 모르기 때문이라 할 수 있다. 한치 앞도 모르다 보니 사실 조금 어려운 시기가 다가오면 그 것을 마치 출구 없는 동굴로 인식하게 되는 것 이다.

사실 인생의 어려운 시기는 끝없이 캄캄한 동굴은 아니다. 조금만 더 인 내하고 파 들어 가면 보석이 나오는 광산이거나 반대편에 펼쳐진 새로운 세계를 보게 되는 터널과 같다. 어두운 터널을 빠져 나왔을 때 되돌아 보 면 그것은 오히려 멀리 돌아올 길을 단축하는 지름길이다.

베이비붐 세대가 은퇴하기 시작한 최근 몇 년 전부터 과거에는 축복이 라 여겼던 '장수의 복'이 막상 '100세 시대'라는 이름으로 우리 앞에 놓이 자 은퇴 후에 살아내야 하는 40년이라는 긴 세월이 또 다른 캄캄한 동굴 처럼 우리 앞에 다가와있다.

그러나 은퇴 후에 맞게 된 동굴 같은 캄캄함은 젊었을 때처럼 깨고 부수 고 넘어야 할 장벽이나 장애물이 아니다. 가만히 걷어낸 후 인생의 마지막 장면을 멋지게 장식하고 공연을 끝내야 할 Final Curtain의 "C"이다.

우리가 태어날 때는 많은 사람들의 웃음 속에 홀로 울면서 태어났다. 그 러나 세상을 떠날 때는 많은 사람들이 애도하는 속에서도 홀로 웃으며 떠 날 수 있도록 마지막 공연의 커튼을 열자!

12

진정한 성공이란 무엇이라고 생각하나요?

"'일'이나 '성장'보다 '성공'이 먼저 나오는 곳은 사전(dictionary) 밖에 없다."
– 비달 사순

사람은 실패가 아니라 성공하기 위해 태어난다

후배들과 학생들에게 성공이 뭐라고 생각하느냐고 물어보면 대다수가 "잘 먹고 잘 사는 것" 또는 "남보다 높은 곳으로 출세하는 것"이라고 대답한다.

그러나 주위를 돌아보라!

많은 것들을 이루고 부귀영화를 누리며 모든 것을 다 가져 부러울 것이 없을 것 같은 사람들도 가족 간의 불화, 건강 문제, 우울증 등 남모르는 어려움과 불행 가운데 있는 모습들을 너무나 쉽게 찾아낼 수 있다.

그렇다면 진정한 성공이란 잘 먹고, 잘 살고, 높아지는 것 이상의 '어떤 것'임에 틀림없다는 생각이 들지 않는가? 그 '어떤 것'이 무엇인지 한번 생각해 보자.

1. 조화로운 삶

성경 요한삼서에서 요한은 그의 사랑하는 자에게 '영혼이 잘되고, 범사가 잘되고 강건하기'를 기도하고 있다. 요한의 기도처럼 이 세 가지 중 어느 하나라도 빠진 것 없이 조화된 상태를 성공의 모습이 아닐까?

먼저 육신이 건강하지 못하고 병약하면 어떤 소유나, 지위도 제대로 누릴 수 없다. 우리가 '건강이 최고야!'라고 말하는 이유도 바로 그 때문이다. 식사와 영양, 위생관리, 운동과 휴식 등을 통해서 건강하고 활력이 넘치는 삶을 만드는 것은 바로 「성공의 기반」을 다지는 것이라 할 수 있다.

또, 변변한 직업을 갖지 못하여 가난에 찌들고 사회적으로도 나이에 걸맞은 지위를 얻지 못한다면 어깨를 펴고 자신의 가치를 지켜나가기 어려울 것이다. 경제적으로 윤택하고 사회적으로도 존중받을 수 있는 생활의 축복은 튼튼히 세워나가야 할 「성공의 기둥」이라 할 수 있다.

그러나 제아무리 육신이 건강하고 생활의 축복까지 받는다 하더라도 교양과 인격이 부족해 남들에게 손가락질을 받거나, 마음에 평안이 없다면 무슨 소용이 있겠는가? 기반을 다지고 기둥을 올렸어도 지붕을 얹지 않으면 집이 될 수 없는 것 같이 지식과 교양과 인격과 영성을 두루 갖추어 존경을 받는 것을 「성공의 지붕」이라 할 수 있다. 그때에야 비로소 행복이 깃들 수 있는 「성공의 집」이 완공되는 것이다.

2. 존재 가치와 소명

안데르센 동화의 '성냥팔이 소녀'에서 성냥을 팔던 소녀가 그 추운 겨울에 집에 들어가지 못하고 얼어 죽은 것은 길거리 보다 더 냉랭한 집안의 분위기 때문이었을 것이다.

마찬가지로 건강의 복과 생활의 복과 영혼의 복으로 성공의 집을 지었다 하더라도 그 집이 단지 'house'가 아닌 따뜻한 'home sweet home'이 되기 위해서는 그 안에 합당한 가치가 있어야 한다.

한국 사회가 지금 가치관의 혼란으로 큰 어려움을 겪는 이유는 무조건 그 3가지 복으로 포장된「성공의 집」만 짓기 위해 달리면서 '소유가치' 매몰되었기 때문이다.

진정한 성공을 원하는가? 그렇다면 지금부터 소유가치에서 벗어나 '존재가치'를 다시 생각하자.

자동차는 사람들을 실어 나르기 위해 존재하고, 마이크는 소리를 잘 전달하기 위해 존재한다. 누군가가 그 목적을 위해 만들었기 때문이다. 소금이 맛을 잃으면 버리어지는 것처럼 자동차나 마이크가 그 기능을 잃으면 폐차되고 쓰레기통으로 들어가게 된다.

성공적인 삶이란 무엇인가? 그것은 바로 존재 목적과 소명대로 사용되는 것이다. 사람의 존재 목적은 하나님을 공경하고 이웃을 사랑하는 것이다. 나에게 주어진 달란트를 활용하여 하나님의 영광과 기쁨이 되고 사람들에게 선한 영향력을 끼치는 삶이야말로 건강과 생활과 영혼의 복으로 지어진「성공의 집」에 들어가서 살아야 할 진정한「가치」라고 할 수 있다.

3. 성장하는 삶

사람은 목표를 이루었을 때 가장 큰 성취감을 느낀다.

매슬로우는 그의 저서 '인간의 동기와 성격'에서 인간은 끊임없이 욕구를 채우려고 하며 기본적인 욕구가 채워지면 계속적인 자기 발전을 통하여 성장하고, 자신의 잠재력을 극대화하여 자아를 실현(self-actualization) 하는 단계까지 나가고자 한다고 했다.

자아를 실현하고 무엇을 성취한다는 것은 곧 '성장'과 '성숙'을 의미한다. 반면에 성장과 성숙을 멈춘다는 것은 부패와 쇄락을 의미한다. 비달사순은 일이나 성장보다 성공이 먼저 나오는 곳은 사전 밖에 없다고 말했다.

미래 이야기 보다 과거 이야기가 많아지고 꿈보다 후회가 커지는 순간부터 성장을 멈추고 늙기 시작하는 것이다.

복되고 좋은 집을 짓고, 따뜻한 삶의 가치를 찾았다 하더라도 거기에 안주하면 그 집은 곳 헐어가기 시작하고 어느 순간 무너져 내릴 것이다.

진정한 성공이란 무엇인가?라는 물음에 나는 「조화롭고」「가치를 알며」「성장하는 삶」이 아닐까 하고 정의해 본다.

#13
왜 많은 성취가 '행복'을 가져다주지 못할까요?

"인간은 단지 행복하기를 원하는 것이 아니라
 남들보다 더 행복하기를 원하기 때문에 행복하지 못하다."
 - 세네카

욕심을 버리고 나누고 사랑하자

#12에서 언급한 대로 남들이 부러워할 정도로 많은 것들을 성취하고 앞서 나간다면 당연히 행복해야 할 것이다. 그러나 현실은 그렇지가 못한 경우를 너무나 많이 본다. 왜 행복은 손에 잡히지 않고, 성공을 해도 행복과 연결되지 못하는 것일까?

1. 너무 큰 욕심 때문에

아무리 많은 소유가 있고 많은 성취를 하더라도 그것이 욕구나 욕망의 크기를 쫓아가지 못한다면 행복의 크기는 커질 수가 없다. 대부분의 불행은 성취 한 것에 만족하지 않고 성취를 하찮게 여기거나 남과 비교하여 시기 질투하기 때문에 온다. 젊은 시기에는 야망을 크게 갖고 큰 성취를 이루는 데서 행복을 추구 할 필요가 있겠지만 노년기 까지 너무 욕망에 집착하면 행복은 영원히 나에게 오지 않고 점점 멀어질 것이다.

● 행복방정식 1 : Happiness = 성취, 성과 / 욕망, 기대

2. 나 밖에 모르기 때문에

'나 밖에 모르는' 사람은 행복하지 못하다. 이런 사람은 매사를 대립과 승패의 관계로 인식하고 행동한다. 자기 이익을 위해 수단과 방법을 가리지 않으며 남을 밟고 일어서거나 남의 성과를 가로채 자기 것으로 돌린다. 그러나 남을 밟고 내가 이긴다 해도 그 승리는 영원한 것이 아니며 불안 속에서 언젠가는 패배하는 날이 온다. 스텝들이 잘 되기를 늘 바라고 후원했더니 내가 성공한 자리에 있게 되었다고 말한 영화 스타워즈의 감독 조지 루카스는 진정한 행복 자임에 틀림없을 것이다. 행복은 나도 잘되고 너도 잘 되는 데서 온다.

세상의 모든 아픔과 불행의 뒷면에는 대부분 관계의 갈등과 사랑의 결핍이 숨어있다. 관계가 깨지는 것은 '나밖에' 모르는 이기심에서 발생한다. 관계가 깨져 갈등이 시작되면 아무리 다른 조건이 좋다 해도 행복은 달아나 버리고 만다.

나 밖에 모르는 사람들은 남을 불행하게 만들고 결국 그 불행에서 모르는 사람들은 남을 불행하게 만들고, 결국 그 불해에서 싹튼 예리한 칼날이 자신에게 되돌아온다는 것을 알아야 한다.

● 행복방정식 2 : Happiness = Win + Win(상생)

3. 자신과 이웃을 용납하지 못하기

나와 다른 사람들을 존중하지 못하고 부정적인 사람은 행복하지 못하다. 자존감이 충만하여 '나는 특별한 존재'라 생각하는 가운데 '나보다 남을 낫게'여길 줄 아는 사람 즉, I am OK, You are OK인 삶의 태도가 나를 행복하게 한다.

● 행복방정식 3 : Happiness = I am OK, You are OK(용납)

4. 감사하지 않고 불평하기 때문에

우리나라 사람들의 행복지수가 특별히 낮다고 한다. 식민지배와 처절한 전쟁의 폐허를 딛고 일어나 세계 사람들이 다 부러워하는 놀라운 기적을 이루어 냈는데도 정작 우리 자신들은 그 기적의 자랑스럽고 좋은 면을 보기보다는 부정적인 면을 들추어 내 악평하고 '헬 조선'이니 하는 부정적인 용어까지 만들어 가며 자신을 비하하는데 행복지수가 높을 수 있겠는가? 개인의 삶에서도 감사가 없는 삶은 행복과는 거리가 먼 삶이다.

누구나 알고 있는 유명한 성경 구절 "항상 기뻐하라, 범사에 감사하라, 쉬지 말고 기도하라"라는 말씀은 특별히 일들이 잘 풀리고 감사의 조건이 많기 때문에 기뻐하고 감사하라는 것이 아니다. 어떠한 조건 하에서도 '항상' 그리고 좋은 일에만 이 아닌 '범사에' 감사할 줄 아는 자만이 행복을 누릴 수 있다.

● 행복방정식 4 : Happiness = 감사 / 불평

5. 잠시 있다가 가는 이 땅이 전부인 줄 알기 때문에

우리가 사는 세상은 속히 지나간다. 그런데 하루하루 먹고사는 일에 매달려 어디로 가는지도 모르고 살아간다. 하늘을 모르니 찰나의 행복에 마음을 빼앗기고 그것이 전 부인 줄 안다. 만일 이 땅의 삶이 전부라면 그것은 아무리 기쁨을 누린다 해도 허망한 일장춘몽에 지나지 않을 것이다.

꿀꿀대는 돼지처럼 땅에만 코를 박고 살지 말고, 가끔은 하늘을 바라보자. 그리고 우리 삶에 영원한 세계와 연결되어 있다는 것을 믿고 바라보자.

● 행복방정식 5 : Happiness = 지속시간 / 기쁨, 즐거움

14

은퇴는 어떻게
대비해야 합니까?

"청년에 배워 장년에 큰일을 도모한다. 장년에 배워 노년에 쇠하여지지 않는다. 노년에 배워 죽더라도 썩지 않는다."
- 사토 잇사이

교토삼굴(狡兔三窟)의 지혜

교토삼굴은 사기(史記) "맹상군열전(孟嘗君列傳)"에 나오는 고사성어로 영리한 토끼는 3개의 은신처를 마련해 위기에 대비한다는 뜻이다. 고사에서는 토끼(맹상군의 식객)는 예측 할 수 없는 미래를 대비하기 위해 일어날 수 있는 여러 경우의 수를 염두에 두고 미리 대비하는 모습을 볼 수 있는데 과연 우리는 어떠한가?

은퇴는 누구나에게 다가오며 반드시 온다는 것을 모르는 사람은 없다. 그런데도 대부분의 사람들에게 하루하루 바쁜 일상에 쫓기면서 다른 대안을 마련하지 못한다. 전력투구를 해도 성공하기 어려운 마당에 다른 생각을 하는 것이 잘 못된 일이라고 자기합리화를 하다가 막상 은퇴가 닥치면 땅을 치고 후회한다.

그러나 나의 경험에 의하면 3굴이란 것이 반드시 지금 하는 일과 전혀 동떨어진 다른 분야에서 준비하라는 것이 아니었다.

하는 일을 누구보다 열심히 하여 나의 분야에서 전문성을 쌓다 보면 그것이 나의 경력이 되고 나의 브랜드가 된다.

은퇴 후에도 그 전문성을 찾는 곳이 반드시 있게 마련이어서 내 일을 누구보다 열심히 하는 것 자체가 3굴이 될 수도 있다는 말이다.

다가올 위기를 미리 예측하고 그에 대한 준비를 철저히 하는 사람은 어떤 위기에서도 무너지지 않는다. 은퇴라는 위기는 따로 예측하지 않아도 오는 것이므로 은퇴 후에 내가 어떤 분야에서 쓰일 수 있을지 커리어 패스만 잘 하면 별도로 준비하지 않아도 쓰임을 받을 수 있다.

나는 은행원의 생활을 하면서 여러 경력을 쌓아왔고, 일과 관련해서 틈틈이 공부해서 학위도 취득했고, 네트워크도 넓혀 놓았다. 꿈에도 생각하지 못했는데 은퇴 후에 그것이 학교에서 찾는 필요한 스펙이 준비되어 교수가 되는 3개의 굴이 된 것이다.

인생의 3개의 굴은 여러 측면에서 생각해 볼 수 있다. 전문성, 경력, 네트워크 외에도 부동산. 주식, 현금이라 할 수도 있고 가족, 친구, 고향이라고도 할 수 있다. 재정적으로도 든든히 하고 가족과 친구와 동료의 사랑과 인심을 잃지 않는 일 모두 위기에서 나를 구해 줄 은신처임에 틀림없기 때문이다. 교토삼굴(狡兔三窟)! 생각만큼 어려운 일은 아니다. 교활한 토끼라는 말이 싫으면 현인삼굴(賢人三窟)로 바꾸고 착실히 준비해 나가는 것은 어떤지?

15

100세 시대!
어떻게 헤쳐 나가야 합니까?

"너희 중의 누가 망대를 세우고자 할진대 자기의 가진 것이 준공하기까지에 족할는지 먼저 앉아 그 비용을 계산하지 아니하겠느냐 그렇게 아니하여 그 기초만 쌓고 능히 이루지 못하면 보는 자가 다 비웃어 이르되 이 사람이 공사를 시작하고 능히 이루지 못하였다 하리라."
- 누가복음 14:28-30

새벽보다 아름다운 황혼의 삶

얼마 전까지만 해도 선배들이 '인생 잘 살았다'라고 하며 직장이라는 배에서 내려 은퇴의 항구로 담담히 내려가던 모습을 보았었다. 그들에게는 정년퇴직이 있었고 그 은퇴는 축복이었다. 힘든 일에서 해방되고, 든든한 퇴직금이 있어 고금리로 생활하면 되었다. 미리 마련해둔 부동산은 계속 상승했고 경로사상이 남아있어 자식들도 든든한 연금 역할을 하였다. 흐뭇하게 귀여운 손자 손녀들을 바라보며 짧은 여생을 보내면 되었다.

1. 미리 보는 은퇴 쇼크
(상실감, 경제적 불안감, 육체적 퇴화)

그러나, 선배들과는 달리 우리는 이른바 100세 시대'라는 도전을 만났다.

베이비 붐 세대에 태어나 치열하게 경쟁하며 땀 흘리며 살았는데 삶에 쫓기다 은퇴하고 나서야 망망대해에 던져져 있다는 것을 발견한다. 갈 길은 먼데 내린 곳은 종착지 항구가 아니라 큰 파도와 풍랑이 어디서 불어올지 모르는 캄캄한 바다 쪽배 위다.

너무 길어진 여명 탓에 은퇴 후 40년이라는 긴 세월을 살아야 되는데 저금리에 자산 가치 하락으로 경제적 두려움이 엄습한다. 줄어드는 일자리로 우리 자녀들도 일자리 구하기가 벅차다. 3포 세대라 결혼들을 안 하니 손주한번 안아보기도 어렵다. 노후에도 안식을 얻기는 어렵다.

독수리가 창공으로 높이 날아오를 수 있었던 것은 그의 둥지, 즉 직장이라는 큰 둥지가 있기 때문이다. 새가 나는 것은 좌우 양 날개로 나는 것인데 그 날개는 '자리'와 '직위'라는 이름의 날개였다. 그러나 둥지에서 던져지고 자리와 직위가 떨어지자 힘이 들어가 있던 어깨가 축 늘어지면서 내가 정말 아무 것도 아니라는 것을 알게 된다. 매일 눈 비비며 출근하던 일상이 깨지니 이렇게 삶이 막막하단 말인가? 별 것도 아닌 것 같던 명함하나 없다는 것이 이렇게 힘든 일이었을까?

가정에서의 권위도 깨어져 뒷방으로 밀려난다. 게다가 날아다니던 몸이 하나둘씩 고장이 나기 시작한다. 눈은 노안이 와서 침침해지고, 그 많던 머리숱은 듬성듬성 해지고, 친한 사람들 이름도 갑자기 생각이 나지 않는다. 혈압 약을 달고 살고 여기저기 몸도 쑤신다. 부지런히 모임을 만들어 비슷한 처지의 친구들을 만나보아도 마음의 위로가 되지를 않고 여러 회한이 엄습한다. 이른바 사추기가 된 것이다.

이 은퇴 쇼크를 어떻게 벗어날까? 100세 시대라는 망망대해에 던져져서 40년 이라는 긴 세월을 '전직 누구'라는 타이틀로만 살아갈 수는 없지 않은가? 그렇다면 은퇴 후에는 '무엇'으로 살아가며 어떻게 준비해야할까?

2. 인생 전반전의 정리
(나에게 상을 내리자)

자기 인생의 마지막 장 (Final curtain)을 맞아 "I've lived a life that's full." 이라고 노래했던 「My way」의 프랭크 시나트라처럼 지나온 나의 삶을 긍정적으로 평가하자

물론 자기가 살아온 삶에 대해 100% 만족할 수는 없겠지만 못한 것에만 사로잡혀 자학할 필요는 없다. 오히려 이렇게 해보기를 권한다. 거울을 보며 자신에게 말한다. "너는 최고는 아니었지만 최선을 다했다. 그만하면 잘 살았다!"라고 그리고 스스로 성적표를 만들어 "참! 잘 했어요"고무인을 찍는다. 상장도 만들어 자기에게 주자. 조금은 나르시즘에 빠져 나를 좀 크게 생각하자. 그러면 배가 든든해지고 새로운 용기가 솟아오르기 시작할 것이다. 전반전의 페널티 킥에 실패했던 부채를 만회하고 전설을 남긴 안정환의 월드컵 골처럼 전반전의 모든 부채와 회한은 남김없이 떨어버리자.

3. 하프타임 재충전
(비움과 채움을 구별하자)

멋진 후반전을 위해서는 노폐물을 버리듯 욕심, 고집, 비교의식, 스트레스, 담배, 술, 과음과식 등 나쁜 것들은 내려놓고, 줄이고, 버리고, 끊고, 비워야한다.

그러나 비워야 한다 하니 모든 것을 다 비운다는 생각은 버려야 한다. 사람은 근본적으로 비울 수 없는 존재다. 면벽 30년을 한 스님도 입적할 때 못 비웠다 하는데 어찌 범부인 우리가 다 비울 수가 있겠는가? 비워야 한다는 말을 오해하면 안 된다. 나쁜 것만 비워야지 다 비우면 벤치 워머로 전락하여 후반전을 쓸쓸히 보낼 수밖에 없게 되기 때문이다.

비울 것은 비우더라도 채울 것은 다시 채워야 한다. 마치 전반전을 끝낸 운동선수가 나쁜 노폐물들을 비우고 후반전을 뛸 수분과 에너지를 보충하는 것과 같이 새로운 기름으로 재충전(Re-fresh) 하고 새로운 부품으로 재무장(Re-arming) 하고 새로운 타이어로 갈아 끼워야(Re-tire) 한다. 초심을 회복하고, 사명을 회복하여야 한다. 새로운 배움으로 채워야 하고 새로운 소망과 꿈으로 채워야 한다.

4. 새로운 출발선에 나를 세우자
(나의 최고의 날은 아직 오지 않았다)

새벽보다 아름다운 황혼을 위해 삶의 모든 부분을 새로운 출발선에 세우자.

●혼자 또 함께 : 망망대해에 떨어진 사람들끼리 쪽배를 모아 큰

배를 만든다. 혼자서 고독을 이길 수 있는 힘도 가져야 하겠지만 함께 인생 여정을 함께 할 사람들을 모아 고독이 오지 못하도록 하여야 한다. 교회 등 서로 마음을 나눌 수 있는 공동체는 인생 후반전을 함께 할 너무나 좋은 동반자다.

●재미와 의미 : 지금까지 일만 하며 무미건조하고 재미없게 살아왔다면 재미를 추구하는 삶을 살자. 재미없는 인생이 무슨 의미가 있겠는가? 다만 재미가 너무 말초적, 물질적으로 흐른다면 재미있는 일상들이 단기적으로 끝나고 삶 전체를 행복하게 만들어 주지는 못하기 때문에 재미와 함께 의미를 추구해야 한다. 인생 후반전의 엔진은 의미와 가치. 의미 속의 재미는 강렬하지는 않아도 얕지 않은데다가 오래 지속될 수 있기 때문이다.

●겉사람과 속사람 : 육체가 늙는다 해서 너무 젊음을 시샘하고 따라 하려 하지 말자. 사도 바울도 "그러므로 우리가 낙심하지 아니하노니 겉사람은 후패하나 우리의 속은 날로 새롭도다"라고 했다.

박성룡 시인은 "과목에 과물(果物)들이 묵어 있는 사태처럼 나를 경악케 하는 것은 없다. 뿌리는 박질(薄質) 붉은 황토에 가지들은 한낱 비바람들 속에 뻗어 출렁거렸으나 모든 것이 멸렬(滅裂) 하는 가을을 가려 그는 홀로 황홀한 빛깔과 무게의 은총을 지니게 되는 과목(果木)에 과물(果物)들이 무르익어 있는 사태처럼 나를 경악케 하는 것은 없다. 흔히 시를 잃고 저무는 한 해, 그 가을에도 나는 이 과목의 기적 앞에 시력을 회복한다."라고 노래했다. 이 시처럼 세월의 흐름 속에 젊음이 가질 수 없는 원숙함의 아름다움이 있다는 것을 감사하자.

● 안티에이징과 웰에이징 : 한때는 안티에이징(Anti-Aging)이 트렌드로 떠오른 적이 있다. 그러나 세월을 거스르려 하는 것은 부자연스러운 일이다. 반면에 웰에이징(Well-Aging)은 사람답게 사는 '웰빙(Well-Being)'과 사람답게 죽는 '웰다잉(Well-Dying)'의 과정에서 '현명하게 나이 먹는다'는 의미를 담고 있다. 노화는 피할 수 없는 것이지만 늙더라도 반듯하고 곱게 늙어가도록 하자.

대학(大學)을 보면, 옛날에 "탕"이라는 임금은 제사를 지낼 때 손을 씻기 위한 세수 대야에 "진실로 새로운 삶을 살려면, 나날이 새롭게 하고 또 새롭게 하라(苟日新이어든 日日新하고 又日新하라)"는 좌우명 하나를 적어 놓고 아름답게 늙기 위한 노력을 늘 멈추지 않았다고 한다. 나이가 들수록 노욕과 고집 독선을 버리고 작은 것에도 감사하며 늘 새로움을 추구하는 멋진 노년이 되도록 하자.

● 움켜쥠과 나눔 : 주는 것이 받는 것보다 복되다. 치열하게 얻으려고만 했던 야곱이 험한 세월을 보내고 나서야 축복할 줄 아는 삶으로 바뀌어 노년의 삶을 아름답게 마무리하였던 것 같이 이제부터는 베풀 줄 아는 삶이 되어야 하겠다. 물질로 줄 것이 없으면 마음을 나누고 기도로 축복하면 된다.

● 배움과 쓰임 : 춘추전국시대 악사 사광은 나이 칠십에 배움이 필요 있겠느냐라는 물음에 "날이 저물면 촛불을 켜지 않습니까? 소년의 배움은 아침볕과 같고, 장년의 배움은 한낮의 햇빛과 같으며, 노년의 배움은 촛불의 밝음과 같습니다."라고 대답했다 한다. 젊어서의 배움은 세상에 나가서 자신을 펼쳐 보이려는 태양과 같지만

노년의 배움은 태양처럼 빛나지 않아도 은근히 삶의 깊이를 더하며 주위를 밝히는 촛불처럼 새로운 쓰임의 도구가 될 수 있다.

●걸림돌과 디딤돌 : 같은 장소에 있는 돌도 그 모양새가 날카로우면 걸림돌이 되고, 넓고 둥글면 디딤돌이 된다. 걸거치는 것이 문제라면 모난 곳을 쪼아 잘 다듬어야 한다.

같은 모양의 돌이라 하더라도 자리를 잘 잡으면 디딤돌이 되지만 제자리에 있지 못하면 걸림돌이 될 수 있다. 걸거치는 것이 자리에 문제라면 올바른 곳에 놓일 수 있도록 해야 한다.

남을 다듬거나 옮길 수 없다면 내가 피해 돌아가면 된다. 혹시 나 자신이 남의 걸림돌이 되지는 않는지 돌아봐야 하고 나이가 들어 원숙해질수록 남과 이웃과 후배와 모임과 사회의 징검다리, 주춧돌, 모퉁이 돌, 디딤돌이 되어야 한다.

●항해와 표류 : 바다에 떠있는 배들은 언뜻 볼 때 다름이 없는 것처럼 보인다. 그러나 그 배들 중에 정해진 항구를 향해 엔진을 켜고 파도와 바람을 헤지며 나아가는 것을 항해라 하고, 아무런 기약 없이 바람 부는 대로 물길 닿는 대로 떠다니는 것을 표류라 한다.

내 인생은 표류 중인가 항해 중인가? 지금까지 바쁘다는 핑계로 표류하며 살았다면 이제부터는 목적과 의미를 향한 새로운 여정을 시작해야 한다.

#16
어떻게 사는 것이
현명한 노년의 삶일까요?

"형통한 날에는 기뻐하고 곤고한 날에는 되돌아 보아라 이 두 가지를 하나님이 병행하게 하사 사람이 그의 장래 일을 능히 헤아려 알지 못하게 하셨느니라."
– 전도서 7:14

하루하루가 즐거운 well-aging의 삶

1. 돈의 문제
(자산의 연금화)

우리가 가진 재물은 일반적으로 재산(財産)이라고 말한다. 그러나 엄밀히 따지면 財와 産으로 구분해 생각하는 것이 옳을 것이다. 財가 축적하여 보유하고 있는 재물을 말한다면 産이란 수익을 주어 쓸 수 있는 재물을 말한다. "버는 놈 따로 있고 쓰는 놈 따로 있다"는 말 대로 쓰지 않고 움켜쥐고만 있는 재물은 어떻게 보면 자기 것이라 할 수 없다. 젊어서 재물을 축적하는데 온 힘을 기울였다면 인생 2막에서는 아름답게 쓸 줄 알아야한다.

허영과 욕심만 없다면 노년에 필요한 돈은 그리 많이 들지 않는다. 따라서 대출 끼고 있는 큰 아파트처럼 엉덩이에 깔고 있는 부동산이나 현금 등 여러 재물들은 최대한 수익자산으로 만들어 연금화하고 꼬박꼬박 들어오는 産으로 만들어 행복하게 쓰고 누려야 한다.

2. 취미생활의 문제
(박수쳐 주기)

고광애의 '아름다운 노년을 위하여'라는 글을 보면 "늙어서, 할 일이 없어서, 하는 수 없이 여가 투성이로만 지내는 것의 지루함이란 마치 가혹한 고문을 당하는 것과 흡사하다"라고 한다. 젊어서는 그야말로 앞만 보고 달려오느라 술, 담배 외에는 특별한 취미나 기호가 없었다고 하더라도 이제라도 재미를 느낄만한 어떤 것을 새롭게 찾아보는 게 좋다. 대단한 취미를 새로 찾기 어렵다면 사진찍기, 글쓰기, 악기 배우기, 합창 같은 사소한 취미로 시작하여 젊었을 때 바빠서 못해본 것들에 새롭게 도전해 보면 좋을 것이다.

능동적으로 무엇을 하는 것이 익숙하지 않다면 '박수를 쳐 주는 쪽'에 서는 것도 좋을 것 이다. 노년의 취미는 경기를 응원하고 미술품을 감상해 주고 공연을 칭찬해 주는 것만으로도 족하다. 부르기보다 들어 주는 것. 하기보다 해 놓은 것을 감상해 주는 성숙함! 이것이 노년이 가질 수 있는 행복이 아닐까?

3. 건강의 문제
(99x88)

내가 가장 이상하게 생각하는 것이 있다. 기껏 건강을 위한다고 힘들게 산에 올라와 가슴 깊숙히 담배연기를 들이마시는 일, 있는 보약 없는 보약 다 챙겨먹으면서 가장 해로운 술, 담배를 끊지 못하는 일, TV의 건강프로를 애청하면서 건강염려증 환자가 되는 일 등이다.

"Garbage in garbage out"이라는 말이 있다. 몸에 술, 담배, 스트레스, 염려 등 쓰레기를 잔뜩 집어넣으면서 어떻게 좋은 건강이 나오기를 바라는가? 건강은 간단하다. 과음, 과식, 과로를 버리고 좋은 공기 마시고 즐겁게 골고루 먹고, 군대생활처럼 규칙적으로 생활하고, 꾸준히 운동하면 99세 까지 88하게 사는 것이 꿈만은 아닐 것이다.

4. 친구의 문제
(여생의 동반자)

어떤 사람이 갑자기 한밤중에 어려운 일이 생겼다. 막상 도움을 청하려니 부담 없이 전화 한 통 걸 친구가 없었다. 그 일을 당해 생각해보니 잡다하게 친구들은 많은데 진정한 친구하나 없으니 인생 헛살았다고 생각했다는 것이다. 과연 나는 어떤가? 내가 외로울 때 스스럼없이 불러낼 친구하나 있는가?

나이가•들수록 소외감을 느끼기 쉽기 때문에 사람들은 될 수 있으면 많은 모임에 참석하여 웃고 떠든다. 그러나 실제로 내가 어렵고 힘들 때 함께 할 수 있는 친구는 많지 않다. 지금부터라도 그런 소중한 친구를 만들고, 나도 그런 친구가 될 수 있도록 노력하자. 그런 의미에서 부부는 마지막까지 할 수 있는 가장 소중한 존재다. 먼 데서 친구를 찾는 것도 좋지만 서로 여보(나의 보물) 당신(나의 몸 자체)의 가치를 깨닫는 일부터 해야 할 것이다.

5. 일의 문제
(존재 가치의 확인)

은퇴 후 여행이나 등산이나 골프가 즐겁게 느껴지는 것은 그리 길지 못하다. 일은 돈의 문제이기도 하지만 자신의 존재가치와 연결되어 있기 때문에 일손을 놓고 편히 쉬거나 즐겁게 살겠다는 생각은 오산이다. 그런 생각을 하는 순간부터 살아간다기보다는 죽어간다고 보는 것이 맞을 것이다. 일이 없으면 그때부터 점차 삶의 반경이 위축되고 사회생활에서도 소외된다. 그러므로 건강이 허락하는 한 작은 일이라도 가지는 것이 좋다.

지금 새로 준비하는 것이 늦은 것일까? 70세 시대에서 100세 시대로 바뀐 것을 감안하면 60세라면 42세에 불과하다. 새로 시작하기에 딱 좋은 나이다. 일거리를 찾을 때는 체면을 버리는 일부터 시작하여야 한다. 그리고 남에게 일자리 또는 직업정보를 알아보는 것을 '아쉬운 소리' 하는 것으로 부끄러워하지 말고 그동안 쌓아온 경험과 역량이 필요한 곳에 나를 알린다는 생각으로 일을 찾아 나서자. 반드시 나를 필요로 하는 곳이 나올 것이다.

젊었을 때는 먼저 직업가치관에 따라 자신의 이상을 실현할 수 있는 평생의 직업을 찾는 것이 우선이었지만 재취업 기회가 상대적으로 부족한 노년에는 자신이 처한 상황을 잘 고려하여 차선책을 택하는 것이 바람직하다. 경제적 대비가 부족하여 적은 용돈이라도 벌어야 하는 경우에는 일의 종류를 따지기보다 시켜주는 일이 있으면 감사히 받아 일 자체에서 의미와 보람을 찾으면 된다. 노후 대비가 잘되어 금전적으로 어려움 없다면 선택의 폭이 넓어진다. 집필이나 그림, 예술 등 취미형 일을 할 수도 있고 사회봉사 등 가치 있는 일에 헌신할 수도 있으며 젊었을 때 하고 싶었으나 현실의 벽 때문에 해보지 못한 일에 도전하여 새로운 열정을 불태울 수 있을 것이다.

17

어떻게 사는 것이
아름다운 삶일까요?

"너는 청년의 때 곧 곤고(困苦)한 날이 이르기 전,
나는 아무 낙이 없다고 할 해가 가깝기 전 너의 창조자를 기억하라."
– 솔로몬

메멘토 모리, 카르페 디엠

고대 로마의 시인이었던 호라티우스(Haratius)가 지은 시 가운데 죽음과 삶을 나타내는 2개의 격언이 있다. 그것은 메멘토 모리(Memento Mori)와 카르페 디엠(Carpe Diem)이다.

메멘토 모리는 '자신이 언젠가 죽는 존재임을 잊지 마라('Remember to die')라는 의미로 자신에게 주어진 인생을 진지하고 겸손하게 살라는 뜻이다. 카르페 디엠은 '현재에 최선을 다하라. 가급적 내일이란 말은 최소한만 믿어라'(Carpe diem, quam minimum credula postero)라는 호라티우스의 송가에서 유래된 말로 지금 이 순간에 최선을 다하라는 뜻이다.

로마 공화정 시절에는 전쟁에서 승리한 개선장군이 자랑스럽게 시민들 사이에서 행진할 때 바로 뒤에서 전차에 함께 타고 있던 노비가 장군의 귀에 '너무 우쭐대지 마십시오'하며 따르는 전통이 있었다고 한다. 아무리 위대한 인간도 결국 한낱 흙으로 돌아갈 것임을 잊지 말고 교만하지 말고 겸손하게 현재에 충실하며 살라는 로마의 위대한 정신을 엿볼 수 있다.

우리에게도 여러 종류의 마지막이 있다. 시작할 때가 있는가 하면 마무리해야 할 때가 있다. 입학식이 있으면 졸업식이 있다. 시무식이 있고 종무식이 있다. 입사가 있고 은퇴가 있다. 출생이 있는가 하면 급기야는 이 땅을 완전히 떠나는 죽음이 우리를 기다리고 있다.

요즘 이 땅에서 건강하고 행복하게 잘 살 수 있는 비결들을 이야기하며 그것을 웰빙이라고 한다. 그러나 성경은 "지혜자의 마음은 초상집에 있으되, 우매한 자의 마음은 혼인집에 있느니라(전도서 7장 4절)"고 말한다. 웰빙의 삶은 근본적으로 웰 다잉으로부터 시작한다는 말이다. 죽음을 잘 준비할 때 잘 살게 된다는 뜻이다.

죽음이라고 하는 것은 우리가 피할 수 없다. 그러나 평소에는 죽음과는 아무 상관없다는 듯이 살면서 웰빙만 이야기하다가 막상 죽음이 임박해오니 두려워하고 슬퍼하며 어쩔 줄 몰라 한다. 미리 어떤 죽음을 맞이할 것인지 깊이 성찰하여 인생의 출구 전략을 세우고 차근히 준비해 가야 한다.

조병화 시인은 「헤어지는 연습을 하며」라는 시에서 죽음을 기억하며 미리 준비하며 살자고 노래한다. "헤어지는 연습을 하며 사세, 떠나는 연습을 하며 사세 아름다운 얼굴, 아름다운 눈, 아름다운 입술, 아름다운 목, 아름다운 손목 서로 다하지 못하고 시간이 되려니 인생이 그러하거니와 세상에 와서 알아야 할 일은 '떠나는 일' 일세

실로 스스로의 쓸쓸한 투쟁이었으며 스스로의 쓸쓸한 노래였으나 작별을 하는 절차를 배우며 사세, 작별을 하는 방법을 배우며 사세 작별을 하는 말을 배우며 사세 아름다운 자연, 아름다운 인생, 아름다운 정, 아름다운 말 두고 가는 걸 배우며 사세, 떠나는 연습을 하며 사세 인생은 인간들의 옛집, 아! 우리 서로 마지막 할 말을 배우며 사세."

헤어지는 연습을 하며 죽음을 귀히 여기면 확실히 생명도 귀히 여기게 될 것이다. 웰다잉을 준비하는 삶은 사랑하며 사는 삶이다. 하나님을 사랑하고 다른 사람을 사랑하며 사는 삶이다. 하나님을 사랑하고 사람을 사랑하는 웰빙의 삶은 곧 웰다잉으로 이어진다.

사람은 예외 없이 언젠가는 죽음 앞에 서야 하는 존재라는 것을 기억하고(Memento Mori) 오늘을 최선을 다해 살아간다면(Carpe Diem) 분명코 미움과 증오, 긴장과 갈등보다는 평안과 용서, 사랑과 감사의 물결이 조용히 파도치게 될 것이다. 그리고 죽음 너머 천국의 문을 열고 가장 멋지게 입성하게 될 것이다.

#18
인생을 어떻게
마무리해야 할까요?

"믿음, 소망, 사랑, 이 세 가지는 항상 있을 것인데 그 중의 제일은 사랑이라."
– 고린도전서 13:13

믿음과 소망과 사랑

우리는 어디에서 왔으며 우리는 누구일까 그리고 죽음 뒤 우리는 어디로 가는 것일까 하는 문제는 우리의 모든 삶의 가치와 의미를 규정하는 것이며 반드시 답해야 할 가장 중요하고 근본적인 문제다. 따라서 삶의 태도와 방식을 정하는데 이 세 가지 질문에 스스로 답하여 자기 정체성을 찾지 않으면 웰빙도 웰에이징도 웰다잉도 불가능하다.

하루살이가 계절을 알 수 없듯이 3차원의 제한된 지식을 가지고 세상의 비밀을 말하는 것은 어불성설이며 다양한 해석과 답이 있을 수 있겠으나 내 나름의 관점에서 답을 제시한다.

인생은 어디서 왔습니까?
(믿음의 영역)

어느 종교에서는 우주가 어떻게 생겨났는지는 모르지만 전생과 내세가 있어 현생에 업보에 따라 축생이 되기도 하고 사람이 되어 태어나기도 하며, 그 업보를 끊어 해탈하면 부처가 된다고 한다. 또 어느 현실적인 종교는 세상의 일도 모르는데 어찌 하늘의 일을 묻느냐고 솔직히 말하기도 한다.

세상과 사람은 어떻게 생겨났을까? 학교에서 배운 내용은 다음과 같다. 어느 날 혼돈 속에서 우연히 빅뱅이 일어나 우주와 하늘의 별들이 생겨났으며 그 가운데 지구라는 조그만 별이 있었는데 수많은 세월이 흐르면서 우연히 무기물이 유기물로 합성되고 그것들이 돌연 변이하면서 식물과 동물들이 생겨나고 점차 좋은 쪽으로 진화하는 과정에서 원숭이가 진화하여 직립보행하는 사람이 되었다.

그러나 시계 부속들을 그릇에 넣고 수 만년을 흔든다 해서 시계가 만들어질 수 없는 것처럼 절대자의 엄밀한 설계와 의도가 없이 우연에 의해 세상이 만들어질 수 있을까? 피조물이 수행하고 노력한다고 해탈하거나 신이 될 수 있을까? 또 내가 전생에서 좋은 일을 하여 사람으로 태어났다면 수많은 사람, 짐승, 벌레의 전생과 내세는 어디에 존재하는 것일까? 어차피 윤회하며 돌고 돈다면 그저 운명에 맡기면 되겠지? 내가 원숭이에서 진화한 물질이라면 굳이 가치를 따지며 복잡하게 살 필요가 있을까?

그래서 나는 광대한 우주의 정밀한 운행, 눈에 보이지 않는 미세한 입자들에 들어있는 놀라운 비밀들, 내 몸의 조화로운 움직임, 생명들 간의 사랑과 탄생, 계절을 따라 한 번도 가보지 못한 곳으로도 정확하게 날아가는 철새들의 움직임, 이런 것들을 보면서 "태초에 스스로 계시고 전지전능하신 하나님이 세상을 창조하였다는 창세기 1장의 선포를 믿는다.

그리고 종류와 수효대로 만상을 만드신 그분이 자신의 형상을 따라 사람을 지으셨으며 나를 만세전에 택 정하여 섭리 가운데 나의 부모님을 통하여 이 세상으로 보내셨다는 것도 사실로 믿는다.

인생은 어디로 가는 것입니까?
(소망의 영역)

인생은 세월이라는 고속 열차를 타고 죽음이란 종착역을 향하여 쏜살같이 달려가고 있다. 대부분의 사람들은 육신이 죽으면 모든 것이 끝나지 않을까 하는 생각에 은퇴 후 짧은 노후, 일명 제2의 인생을 편안하게 살다가 '죽기위해' 평생을 애쓰며 살아가며, 어떤 사람들은 죽으면 귀신이 되어 제삿밥을 먹으러 오는 존재로 알아 양지바른 무덤과 제사에 온 정성을 기울이기도 한다.

그러나 성경은 말한다. "만일 땅에 있는 우리의 장막 집이 무너지면 하나님께서 지으신 집 곧 손으로 지은 것이 아니요 하늘에 있는 영원한 집이 우리에게 있는 줄 아나니"(고린도후서 5:1)라고. 성경대로라면 육신의 죽음 후에는 또 다른 제2의 인생 즉 '영혼의 삶'이 있고 그 삶에 들어가기 위해서는 구원의 복음 즉, 십자가의 은혜를 믿기만 하면 된다. 반면에 이 쉬운 구원도 받아들이지 않고 자신의 소욕대로 산 사람들에게는 그러한 삶이 허락되지 않는다.

요한계시록에 따르면 생명책에 이름이 기록된 자는 새 하늘과

새 땅과 새 예루살렘으로 갈 수 있는데 그곳은 눈물도 없고, 애통하는 것도 없고, 아픈 것도 없고, 더 이상 사망도 없는 곳(요한계시록 21:4)이며, 생명수 강이 흐르고 값진 보석으로 꾸며진 아름다운 성 (요한계시록 21:19, 22:5)으로 이 땅과는 차원이 다른 좋은 곳이라 기록하고 있다.

영혼의 삶에 투자할 가치는 이뿐만이 아니다. 노후기간은 길어봤자 30~40년이지만 영혼의 삶은 '영원한 기간'이 보장된다. 모든 것이 완벽하게 보장돼 있는 영혼의 삶과, 한시적인 짧은 기간 내에서 한정적인 조건으로 살아가는 육신의 삶, 이 가운데 어떤 것에 투자하는 것이 현명한가? 아직 기회는 남아 있다.

인생은 무엇을 위해 살아야 하는 것입니까?
(사랑의 영역)

모든 물건은 만든 목적이 있다. 펜은 글을 쓰기 위해, 배터리는 에너지를 공급하기 위해, 마이크는 소리를 잘 전달하기 위해 만든 것이다. 그와 같이 사람이 이 땅에 있는 것도 그 목적이 있는 것이다.

첫 번째, 하나님이 사람을 지은 이유는 하나님이 만든 세상을 잘 관리하라는 것이다. "하나님이 그들에게 복을 주시며 그들에게 이르시되 생육하고 번성하여 땅에 충만 하라, 땅을 정복하라, 바다의 고기와 공중의 새와 땅에 움직이는 모든 생물을 다스리라 하시니라…
(창세기 1:28)

두 번째, 하나님을 경배하고 찬양하는 것이 우리의 존재가치다. "이 백성은 내가 나를 위하여 지었나니 나를 찬송하게 하려 함이니라"(이사야 43:21) 나는 호흡이 있는 동안 세상 노래가 아닌 찬양을 드리기로 서원하고 40년 이상을 성가대에 몸담고 있다.

세 번째, 하나님과 사랑을 나누기 위한 파트너로 우리를 지으셨다. 마찬가지로 하나님이 지으신 다른 이웃들을 사랑하는 것도 우리를 지으신 목적 중에 하나다. "하나님이 세상을 이처럼 사랑하사, 독생자를 주셨으니, 이는 그를 믿는 자마다 멸망하지 않고 영생을 얻게 하려 하심이라"(요한복음 3:16)

물건들이 고장이나 지은 목적을 수행하지 못하면 버려질 수밖에 없다. 우리의 존재 가치를 망각하고 돈이나 물질 같은 사용가치에 목매달고 그것을 많이 소유하려 하는 소유가치에 종이 되어 사는 삶은 잘 못된 것이다. 이웃들을 밟고 서로 다투며 사는 삶은 어리석은 인생이 아닐 수 없다. 더구나 다른 피조물, 즉 해와 달, 다른 사람, 동물들로 우상을 만들어 신으로 숭배하는 것은 사람을 지은 목적과 반대되는 가증스러운 일이다.

성경은 우리에게 결론적으로 말한다. "일의 결국을 다 들었으니 하나님을 경외하고 그 명령을 지킬 찌어다 이것이 사람의 본분 이니라"(전도서 12:13) 사람이 본분을 지켜 하나님이 주신 소명을 이루고자 몰입하는 모습! 인생의 가장 복되고 행복한 모습이다.

우리가 늘상 지녀야 할 것은 열심이고 잃지 말아야 할 것은 초심이고 마지막에 꺼내야 할 카드가 뒷심이다. 실족하고 위기가 찾아오고 실패하는 것은 초심을 버렸거나 열심을 잃었거나 뒷심이 달리기 때문이다.

초심을 버리기 가장 쉬운 때는 열심을 다해 무엇을 이루었다고 생각하는 순간이다. 시작 할 때의 떨림과 간절함과 순수함을 잊고 교만이 싹터 좌로나 우로나 치우치게 되기 때문이다. 다른 길로 가다가 길을 잃었거나 벽에 부딪혔거나 일의 실마리를 찾지 못 할 때는 헤매지 말고 원점으로 돌아가야 한다. 원점으로 돌아가는 힘이 뒷심이다. 끝판에 가서 초심을 회복하는 힘! 그 젖 먹던 힘, 어린 시절 어머니가 때려주시던 회초리의 힘! 그것이 뒷심이다.

나의 열심은 Chance, Choice, Can, Confidence, Challenge, Collaboration, Commitment, Create, Change 같은 여러 가지 'C'들이었다. 그리고 나의 기본과 원칙 그리고 초심과 뒷심은 'C'의 궁극이신 "Christ Jesus"다. 사람의 끝은 하나님의 시작이다. 그는 실패를 실패케 하시고 절망을 절망케 하시고 사망을 사망케 하시고 끝을 끝내시는 분이다. 그리고 모든 끝 너머에는 시작이 있다.

지금까지 나를 도운 방패! 나의 뒷심이 되신 그분께서 나의 모든 앞날도 지켜주실 것을 믿으며 Pen을 놓는다.

379

이 책을 쓰도록 동기를 부여해 주신 나침반출판사 김용호 대표님과 열린 질문으로 희미했던 기억을 이끌어 내준 함혜원 작가와 여러 후배들 그리고 사랑하는 가족들에게 감사하면서 ──

노희성 교수

어느 날 후배들과의 대화

CHOICE

CHANCE

COLLABORATION

CHALLENGE

CREATE

COMMITMENT

CHANGE

CEILING

CREVASSE

CURTAIN

'기본'과 '원칙'의 힘
그리고 『C』의 비밀

지은이 | 노희성 교수
발행인 | 김용호
발행처 | 해피맵북스
　　　　(나침반출판사 가족)

제1판 발행 | 2017년 1월 5일
제2판 발행 | 2017년 1월 10일

등　록 | 1980년 3월 18일 / 제 2-32호
주　소 | 07547 서울특별시 강서구 양천로 583
　　　　블루나인 비즈니스센터 B동 1607호
전　화 | 본사 (02) 2279-6321 / 영업부 (031) 932-3205
팩　스 | 본사 (02) 2275-6003 / 영업부 (031) 932-3207
홈　피 | www.nabook.net
이메일 | nabook@korea.com / nabook@nabook.net

ISBN　978-89-318-1531-3
책번호　하-1015

값은 뒷표지에 있습니다.

해피맵북스(HappyMap Books)는 나침반출판사 가족으로
행복한 삶을 위한 꼭 필요한 길이 되겠습니다.